复旦百年经典文库

中国问题的分析
荒谬集

王造时 著
章 清 编

复旦大学出版社

王造时先生(1903—1971)

幸甫先生惠鉴：承寄等馆刊物月刊，内容丰富，至为感佩，惟债人物复迹表请等多至于史料文献掌故等，销明均有所披布，也当复至祝

邇安

王造时 敬啟
六月八日

王造时先生手迹

凡 例

一、"复旦百年经典文库"旨在收录复旦大学建校以来长期任教于此、在其各自专业领域有精深学问并蜚声学界的学人所撰著的经典学术著作,以彰显作为百年名校的复旦精神,以及复旦人在一个多世纪岁月长河中的学术追求。入选的著作以具有代表性的专著为主,并酌情选录论文名篇。

二、所收著作和论文,均约请相关领域的专家整理编订并撰写导读,另附著者小传及学术年表等,系统介绍著者的学术成就及该著作的成书背景、主要内容和学术价值。

三、所收著作,均选取版本优良的足本、精本为底本,并尽可能参考著者手稿及校订本,正其讹误。

四、所收著作,一般采取简体横排;凡较多牵涉古典文献征引及考证者,则采用繁体横排。

五、考虑到文库收录著述的时间跨度较大,对于著者在一定时代背景下的用语风格、文字习惯、注释体例及写作时的通用说法,一般予以保留,不强求统一。对于确系作者笔误及原书排印讹误之处,则予以径改。对于异体字、古体字等,一般改为通行的正体字。原作中缺少标点或仅有旧式标点者,统一补改新式标点,专名号从略。

六、各书卷首,酌选著者照片、手迹,以更好展现前辈学人的风采。

总 目

中国问题的分析 …………………………………………………… 1

荒谬集 …………………………………………………………… 129

附录 ……………………………………………………………… 259
 中国现代思想史上的王造时 ………………………… 章清 261
 王造时小传 …………………………………………… 章清 273
 王造时学术行年简表 ………………………………… 章清 275

中国问题的分析

目 录

序文 …………………………………………………………………… 4
第一章　中国问题的物质背景 ………………………………………… 7
第二章　中国问题的社会背景 ………………………………………… 21
第三章　中国问题的思想背景 ………………………………………… 41
第四章　中国问题的政治背景 ………………………………………… 54
第五章　中西接触与中国问题的发生 ………………………………… 62
第六章　中西接触后政治上的变化 …………………………………… 72
第七章　中西接触后经济上的变化（上）…………………………… 86
第八章　中西接触后经济上的变化（下）…………………………… 99
第九章　中西接触后社会上的变化 …………………………………… 109
第十章　中西接触后思想上的变化 …………………………………… 121

序　文

　　中国自古为文化之邦,那是一个事实,用不着我们去吹嘘。同时我们这种文明,经过两千多年根本上没有多大变化,也是一个事实,用不着我们去辩护。朝代的名字尽管换着:唐也好,宋也好,元明也无不好。做皇帝的人物尽管变着:太祖也好,太宗也好,高祖高宗也无不好。政治戏台上虽然三个打进,四个打出,忽而花脸,忽而小丑,忽而须生,忽而旦角,但是我们中国社会的根本,经过两千多年总没有多大变动。不错,我们虽曾被外族征服过好几次,但外族终被我们的文化所融化。我们中国虽经历无数治、乱、盛、衰的循环,但我们的基础条件,从没有遭过颠灭。一百年前的农民生活和两千年前的农民生活,并没有根本的差别。纪元后一千九百年的手工业制度,和纪元前九十年的手工业制度,也不见得有重大的变异。我们中国以前的社会,的确像一池死水一样,天天总是在平静的状态里面。纵或有时因为狂风暴雨,或被吹皱池面,或被打成水涡,但是深厚的池水,大体上并不受什么波动,并且风过雨止,全池仍然是平静如初。

　　在这样平静的状态底下,我们中国过了两千多年的时光。我们的制度,我们的思想,我们的社会价值,我们的风俗习惯,都凝成了坚固的模型。我们自己以为到了尽善尽美,无以复加的境界,再不必有所改变。我想,若是我们的门永远能够像以前那样关着,若是环境能允许我们那样停滞不变的安稳过下去,我以为若干年代以后的中国社会,与若干年代以前的中国社会,情形大约不会根本两样。

　　不料中国到了十九世纪的中叶,局势忽然大变。西洋来的枪炮,不但打破了我们的门户;西洋来的商品,不但赚了我们的金银;他们还带来全个西洋文化,向我们灌注。若是中西两个文化的接触,来得比较和缓,那么我们中国尚可逐渐适应新的环境,保持一种相当的平衡状态,而不至于崩溃得不可收拾。然而西方列强的野心,老实不客气,恃其超越的军力以临我们,绝不使我们有自由选择,循序适应的余地。西方文明如排山倒海的冲来,我们固有的全个文明如逢洪水一般,只有崩溃下去。全个社会于是失却了基础。固有的思想、制度、文物，皆被倾出固有的地位以外，而发生绝大的纷乱。

因此，我觉得中国的大纷乱，根本上是由于中西的接触。换一句话说，中国之所以成问题，中国之所以有问题，中国问题之所在，就在这一点。我们若是要去解决中国问题，那么非根本捉住这点不可。

根据中西接触为出发点，我去分析中国问题，我看在中国与西洋没有接触以前中国的社会是静的社会，各种组成中国社会的思想、制度及势力，都是几千年传统下来的东西，在社会上各有各的地位，成为一种系统，得着平衡的状态。因此，全个社会，都在静的状况底下安宁过活。我们这种静的社会，本来是自供自给，不愿与人家往来。但是我们不开门，西洋列强偏要打进来，与我们发生关系。两相接触之下，若是中国文明较优于西洋文明，那么我们的社会不但不会根本动摇，并且我们的文明有向外传播的希望。在历史上，我们中国人并不是没有和其他民族发生过接触。现在回人、蒙古人以及满人的祖先，都与我们中国人有过许多交涉，结果他们终被我们所同化。

退一步，再假定中国文明与西洋文明能够互相颉颃，那么两者接触之下，彼此都有切磋的地方，同时彼此都有不拔的基础。这方面的文明又何能根本推翻他方的文明？在此种假定的条件之下，我们中国社会虽多多少少要受西洋文明的影响，但是还可保持相当的平衡状态，不至闹得天翻地覆，造成一个极大混乱。

然而，不幸，我们的文明在此生存竞争、优胜劣败的现代生活里面，的确不如西洋文明那样的健康。我们在玄学的或文学的眼光看来，或者不愿说这种没有志气的话，或者甚至可以跟着泰戈尔诗人大骂西洋文明的卑陋不堪，赞美我们东方文明的高妙。但是在现代情形之下，事实告诉我们，中国文明实在敌不过西洋文明。所以两者相碰，我们不能不归于失败。我们起初与西洋人接触的时候，我们还以为他们与匈奴突厥同类，看他们不起，要他们的使臣磕头，说他们的使臣是来朝贡的。谁知他们一次一次的把我们挫败，我们才知道他们的利害。起初我们还只接受他们的物质文明，到后来连他们的精神文明，亦无法拒绝。这种西洋文明的怒潮，随着帝国主义的侵略，如狂风骇浪的打来，把我们全个中国社会的基础摇动。我们固有的思想、制度及势力，渐渐被摇出原有的位置，由静的状态，而趋于动的状态。全个社会于是完全失却了向日的平衡。因为这种关系，所以我在这本书第一章至第四章内把没有与西洋接触以前静的中国社会各方面加以分析。第五章是讲转变的枢纽。第六章至第十章是分析与西洋接触以后的中国社会动的情形。静是原来中国社会的状况，动是中国社会的变化。动出于静，由静而动。我们若不明了前者，便不能明了后者。我们若不明了中国以前的社会，便不能明了中国今日的社会。因为静是动的背景，动是静的反应。两者同是中国问题的两方面。

上面这一大段话，解释了我写这本书的根本观点。

因为我注重事实的解释，因为我要提高读者的兴趣，并且因为我的目的在使读者明了中国的全局，所以用大刀阔斧的写法，不用什么考据引证的功夫。这是不能不预先声明的。

虽然这本书里面的文章，是从民国二十年至二十二年中间前前后后，一篇一篇写成在《新月月刊》、《东方杂志》、《人文杂志》及《自由言论》等刊物发表了的，但现在收集起来，整理成书，自始至终，还不失为一贯的道理。除了因为环境关系有所删减外，大体还保存了原形。

本书本来是《中国问题》的上册，还有一册名为《中国问题的解决》，提出我对于解决中国问题的意见，将来总有机会与读者见面。

最后我要向许多中外的作家道歉，因为有时候我借用了他们的材料，现在不能一一提名出来，向他们表示谢意。

一九三五年二月十七日

第一章　中国问题的物质背景*

（一）地　　理

让我们先打开中国地图来看。我们东南有黄海、东海、南海,以及那浩大无涯的太平洋。在汽船没有通行以前,海禁未开的时代,这种天然的界限,便使我们不但与西洋各国隔绝,并且与日本也少往来。迤向西南,我们便有那高高不可攀的喜马拉雅山脉,把我们与印度分开。正西方面,乃是世界屋脊帕米尔高原所在。我们若是想由此路,以通欧洲,不要说以前感受困难,就是现在也很难通行。至于北方,不但那大块不毛的戈壁沙漠把我们包围着,并且即让我们走远一点,以前也是一片没有人烟的西比利亚平原。我们中国还以为与外界隔绝不周到,自己又筑了一条万里长城,从西北以至于东北。我们中国社会以前处在这种四围闭塞,交通不便的情形底下,并且在西北所遇到的又是些文化较低的部落民族,于是我们的祖先自然而然发生两种观念,经数千年以至于与西洋各国发生关系,牢不可破,给了我们中国的历史以很大的影响。

第一种地势所给我们的影响,便是天下主义。我们的祖先,因为地势隔绝的关系,不知有其他国家或民族的存在。东夷、西戎、南蛮、北狄虽然常常与我们捣乱,但他们并不在我们的眼里。我们以为中国便是天下,天下只有中国,一谈到中国,便包括全世界;一谈到天下,心目中只有中国。我们在一切古籍里,随处都可找出这样的例证。在没有与西洋接触以前的中国人的脑筋里面,对于中国与天下,不见得有什么分别。并且因为我们素来与外界很少发生接触的缘故,很少受过其他国家的侵略,国际关系上没有什么竞争与冲突。我们以前在历史上所遇见的,都是些部落民族,他们并无所谓国家的组织。我们的祖先既然没有外国的对敌,自然不觉得有国家组织的需要。因此,我们中国以前只有天下观念,没有国家观念。

---

* 同题文章原刊《新月》第 3 卷第 4 期,1930 年 6 月 10 日。其中之"引言"改为此书之"序文"。

第二种地势所给我们的影响便是保守主义。我们的祖先,既误认中国为天下,不知有西洋文明的存在,而附近所看见的又是些尚未开化或半开化的部落民族,自然容易发生一种自满的心理,以为中国文化是最高无上的。有了这种自满的心理,当然很容易认为中国一切的制度文物已到了无以复佳的境界,我们只要保守,毋须改进。中国社会之所以变成僵态,经两千多年没有多大进步者,未始不是受了这种保守主义的影响。当西洋各国初派使臣来要求通商的时候,我们还以为他们是来进贡称藩的,非要他们叩头不可,后来屡战屡败,才知道这些"西洋鬼子"的厉害,我们自己实在有改革之必要。

若是我们拿欧洲的历史地图来比较,由希腊以至于罗马,再由罗马以至于现在。各国地势的犬牙交错,交通频繁,无一不是促进他们的国家自觉。我们单拿希腊来讲。希腊虽然面海,但地中海没有太平洋那么浩大,不能使她与埃及文明及巴比仑文明隔绝;东通小亚细亚,与波斯各国接触,没有帕米尔高原站在中间;北则连贯大陆;西则与意大利半岛遥对。岛屿林立,种族复杂,竞争很烈。虽当时希腊的政治组织,限于所谓城市国家,然惟其因为是城市国家,才同时有许多具体而微的国家的存在。相互之间,竞争极烈;竞争激烈,便发生了与中国两种刚刚相反的结果。第一是爱国心。各个小国对峙之下,自然产生一种自觉。雅典的人自然爱雅典。司巴达的人自然爱司巴达。不但如是,雅典和司巴达为各自争生存及胜利起见,对于政治组织,不能不求完备;对于其他一切,不能不求进步。因此第二个结果便是进取的观念。社会常在动的状态。愈动愈进化;愈进化愈发展。所以我们看西洋文明,有如长江大河一般:急滩之下,又有深潭,深潭之下,又有急滩,曲曲折折,变化无穷。中国文明则如池水一样,原来是怎么样,现在亦是怎么样;原来是多少水,现在大概仍原是多少水。水总是死的,不会流动。有时池面纵被大风吹皱,但不久仍归平静。静是它的本体,变是它的例外。因此我们的文明,虽然开发较早,却是进步极慢。西洋文明虽然开发较迟,却是进步极快。一静一动,一慢一快;一重保守,一重进取。结果,后来居上,我们倒是落伍,一经接触,我们便没有力量反抗。

除了我们的周围是封塞的地势外,我们要认清我们中国不是一个岛国,像英国、日本一样;亦不是一个海岸线很长的国家,如法国、意大利一样。中国乃是一个广大的大陆国家。内地纵横数千里,山川深阻,不便与他国通商。而黄河、长江、珠江三大河流,又自西朝东,蜿蜒中国本部,可供灌溉。土地肥沃,温度适宜,乃一天然的农业国家。并且就气候与物产而论,因为中国是一个广大的大陆国家,所以地跨寒温热三带。北方的皮毛,沿海的鱼盐,中部的麦米棉麻,江浙的丝茶,无不备具。至于矿产,如金银铜铁之类,在农业社会里面亦很够用。所以中国可说是一个完全经济自足的农业社会。生在这种国家的人民,生活非常简单,可以自供自给,没有与他国通商之必要。自己固然没有什么工业品输出,亦不需要什么工业品输入。不但对外如此,就是国内各地方的经济关系,亦无很多相互交换的机会。各个农村,差不多经济上可以独立。在这种情形之下,没有什么大工业,自然没有什么大商业;没有什么大商业,自然不需要便利的交通。交通不方便,自然各方的关系不能密切,集中的组织不能形成,思想智识无由交换,全个社会只能在一种静的状态底下过活。换句话说,这种国家,结果是很保守的;它的组织决不会严密的。

(二) 人 民

中国所包括的民族,普通说来有五:曰汉、曰满、曰蒙、曰回、曰藏。其实还有一被人忘记了的苗族。这六族都有可以明了分别的界线。满族以东三省为根据,蒙族奄有内外蒙古,回族以回教为标准;藏族以西藏为活动范围;苗族则出没于南岭山脉,川、滇、黔、桂、粤、湘之山间。至于汉族,实为构成中国的主要成分,遍布中国全部,为中国全部历史的中心。但所谓汉族自晋代五胡侵入之后,早不是一个单纯的民族。如满洲族之东胡、鲜卑、契丹、女真;蒙古族之匈奴;回族之突厥、回纥;藏族之羌;苗族之一部分土司,都已混为汉族。故汉族实为一混合复杂之民族,可以代表现在所谓中华民族。我们一说到中国人的问题,大部分我们不能不以汉族为对象。

我们讨论中国人民的问题,可分两方面来看:一是量的问题,一是质的问题。先就量的问题而言,究竟我们中国有多少人口呢?这个问题,很难为确切的答复,因为我们没有可靠的人口调查,现在关于中国人口的数目,都是出于估计,很难作科学的根据。譬如一九一〇年中国人口(东三省在内),据民政部的报告,为三三一一八八〇〇〇;据一九二六年邮政局的调查,则为四八五五〇九〇〇〇。两相比较,前后不过十六年,相差竟达一万万五千余万之巨。不过我们根据最近立法院几位统计专家的意见,中国人口大概在四万万五千万左右。(依一九三三年《申报年鉴》估计人口总数为四八八三〇四〇二五人)①

---

① 此段文字所用数字,较原初发表时补充了新的资料。——编者

假使这个四万万五千万的数目是近乎情理的话,那么就比法国大十一倍,比不列颠大十倍,比美国大四倍,比日本大七倍,比德国大七倍,比意大利大十一倍,比西班牙大二十二倍,比比利时大六十倍,占全世界人口四分之一。以量的方面看来,中国人口不可谓不多了。但这种数目与中西接触以前的中国人口比较还是增加了呢?还是减少了呢?据各方面计算,所增并不很多,就是普通所谓四万万的数目,在道光十五年(即一八三五年)就有这么一个估计。从此一点,可见中国人口增加得并不很快,与欧美人口在百年左右约增加一倍的速度比较,实在有望尘莫及之叹了。①

　　中国人口增加如此迟慢,难道因为生产率低吗?不是。我们中国的思想、制度,政府的势力,及经济的背景,无一不是鼓励生育的。儒家的"不孝有三,无后为大"不消说了。早婚、纳妾,亦是助长生产的原因。同时在大家庭制度之下,少年夫妇没有经济的负累,可以无限制的生产。兼之人民缺乏智识,生活很低,能以小小的收入,供给很多的人口。故中国人口的生产率,在全世界各国里面,算是最高的。据人调查,就是在二十年来天灾人祸的中国,人口的生产率还有千分之三十至三十五,与欧美先进国的生产率比较,差不多增加一倍。

　　既然中国人口的生产率高,为什么白人近二百年来增加那么快,中国人口增加又这样慢呢?我们要知道,人口的增加,不仅是生产率高的关系,并且要看死亡率如何。若是生的多,死的亦多,那么人口还是不会有什么增加。若是生的少,死的更少,那么人口还是会增加。中国人口之所以生的多,而仍不激增者,乃因为死亡率太高的原故。反而言之,欧美先进国之所以生的少,而人口反而激增者,即因为死亡率很低的原故。我们说到此地,便不能不再进一步问:为什么中国人口的死亡率这样呢?

　　中国全国每方英里的人口密度,根据一九二三年邮政局的调查,为一○四人;二十一省平均密度为二三八人。若是这个估计的确,那么比之德意志、意大利、比利时及英格兰等地的人口密度,表面看来,并不算密;若以全国总平均每方英里一○四人而论,更不应有人满之患了。不过从中国面积所推算出来的密度,不能代表真正的中国人口经济。我们中国除黄河、长江、珠江、辽河及松花江流域之外多是不毛之地,不宜于耕种。据美国农业经济专家白克尔(O. E. Baker)一九二七年提交第二次太平洋国交讨论会的论文说,全中国(西藏除外)共有二

---

① 此段文字较原初发表时略有调整。——编者

十四万万英亩的土地,其中有一半因为气候太干燥,不适于耕种。余下来的一半(百分之五三)因为温度不足而不适于种植的,亦占百分之五。所余的百分之四八,气候虽然合宜,但在山陵岩壑之间,地层硗瘠,不能从事农作的,要占其中百分之四〇。其余,还有百分之五是沙土。所以在中国的领土中,可耕种之地仅有百分之二九。所以我们要测量中国人口的生存机会,必须第一注意中国人口所占面积与世界人口所占面积之比例,第二须注意中国耕地的人口密度。

现在全世界人口总数约有一八〇〇〇〇〇〇〇左右。全世界土地面积总约五七二五五〇〇〇方英里。中国土地面积根据英文《中国年鉴》为四二七八三五二方英里。中国人口,我们上面已假定为四万万五千万。从此类事实来推算,中国土地面积占全世界十三分之一,中国人口占全世界四分之一。由此可知中国人口及土地面积,与世界比较,在各大国里面算是最相悬殊的了。以这样多的人口,占这样小的地方,其拥挤情形,可见一斑。并且全国地方,不是处处可以耕种的。据前北平经济讨论处的报告,可耕土地面积,只占全国面积百分之一四·八。西藏、蒙古的大部分,现尚未从事于农业经营,不必去说。即以本部及新疆东三省而论,全部农田的面积,据农商部调查,不过一五七八三六五九二五亩,或三七四四六四方英里;又按政府估计本部,东三省,及新疆面积,总计有二四四六三六〇方英里,或一〇三一一四〇〇〇〇〇亩。故中国本部、东三省,及新疆的农田总数,只占其土地面积百分之十六。姑以邮政局一九二三年的调查为标准,中国本部、东三省及新疆的人口总数为四三六〇九四九五三人,那么每方英里耕地人口密度为一一六五人。这个密度为世界各国最高者之一,与比利时耕地密度差不多相等,比日本约低一倍,比英国高一倍,比意大利高三分之一,比法国高四倍,比德国高五分之三。这些国家因为人口太多,耕地密度太高的关系,不得不提倡工业,以制造品向各国换取食物,故尚能得到经济的安全。现在我们中国向来就是一种农业社会,老早便有这么多的人口,在社会经济看来,其已经到了一个人满之点,可谓毫无疑问。

既然中国老早就到了人满之点,若是生产方法不改变,而同时人口不加多,还可勉勉强强的过去。若仍原是农业社会,而又要鼓励生育,结果非闹出乱子不可。我们中国上了孔老夫子"不孝有三,无后为大"的当,一方面不去改良生产方法,他方面又要添子添女。结果,人口的数目,超出食料所能供给的数目,换句话说,便是超过人满之点。其影响,只有发生绝大的经济恐慌,而造成疾病、灾荒、战争种种可悲的现象。人民死于疾病,灾荒者固多,而死于战争者更是不少。在我们中国过去的历史看来,的确有这种现象。所以有人说中国内乱的发生,差不多有一定的时期,如三十年一小乱,六十年一大乱,一百二十年一极大纷乱。甚至有人拿人口问题去解释中国的政治历史,说更换朝代,相互砍杀的时候,便是人口过剩的时候。砍杀一顿以后,人口因之减少了,人口的数目与食料成了一种相当的比例,于是有真命天子者出,收拾残局,复归于和平相安的状态。过了若干年后,人口的增加,又超过食料的供给,于是又要大砍杀一场。这种说法,虽不足以解释全部中国政治历史,但亦有相当的道理在内。

大概中国人口到了中西接触的时候,已经超过人满之点。即使没有外国势力的侵入,亦恐怕要发生内乱。证以太平天国之乱,杀人如麻,可见一斑。何况自此以后,西方的机器文明,逐渐把我们的手工业制度根本破坏,使许多人奔入失业之途呢?

说到质的问题,我觉得更为重要。普通总以为人口愈多愈好,其实,质若不好,量多又有何益?从历史上看来,中国民族原来是很优秀雄健的,不但在文化上早有成功,就在体质上,亦是昂藏七尺之躯;不过后来因为经济状况之不充裕,以及崇尚文弱,看轻体力劳动的风俗,体质一天堕颓一天,成了所谓远东病夫。男则长衫马褂,弱不禁风;女则缠足束腰,寸步难移。中国民族有了这种体质,精神上间接亦受影响。没有勇敢向前的精神,遇事只想敷衍过去。没有反抗的精神,对于强横者只知乞哀求怜。没有冒险的精神,遇难便退。反观西洋人的特质,刚刚相反。南北洋的冰雪,他们要去探险。大西洋的狂风巨浪,他们要飞过去。走遍天涯,都有白人的足迹。他们受不了社会上种种的压迫,遇到任何专制势力,都要推翻,所以民主政治能够发展。他们受不了自然界种种的限制,要发明机器去征服,所以科学能够发达。白种人这种精神,虽然有其他原因,但是他们体质强健,亦是一个很重要的理由。我们若把中国人与西洋人在体质上比较,论高度,白人平均高五尺八寸(西洋尺),中国人只有五尺二寸。论重量,白人由二十岁至四十岁平均身重约一百四十磅,中国人平均还不到一百十五磅。论寿命,瑞典、挪威人平均约有五十岁,英美人约有四十五岁,法人与日本人约有四十四岁,德人约有三十九岁,而中国人还不到三十岁。论残废愚鲁,虽无统计可查,但我们可断言中国必比西洋各国为多。中国人的确好像是五十多岁的老头子,白人好像是年富力强的青年。这种相反的对照,无论在什么地方,都可看出。若是全世界都尊重我们中国人是老者,并且若是他们和我们中国的孝子慈孙一样,来侍奉老者,那么我们中国人还可倚老卖老衣帛食肉。不幸人类社会,是生存竞争的世界。老年的中国人,与青年的西洋人去争生存,并且用武力去争生存,老年的中国人,自然要被打倒无疑。①

(三) 农 业

欧洲人还在穴居野处,茹毛饮血的时候,我们中国早已到了农业社会。我们自有历史以来,历代无不注重农事。皇帝每年还要亲自去行栽禾礼,遇到什么旱灾蝗灾,还要向天祷告。一般读书人,除了自己的特殊地位不愿牺牲外,亦把农民抬高在士农工商四个阶级的第二位。就是浪漫的文学家,亦要歌颂农事的生活。我们这种农业社会,经过数千年,一直到与西洋文明发生接触的时候,没有什么摇动。全国人民除了少数的手工业者及小商人以外,都与农业发生直接关系。所以中国自古以来,是以农立国,那是毫无疑问的。我们这种以农立国的社会,有几个特质;而且因为那些特质,发生了几种严重的影响。

第一,农业社会生活简单。"日出而作,日入而息,凿井而饮,耕田而食",便是它的绝妙图画。我们若是到内地没有受到西洋文明的显著影响的农村去看,便知我们中国原来的社会是怎么样的一个情形。男则担任耕种,早上背着农具出去,晚则牵着牛羊归来,若没有意外的灾难发生,勉强可以解决食的问题。女则担任纺织,烹饪之余,纺纱织布;若没有疾病生育等事,勉强可以解决衣的问题。这种生活,可以说是家庭自给。除了少数物品,须向别人购买外,都是自备。就是要出去买,本村开杂货铺的"张三",或做铁匠的"李四",亦可供给,不必远跑。生活既然如此简单,生产分工的办法,自然不会复杂。在经济上,每家或每个乡村,差不多能够独立,不依靠外面的交换,于是与外间自然很少接触。乡下人十个有九个没有到过县城。至于妇人女子,则足迹绝少出本乡村以外。这种社会,虽然没有完全如老子所理想的"鸡犬之声相闻,老死不相往来"的境界,但其实亦差不多了。

在这样简单的生活底下,人与人之间,团体与团体之间,或地方与地方之间,关系决不会很密切的。既然社会关系不会密切,那么自然不需要复杂的、固定的及强有力的政治组织。有我们这样笼罩一切的大家庭制度,亦就够维持了。任凭你做皇帝的是"张三"或"李四",任凭你朝代的名字变来变去,只要他们的生活

---

① 此处原初发表时原用括号注明:"本段论人口的统计,多取材于许仕廉著《中国人口问题》,附此声明。"——编者

可以照旧像轮回一般的过去,与他们是不相干的。他们只知道奉行故事的纳税给县官老爷,其余一切都不知道,都不愿去知道。并且什么叫做政治?什么叫做君主,民主?什么叫做政府,国家?在他们看来,都是不认识的东西。我们以前的中国,有了这样百分之八十五以上浑浑噩噩的人民,难道我们还希望他们有国家的观念吗?产生强有力的国家组织吗?做事有公共的精神吗?参政有能力吗?

第二,我们知道社会经济,由渔猎时代演化到游牧时代,乃是因为渔猎时代所需要的地皮,较游牧时代多。譬如同一块地皮,在渔猎时代只能养活百人,在游牧时代便可养活千人。故人口增加,社会进步的结果,不能不走进一个较为经济的制度。但游牧时代与农业时代比较,又不经济,因为农业可以利用人为的力量去耕种,年年都可得到相当的收获。人类社会,因为生齿日蕃的关系,于是又不得不由游牧时代进化到农业时代。我们中国社会一到农业时代,便站住不动,不知道工业时代比农业时代还要经济,还可提高社会生活,解决人口增加的问题。我们以为农业时代已是止境,不能再进,因此经过数千年,我们的生产方法很少变动。但是在他一方面,人口一天一天的增加,结果造成了僧多米少的现象。经济的压迫,一天紧张一天,好的年头,还"仰足以事父母,俯足以蓄妻子",凶年那就"不免于死亡"了。到了不免于死亡的时候,强悍者当然去做土匪,打家劫舍;狡黠者便乘机而起,集众为乱。于是政治上自然要经一个混乱时代。

第三,农业社会所形成的生活,是保守的。因为在这种社会里面,生活异常简单,一方面人与人之间的接触与竞争,比较很少;再一方面,人类所要思想的问题,亦不很复杂。并且农村自给的情形,比较不需要交通的方便,结果当然缺乏交换思想的工具。所以无论在什么地方,我们都可观察出来,农业社会比工业社会是趋于保守的。加以我们中国受了儒教传统思想的影响,总是要遵古法制,不肯改良,于是什么都没有多大进步。不要说别的,姑以农业本身而论,现在一般农民所用的工具,和耕种的方法,与我们百千年前祖先所用的,相差不多。时时发生旱灾,可是不想方法去防止。时时发生蝗灾,可是不想方法去扑杀。把一切事物都认为天命,不愿有所改变。遇到灾荒,皇帝及长官只知奉行故事,祷告上天;人民只有吃树皮、草根、冻饿待毙。至于种子的选择,肥料的讲究,机器的运用,更是谈不到了。这样的保守成性,又哪能适合现代的生活?

我们反观西洋社会,他们亦是由渔猎时代而至于游牧时代,再进而至于农业时代。在农业时代的中古社会,他们亦曾有饥荒及各种纷乱现象。不过在十八世纪的中期,他们忽然发生了产业革命,他们于是由农业时代,进展到工业时代。

工业社会的影响,刚好与农业社会相反。

第一,工业社会生活复杂,分工亦就不能不精细。不但一家不能独立自给,就是一地亦不能独立自给。每个个人,以及每个地方,在全个生产的系统上,只能履行一部分的生产职务。因此他们的经济关系,在本国以内,像蛛丝网子一般,牵一处全局都动。这种经济,乃是以一国为单位,可名之为国家经济。这种国家经济在政治上,自然需要统一的国家,及强有力的政府去扶助它,保护它。人民因为政治与经济有分不开的关系,亦不能不注重政治。于是由注重政治,而参加政治;进而认识国家的存在与需要;更进而发生国家观念。人民到了这种地步,国家的基础当然会巩固的。

第二,工业社会因为工厂制度的关系,及商业交易的方便,人口渐渐集中在城市地方。就是乡间亦有铁路、汽船、汽车、电报、电话为之联络。个人间接触的机会,当然随之加多。一方面,因为生活复杂,所遇到的问题很多,不能不用思想去解决;他方面,因为交通方便及人口集中的原故,思想的传布极快。社会常在动的状况底下,总是向前进展,不至如农业社会的保守不动。愈前进,愈进步,此所以西洋社会自工业革命以来,其进步的速率,真令人不可思议。

第三,工业社会因为运用机器,以及分工方法,工厂制度等等,于是有大规模的生产。生产愈大,出品愈多,而社会的财富亦愈增加。工业国家可以拿制造品去交换农业国家的食料,故能以极小的地皮,维持极多数的人口。人口的数目,虽然激增,但人民的享受,反比在农业时代为优裕。此所以现在一般没有到过中国的西洋人,时常看见报纸上说中国有千万的灾民,在吃树皮、草根,甚至于人肉,觉得异常惊骇,认为这是世间不可能、不可思议、不可相信的事。

由此比较,我们中国是以农立国,西洋先进各国是以工立国。我们的农业社会,家庭可以自给,生活非常简单,不需要强有力的政府组织,我们自然亦不会发生什么国家观念。西洋的工业社会,则因为经济关系的复杂,不能不注重政治,更不能不有完备的国家组织。并且我们知道,农业社会趋重保守,工业国家趋重进取;农业社会的财富增加有限,工业国家的财富增加无穷。以进步的、富强的西洋国家,与保守的、贫弱的中国相碰,我们哪有幸胜的道理。

(四) 工　　业

我们中国在没有与西洋接触以前,既完全是农业社会,那么我们的工业,亦不过是农业的附属品。我们的生活很简单,不需要听什么无线电,看什么电影,闻什么香水,坐什么汽车,吃什么山珍海味,喝什么香槟啤酒,住什么高堂大厦,穿什么毛织西装。我们只要有耕田的农具、粗陋的器皿,便足够了。虽然少数的贵族,有时需要珍品的装饰,然究竟对于社会一般人的生活,毫不相干。在这种简单的生活里面,工业当然没有发达的希望。我们若是到内地去旅行,所看见的都是田畴阡陌,至于制造物品的工厂,绝难找到。只有在比较人多的市镇,或可发见一二家铁匠铺子及木匠铺子。我们要记着:高入云霄的烟洞,与备有机器的工厂,乃是中西接触以后的事情。

我们的工业没有现代那个机器怪物来帮助,一切的工作,只好用手。你没有看见打铁的吗?在火星迸裂之下,只见两个赤背的人,彼此拿着铁锤,你一下,我一下的轮流打着。隐约中,你还可看见他们两臂筋骨的膨起。若是你再到一个木匠铺子里面去看,这些木匠们所用的工具,只有刀、斧、锯、凿那么几件简单的东西。一块厚的木板,需要两个人一来一去的锯一天到晚。这当然是手工业制度与西洋的机器文明不同的地方。

我们要问,这种手工业在什么地方做呢?当然不是在烟洞高耸的工厂里面;那里是用机器制造大批的生产,至于几张粗笨的桌子椅子,在家庭里面,便可制造。所以你若到一个内地的市镇上去,还可完全看见那种家庭手工业的遗风。不管它是铁匠铺也好,木匠铺也好,门口总是摆着制成的物品,店里就是作工的所在,后面即是住家的地方。假使老板"张三"是做打铁生意的,那么老板"张三"的全个家庭,都要与打铁发生关系。老板的兄弟身强体壮,可以拿得起铁锤,便与老板打个来回。老板的儿子,年龄还小,便去抽送火炉。老板婆既不能打铁,又不能抽送火炉,自然逃不了烧饭做菜兼管拍卖货品的责任。若是生意太多,一家人分配不来,那只好添请一两个人来帮忙。这种办法,当然不是大规模的工厂制度,而是家庭手工业制度。所谓家庭手工业制度,乃是制造的地方与住家的地方,混做一起。家庭便是工厂,工厂亦是家庭。

这种家庭手工业的供给范围,是有限的,多半限于本乡,至多是本县。本村本镇需要什么东西,差不多可以预料出来。甚且有些铺子,须先向他定造,他才承办。若拿我们这种家庭手工业制度,与西洋现代工业比较,那简直有天渊之别。他们的工业,差不多都是以全国为活动的对象。有些货品,甚至以全世界为市场。美国的福特汽车,大家都知道正在逐渐畅销于五大洲。各国电影的戏园,大半都映美国的片子。至于英国的毛织物,亦大部分销售在本国以外。两相对照,我们才知道中西社会经济生活的背景,是多么大一个差异!

为什么如此简单的家族手工业制度,能满足我们中国社会生活的需要呢?当然这是因为我们的社会生活异常简单,用不着复杂的工业。但为什么我们的社会生活那么简单?这又不能不说是农业社会自然的现象。关于此点,上面已经说明,不必重行讨论。我们此处所要添说的,就是这种家庭手工业制度,最多只能造成市镇经济,决不能养成国家生活。各个农村所需要的制造品,本市镇的小工店都可供给,又何必去远求。于是全国以内,便分为无数自给的小经济单位,而各不相需的过活。所谓国家,乃不过成为地理上一个名词,在经济上并没有什么意义。

我们自工业的进化看来,全世界的经济历史,可以分为三个阶段,五个时期。第一个阶段是家庭经济,其中可分为两个时期:(一)家庭自给时期,与(二)家庭佣工时期。在家族自给时期之内,本家所需要的东西,自己制造,自己受用。我们中国内地的家庭,衣服鞋袜,完全不要向外去买。田里拾的棉花,妇女自己可以纺成棉纱,织成棉布,做成棉衣、棉鞋、棉袜。有时需要一只木箱,自己不能制造,才去买一根木头,雇一个木匠到家里来做。如是便到了家庭佣工时期。

第二个阶段是市镇经济。其中亦可分为两个时期:(一)手工业优胜时期,与(二)手工业附庸时期。欧洲在工业革命以前,中国在没有与西洋接触之先,完全是在手工业时期以内。许多小工业者,自己用两手制造,自己定价拍卖,自己是工头,自己又是企业者。你需要什么东西,他可承办制造。你若有材料请他去做,他愿意,便答应,他不高兴,便拒绝。这是手工业优胜时代的情形。到了后来,这些小工业家,失却了独立的地位,被商业资本家收买去承办各种产品,不能自己作主,这便到了手工业附庸时期。

第三个阶段是国家经济。国家经济的生产现象,便是工厂制度。说到此地,我预先要声明,便是此处所谓国家经济的意义,与李士特(List)所谓国家经济不同。李士特所谓国家经济,乃对英国经济学正统派所鼓吹的世界经济而言,主张关于必要的产品,国家应该自给,不应如正统派所说,根据地利分工的办法,倚靠别国的出产。我此处所谓的国家经济,倒不是指国家自给而言,乃是指国家为经济的单位而言。国内各处根据本地的天然财源,及人民的倾向,制造其特殊的货品,以与他处交换,相互倚赖,不能独立。工商业的范围,及其组织,不限于市镇,而遍布于全国。各地的货价,相差不多。各地的资本、劳工及产品,流动极快。有铁路、轮船、汽车、电报、电话为之贯通一切,把全国的经济生活打做一片。并且进一步,与外国通商,"以其所有,易其所无"。这就是我此处所谓国家经济的意义。这种国家经济,在工业方面所表现出来的是工厂制度;在商业方面所表现的是公司组织。

根据上面那三大阶段的分法,来看我们中国在没有与西洋接触以前的工业,到底在哪一个阶段。我们可以无疑地说,城市方面,大概在市镇经济的阶段;至于乡下地方,尚未脱离家庭经济的范围。换句话说,我们显然没有到国家经济的地步。在生活上,各地方彼此没有密切的关系,那么所谓"如秦人视越人之肥瘠",乃是必然的结果。这种国家,经济上的背景,如此一盘散沙,互不相关,政治上当然不会有强有力的国家组织出现。

(五) 商　　业

工业与商业是极有关系的。工业是制造货品的;商业是交换货品的。没有货品,把什么去交换;工业不发达,商业哪能繁荣？现在西洋先进各国的商业,所以遍布全世界,亦是因为工业发达的缘故。假使他们没有工业,他们凭什么来与落后的国家通商,吸取我们的原料与金钱？我们中国既是农业社会,我们中国的工业既是居于极微弱的地位,我们的商业又有什么用处？而且上面已经说过,我们的手工业者,自己兼管拍卖,工商两种功用,混做一起。在这种情形底下,商业又怎能发展？所以从工业上看来,中国以前商业之不振,是理所必至的。

那么中国完全没有商业吗？这又不然。中国是农业社会,中国的商业既不能倚靠工业,那么只有附属于农业上面。原来就是在农业社会里面,地方经济不自足的时候,亦需商业为之救济。不过农业社会所感不足的,不是什么奇异的产品,如酒精、硫酸、石油之类,不过是些稻粱菽、麦黍稷、油盐酒茶、布帛丝麻等等而已。我们若是到内地街上去看,卖油盐、杂货、粮食的铺子,总居多数。农民把他剩余的产物,挑出街来卖;所得之钱,即拿来买些油盐杂货回去。农民所需要的很简单,所以商业所贩卖的货品,亦当然很简单。

中国商业,不但贩卖的东西很少,并且活动的范围亦是有限。在农业社会里面,农村是分散的,不集中的。当然依赖农业存在的商业,亦不能集中起来,只好随农村的分散而趋于分散罢了。你若不相信,你往内地去旅行,过几十里便有一个十几家商铺的市镇,当可明白。今日的上海,是中西接触以后的产物,与其说是中国的土地,毋宁说是西洋及日本的商场。我们要晓得先施、永安,不能代表我们中国原来的商业。花露水、雪花膏,决不是我们中国社会原来的需要品。

在这种简单的商业底下,商业的管理组织,当然不需要股份公司那样复杂的组织。市镇上一个小小的铺子,有数百千元的资本便够周转,有一位老板和一两个徒弟亦够分配。在这样小规模的营业里面,独力经营的制度,自然比较适宜,用不着组织什么公司,小题大做。若是实在资本不够,那么合股营业的办法,亦可解决。

还有一点应该注意。我们中国素来是奉重农主义的,对于商业很看不起,认为凡是从事商务的人,即是渔利人民的人,不承认他们在经济上有什么价值。所以士农工商,故意把商搁在最低下一个阶级。这种轻商的见解,是不是农业社会里面所应有的哲学呢,或是我们的儒家独出心裁的思想呢,我们可以不去理他。不过无论如何,这种见解,对于抑制商业,不无影响,那是可断言的。

我们知道商业社会是重交换、流动、转运的;是把国内各个地方联做一起的;是思想的媒介、进步的原素,国家组织所由养成的一种力量。中国商业既不发达,那么社会的保守成性,与政治组织的不健全,亦不是意外的一种结果。

(六)交　　通

我们以前没有轮船、铁路、汽车、电报、电话等等,为什么道理没有?难道我们中国人的脑筋,不够资格发明吗?发明指南针及火药的中国人,很难承认。退一步来说,假定我们中国人神经没有这么微妙,不能发明这些利器,难道连路不会修不成?因此,其所以连道路不修,此中必还有道理。

为什么要交通?当然不是为交通而交通,乃是因为此地方的制造品,要运到别地方去卖,换句话说,必要工商业发达,然后交通乃得发达。西洋现在之所以有那些交通利器,都是与他们工商业的进步,有极大关系。若是他们没有大批的制造品要卖出去,他们要么多轮船火车干什么?我们中国既然是一个农业社会,工商业又不发达,各个乡村差不多可以自给,自然不需要轮船火车那些东西。需要为发明之母,无怪乎我们不能发明交通利器,更无怪乎我们的交通不方便。

北方缺少河流,不能利用航运,所以交通的工具,便不能不用骡车、马车、骆驼等等。南方水利很多,所以多用木船,但在陆上还不得不着重人力。我们若到内地去旅行,在路上随处可以看见许多的挑脚,一根扁担,两头载着东西,气喘喘像牛一般的挑走。过重的东西,一人负担不下,使用两人或多人来抬。在汉口、上海那些地方,一般苦力不胜其苦,还要前呼后应的哼出声来。其次要算用单轮土车,普通每个土车可以推一二百斤的东西。你在远远的地方,便隐隐约约听见他的轮声。一个土车,从鸡鸣起来,直到太阳下山,至多不过走得一百里路程。以外还有乘舆等等,都是些野蛮的交通方法。

全个社会在这种交通情形底下,人民哪能容易流动,思想哪能容易交换,各个地方哪能容易彼此往来,一切货品又哪能容易转运。所以一切一切,只好归于停滞,各个地方,各自为政,不能统一起来。于是由经济自给,言语差异,地方思想,到国家生活之不能养成,政治组织之不能完密。一切战乱,便难收拾。

(七) 结　　论

总括看起来,我们的物质背景有下列各点:

(一) 中国是一个辽阔的大陆国家,物产饶多,宜于农业自给的社会。并且四面封塞,与外界很少接触。

(二) 中国人口因为自然繁殖及儒教鼓励生育的缘故,在量的方面,早就到了人满之点。一方面,生产方法没有进步;他方面,人口继续增加,结果食料缺乏,只有发生疾病、灾荒、战争种种现象。在质的方面,因为崇尚文弱的风俗,体质远不如古时的雄健,同时丧失了牺牲、冒险、勇敢等等精神。与白人比较起来,无异是老大病夫。

(三) 经济上中国完全是以农立国。所谓工商业,不过是农业的附属品。在穷乡僻壤地方,尚没有脱离家庭经济的范围;在全体看来,当然在市镇经济时代。各个乡村,经济上差不多都可自供自给,无需与其他地方交换物品,故交通不能发达。

有了上面那样的物质背景,那么在这些物质条件底下所产生的中国社会,当然脱不了下面那几个特点:

(一) 中国社会因为农业的背景,地势的闭塞,结果是保守的、不进步的。

(二) 中国社会因为外面没有国际的竞争,内面没有严密国家组织的需要,所以人民缺乏国家观念。

(三) 中国社会因为生产方法没有进步,而生育又多,兼之崇尚文弱,看轻劳动,所以人民是很穷困的、文弱的。

(四) 中国社会因为不需要强有力的国家组织,不需要严密的政治制度,所以人民对于政治漠不关心,全国只能在一盘散沙的情形底下过活。

这是我们中国在没有与西洋发生接触以前的物质背景及其对于中国社会所产生的影响。以一个保守的、穷困的、文弱的、国家观念薄弱的、好像一盘散沙的国家,与进步的、富足的、强悍的、国家观念极强的工业国家相遇,谁胜谁败,自然不待我们多说了。

第二章　中国问题的社会背景[*]

（一）家　庭　制　度

笼罩中国社会一切的，便是家庭制度。无论哪方面的社会生活，总脱不了它的影响；一切的文物制度，大都建筑在它的模型上面。它实在是中国社会的基础。惟其是如此重要，所以凡是研究中国社会问题的人，没有不注意到家庭问题。不过在过去讨论这个问题的人，多是以家庭本身为研究的对象，很少着眼在它对于全个中国问题的影响。我们此处之所以要来讨论这个问题，并不是要来旧事重提，铺张些陈词滥调来凑热闹，乃是要来说明中国问题之所以成问题，我们的家庭制度乃是其中一个极重要的背景。

我们中国的家庭制度显然与西洋不同。西洋的家庭，只包括夫妻及没有结婚的子女，普通不过是四五个人而已。我们中国的家庭那就不然。纵的方面来说，儿子结了婚，并不像西方习惯一样去另立家庭，却是带同他的夫人与他的父母同居。若是他又生了儿子，儿子又结了婚，儿媳还是与他的父母及祖父母同居。由是一家之中，可包括好几代的人。在我们以前的社会，"五代同堂"并不是一件稀奇的事情；到了现在，"三代同居"还是很普遍的现象。再由横的方面来看，兄弟不分家，也是我们中国家庭制度的习惯。因此我们的家庭的分子，有增加到数十人之多，与西洋比较，自不得不谓之大家庭制度。

这种大家庭制度是我们中国人一切活动的中心。我们的伦理道德都是以继续、保持或扩大家庭为标准。你若去做官，你的目的，并不是去为国家服务，乃是为"光耀门楣"。你若去做生意，你的目的，并不是去为你个人，或你的妻子谋生活，乃是为你全家履行职务。管理你最有力的人，不是国家所设的长官，乃是你的家长。你若犯了事情，不但罪及你自己，还要连带你家庭。的的确确，这是笼罩中国社会一切的一个制度。

---

[*] 本章原题《中国社会原来如此》，刊《新月》第3卷第5、6期合刊，1931年2月1日。

每个家庭是一个具体而微的国家。每家有一个家长,犹之全国有一个皇帝一样。家长的权威在一家之中是最高无上的。家庭里面的分子,都要受他的节制。在一个小家庭里面,若只包括"夫"、"妇"、"子"、"女",那么"夫"当然是家长。"夫"死以后,他的夫人便继任为家长。若父母双亡,而兄弟又不愿分家,那么"兄"当然是家长。假使是一个大家庭,继任家长的次序,便大概如下:祖父、祖母、叔祖父、叔祖母、父亲、母亲、叔父、叔母、哥哥、嫂嫂。若是现任的家长,因为年纪太高,体力精神两不够用,不愿再管家务,他便传位于继任的人。若是合理的继任人,或因品行不端,或因能力不够,不能担负这种责任,便传位于其次合理的继任人。所以中国家长的继承法,第一是根据辈次的大小,不分男女;第二是根据品性才能,能否担起责任。

做了家长的人,权力是很大的。他是一家的主宰,家事无论大小,都要由他经管。幼辈对他,必须服从尊敬;同时他对于幼辈的行为要负责任。若有不听从他的,他可以惩罚;假使是他自己的儿女,更可随便打骂。经济方面可说是共产生活。家庭分子所赚的钱,都要归公,由家长经管。(至于前人所传下来的遗产,那不消说是全家公共的财产了。)同时家庭分子需要钱用,也须向家长去要。家长可以决定子女的婚嫁,可以操纵子女的教育。总而言之,他是一家的小皇帝。

家长所赖以维持他的权威的东西,便是孔子的学说以及传统的礼教与风俗。什么"三纲",什么"五常",什么"孝弟",都是支柱中国家庭制度的柱石。根据这些传统的思想,礼教及风俗,父子、夫妇、兄弟、朋友之间,都有严密的规定;红白喜事都有一定的规矩。譬如拿"孝弟"两字来说,"孝"是指子女对父母的关系,"弟"是指幼者对长者的关系。不讲"孝弟",便不能维持家庭的秩序。所以无怪孔子说,"孝弟也者,其为人之本欤"。

有些国家有国教,中国家庭也有家教。这种家庭宗教便是"崇拜祖先"。为什么要崇拜祖先? 一方面因为要团结一个大家庭,非要有一种共同信仰不可;他方面因为宗法社会最注意的是血统关系,非要"慎终追远"不可。所以"崇拜祖先",是中国家庭制度里面一个必要的元素。在有钱的人家,须特别建筑祠堂,以为祭祀祖先的所在。即使在普通人家,家内也有祭坛的设立。每年的元旦或每月的初一与十五,都有祭祀的举行。即在结婚的时候,新夫妇也必须在祖先的牌位前行三跪九叩礼。

"崇拜祖先"既然为家庭里面的宗教,那么教主是谁呢? 教主便是我们的家长。教条又是什么呢？教条便是"不孝有三，无后为大"。因为无后，便要绝代，一经绝代，便没人来继承香火，崇拜祖先，所以无论如何，后人是非要不可的。假使一定要有后人，那么自然要鼓励生育，多多益善。早婚是可以助长生育的制度，故不能不实行。女子是要嫁与别人，不能继承本家香火的，所以有重男轻女的习惯。若是第一个夫人没有生育，或生育而没有男孩，为避免不孝的罪孽，便不能不去讨妾，于是社会上有一夫多妻的制度。并且因为崇拜祖先的缘故，我们中国人对于丧葬之礼，非常隆重；各种迷信如风水等等，亦随之而起。

与上面所说的大家庭制度相连而不可分开的，便是家族制度。一个家族包括多个的家庭，他们普通都同住在一个地方。有时一个村落完全为清一色的姓张的或姓李的所构成。他们同出于一个祖先，普通大概有一个公共的祠堂，大族甚至有好几个。祠堂里面，供着历代祖先的牌位，按辈次的大小排着。每于"清明"和"冬至"两个时节，族人便聚集在祠堂里面举行祭祀。祭祀以后，还有宴会。若是族里面发生紧要的事情，即在祠中开会议决。祠内置有田土屋产等等不动产，大概由族中德高望重的人经管。每年所得的利息，作为一族的公用。各族都有一个宗谱，每隔若干年要修订一次。这是各族血统的成文证据，在我们中国家族制度上占一个很重要的地位。

家有家长，族也有族长。一族当中，年纪和辈次最大而又有钱有能力的人，便是当然的领袖。如果族内发生争端，当事人家不能了结的时候，那么便要请族长出来调解裁判。他们的办法，大都能得当事人的服从。万一两造不服，要去衙门里面打官司，官厅方面也必斟酌他们的意见。同族的人，如果行为不端，如忤逆不孝或损害本族的名誉者，他们有权可以处罚。或罚钱，或罚设酒席赔罪，或打屁股，或至于施行死罪，县官并不加以干涉。

上面所说不过中国家庭制度的一个大概。我们的目的不是在讨论家庭问题的本身，乃是要讨论它在全个社会的影响；所以关于它的组织，说一个大概也就够了。我们现在要问为什么我们中国有大家庭及家族制度，并且为什么有了以后，经过几千年，一直到中西接触的时候而没有什么变化？

原来有两个根本的原因：一属于物质的，一属于精神的。所谓物质的原因便是农业社会的背景；所谓精神的原因便是儒家的学说。中国是以农立国，全个社会在与西洋没有接触以前，大都在乡村自供自给的情形底下生活。一般人民，事实上可以"生于斯、长于斯、老于斯、死于斯"，不必他迁。他迁也因为交通不方便，感觉到种种的困难，于是养成了一种"安土重迁"的风俗。既然生活上可以不他迁，并且难于他迁，那么只好聚族而居。兼之我们中国以前的经济，尚没有脱离家庭经济的范围，家庭愈大，则互相帮助的机会愈多。何况血统的关系，是世间一种最自然的团结呢。

制度可以影响思想，思想也可以影响制度，这是一般社会科学家所公认的。宗法社会可以产生宗法社会的思想，宗法社会的思想同时也可巩固宗法社会的制度。我们中国的儒教学说固然是宗法社会的产儿，同时我们知道它对于中国宗法社会的维持，有极大的贡献。其所谓"三纲"，即是"君为臣纲"，"父为子纲"，"夫为妇纲"。其所谓"五常"，即是"君臣"、"父子"、"夫妇"、"兄弟"、"朋友"。按其大体，莫不以拥护大家庭制度为目的。这种宗法社会的思想，到后来竟演成完密的礼教。凡冠、婚、丧、祭、应对、进退，都有严密的规定，继续范围了中国人心两千多年，一直到中西接触的时候，才生变化。

中国家庭制度自然有它的好处，若没有它的好处，也不至有这样长的寿命。不过这里我们所注重的是中国问题的由来，那么我们对于在过去不发生问题的好处，自然可以不说。我们要说的当然是它引起中国问题的坏处。

究其不良的影响，可分政治、经济、公德三方面来说。在政治方面，因为中国家庭制度产生了异常浓厚、牢不可破的家庭观念，那么间接便阻碍了国家观念的发展。我们中国人的生活，差不多完全受家庭的支配。你的事业功名，甚至于结婚生孩子，都是为着家庭。你的生活费用，都是由家庭供给。你所赚的钱，都要交给家庭公用。你在外面与人发生争端，都要由家庭出来负责了结。你的生活各方面，都在这"小天地"里营养着，你并不需要什么政治组织。这样一来，家庭便站在个人与国家的中间，差不多完全把国家的面目掩住。人民不但没有机会去认识国家的存在，并且很少与政府发生什么关系。我们目见耳闻，以及一切活动，都不外乎家庭的范围，最多也不过知道点本县的事情。至于什么是中国，是政府，我们都是茫不关心的。我们只知道爱家，不知道爱什么国。我们只知道做一个良好的"家民"，不知道要做一个什么良好的"国民"。因此我们中国以前的国家组织，不过是皇帝维持江山的一个系统，在人民的生活上看来，并不觉得它的存在。在太平时代，还可"家自为政"，在无政府状态底下过活，若到乱世，则有如一盘散沙，极难收拾。何况与西洋接触之后，连家庭制度都渐次崩溃，全个社会无一根本维系的组织，这又安得而不闹出乱子呢。

中国家庭制度不但阻碍了国家观念的养成，并且妨害了经济的发展。一家里面只有一个人做事赚钱，其余的人都是依靠吃饭。在负责者方面，看见大家都是混饭吃，自然有时不愿意十分卖力。在不负责者方面，便依赖成性，一无所长，只知消费，不知生产。于是"生之者寡，食之者众"。如此社会总是"僧多米少"，又安得而不闹穷？并且因为全家连带负责的关系，一人冒险成功，固然是万分侥幸；若一人冒险失败，则全家必至受累。所以我们中国人在经济事业以及其他方面，都没有久远伟大的企图，只想苟且偷安，得过且过。还有我们中国人每做一件事情的时候，要援引许多的亲戚家族，虽造一所工厂，开一个商店，也不能免除这种毛病。工厂所用的职工，与商店所用的店员，大部分总直接间接与厂主或店主有相当的关系。即使你不想随便用你的亲属，但是你终竟抵抗不过家族的压迫。因此所用非人，寄食者多，社会事业往往失败。此又不独限于经济范围为然。

中国人既然只有家庭观念，没有国家观念，没有社会观念，那么所谓公德，当然是很难发生的了。你若去研究中国圣贤所谓道德，及观察社会上所认为的道德标准，大体都是以家庭为中心。凡有利于家庭的行为便是好的，有害家庭的行为便是坏的。在家庭以内，中国人非常能够牺牲。一人赚来的钱，可以给全家去用，长辈有病，"侍奉汤药"，可以日夜不离。家里有人犯了什么事情，全家可以倾家败产为之救护。家里若有人要去做一件事情，全家可以全力为之扶助。但是一出家庭范围之外，便不同了。若是自家的人与别家的人发生争端，他便不问是非曲直，一意袒护自家的人。假使街上有人打架，只要没有他的亲戚家族朋友在内，他看见不但不去调解，反要去围看热闹。若是你可以做得到官，不管你有没有资格，不管你是如何钻狗洞来的，更不管你做了以后对于社会的利害如何，家里无不竭力赞助，认为你是"光宗耀祖"的"孝子贤孙"。若是你可以发得财到，不管你去欺骗也好，刮地皮也好，侵吞公款也好，家里决不反对，并且认为你是有本事的人。

这种家庭关系不仅如此，还要推广到亲戚朋友上面去。你做了官，你的亲戚朋友都来了。你不管他们能否胜任，必须设法安置他们。你发了财，他们也都来了，用你的，借你的，吃你的，好像是当然应享的权利。同时你要做什么事情，无论是鱼肉乡曲，或是争权夺利，你的亲戚朋友，总可替你帮忙。你若是一个大富翁，你情愿把钱给你的子弟去嫖赌、逍遥、抽大烟；你情愿用去修坟墓、建祠堂、祭祀祖先；你情愿去豢养亲戚家族朋友，却是你不愿意捐助慈善事业，或去办什么公共利益的事情。修道路，办学校，设立图书馆，创办博物院，建筑运动场，你认为与己无关，所以一毛不拔。总而言之，你愿为子孙做牛马，你不愿为社会谋幸福。这是中国人普通的心理，这也是中国家庭制度的特殊产物。有了这种过分发展的家庭制度及其附属的道德标准与伦理观念，公共道德自然很难养成。那么中国人最不讲公德的现象，并不是一件偶然的事情。

若是把中国家庭制度与西洋家庭制度比较，论组织、论范围、论对于国家社会所发生的影响，两下又是大不相同。西洋的家庭是小家庭，只包括夫妇及没有婚嫁的子女。儿子一结了婚，便要离开父母，自立家庭。女儿一出了嫁，自然要跟着丈夫。父母并不靠儿子傍老，儿女结婚以后，也不靠父母吃饭。两方面除了骨肉的爱情外，没有经济上、法律上的连带关系。在家庭里面，夫妻的地位平等，男人没有中国家长那样大的权威，对于子女虽有教育的责任，但不用高压的手段。全家之中，只充满了"爱"，不像中国家庭到处布满了礼教。在法律上或在社会上，各人所做的事，由各人自己负责，并不累及全家。凡是关于个人间的争端，以及在社会上的权利义务，有国家的法律及其机关为之详细规定管理，用不着家庭出来过问。简而言之，西洋国家是以个人为单位，不像我们中国以家庭为单位。因此个人与国家中间，没有家庭为之隔开，接触的机会很多，于是个人由认识国家的存在，而发生国家的观念。

同时因为家庭以外的公共生活，机会很多，不像我们中国人永久被关在家庭的"小天地"以内，自然需要公共的道德为之维持，所以在西洋社会里面，公德非常发达。他的道德观念，不是以家庭为标准，乃是以国家社会为前提。凡有利于公共事业的行为，便为道德。凡有害于国家社会的举动，便是罪恶。并且因为父母不能靠子女，子女不能靠父母，亲戚家族更不能互相倚赖的关系，人人都要谋经济独立；对于一切事业，无不勇往前进，社会又安得而不繁荣，国家又安得而不富强？

还有一层，我们应该知道西洋人所注重的是社会组织的继续，及个人生命的继续。根据前者于是发生了强有力的国家组织，根据后者于是发生了基督教的信仰。至于我们中国人两者都看得很轻。我们所注重的，是介在个人生命与国家组织的中间；直言之，便是家庭的继续。我们中国的家庭，不但包括现在活着的分子，并且包括已经死去及将来要生的个人。死者的幸福，全靠生者供奉；生者的幸福，又靠死者保佑。但是今之生者，又是将来的死者，那么为继承香火起见，当然要奉"不孝有三，无后为大"为金科玉律。所以由此看来，我们中国人的人生意义，不过在维持家庭生命的绵延；我们的责任，不过是承先传后。至于个人本身在社会上，并没有什么重要的意义，及特别的人格。

（二）地 方 主 义

　　与成立于血统关系的家庭制度有密切关系，而同时在社会上占着重要地位的，便是地方主义。我们中国人的门第常用木牌或铜牌书着主人的户籍与姓氏，什么闽侯林寓，什么山东曹州吴寓等等，你在大城里面随处可以看见。再若不然，要是有客人来见你，客人的名片上大概刻着安徽合肥或四川成都等等的籍贯。要是客人没有带名片，而又是初次见面，你第一句话必定是问他"贵姓大名"，第二句话必定问他"贵省贵县"。你在外省的时候，若要谋事，大概先去找同乡。若你做了官或在社会上有相当的地位，必有许多同乡来找你帮忙。我们中国人的同乡观念既然如此发达，那么在反面的意义看来，便不免要排斥他乡的人。他乡的人到了任何地方，都要被人家以客籍相待；即使在这个地方住了两三代的时间，还是同样的受人歧视。因此同乡的人，自然要集合起来，组织同乡会，设立会馆等等。北平以前是一个京都，各地的人都有，所以会馆也最发达。各省有各省的会馆，各府有各府的会馆，甚至于各县有各县的会馆。会馆不但是同乡的社交机关，并且还有教育同乡子弟、救济同乡贫穷、干涉本地政治等等的活动。

　　为什么我们中国地方主义这样发达呢？这又不能不使我们联想到经济背景与家庭制度了。因为我们受了家庭制度的影响，所以我们中国人大概都是聚族而居。因为我们中国是一个农业国家，所以我们的社会分成了无数个自供自给的乡村。乡村里面，有时是清一色的同族，有时是合数族而成。其范围大小不等，有数户的，有数十户的，有数百户的。村与村间，在交通不便的情形看来，相隔是很远的。张家湾与李家寨虽相隔不过十余里，平常却很少往来。这种乡村社会经过数千年没有多大变动，不但自己是"生于斯，死于斯"，就是祖宗三代，也没有搬动过。本乡之内，大家不是有亲戚的关系，即是有家族的关系，而且在政治经济上，都是自成一个单位。本乡村有什么争端，绅士可以出来解决。本乡村需要什么东西，很少靠外面供给。这种结合之下，自然发生种种利害上的关系，异常亲近，而成为唯一的互助团体。尤其是时常受土匪袭击的地方，由于协同防卫的关系，乡村的结合愈加巩固。

　　乡村的结合愈巩固，则爱乡的观念愈深切。由乡推到县，由县推到省。在本县别个乡村的时候，则以同乡村的人为同乡。在别县的时候，则认本县的人为同乡。以前有府属的时候，若在别府，则认本府的人为同乡。推而至于在别省的时候，则当然认本省的人为同乡。这种地方主义的色彩，真是染满了社会生活的各方面，其对于政治经济的影响，与家庭制度差不多是一样。

地方观念愈强，则国家观念愈弱，这是一种自然的结果。一个人的感情有限，如果爱了这个，便不能爱那个。我们中国人既然极端的爱上了家乡，当然对于站在家乡以上的国家，很难认识。我们只知道自己是某省某县人，我们很少想到自己是一个超省界县界的中国人。我们做事只知援引同乡，而不顾到国家的利益。全国之内，划成了这么许多省县同乡的界线，哪里又容易产生出一个共同的国家观念。我们观察中国的政治，便可明了地方色彩的严重。什么直派、皖派、奉派，与夫联省自治的主张等等，都是地方主义发达的自然现象。一班军阀政客看透了这种心理，于是不惜利用同乡的观念，去团结他们的势力。普通人民受了这种心理的遗毒，也去攀龙附凤的追随，做他们的工具。上而至于中央政府，下而至于地方政府，各个衙门，差不多成了同乡会馆。什么叫做廉洁政治，什么叫做文官考试制度，都是这种地方主义底下不能容忍的东西！

不但在政治上是如此，即在经济方面也十分表现这种色彩。我们中国的商店，所用人员，当然是同乡居多。并且有时商业的种类，完全根据同乡的关系而分。譬如从前做汇兑事业的，大概多是山西人；开杂货店的，大概多是广东人；在北方开饭馆的，多是山东人。职业与乡土既然发生如是密切的关系，所以同乡团体的会馆，与职业团体的公所，有时也无多大的区别。这种现象，又不单限于商业方面，即在工业方面，也有同样的情形。我们中国的手工业者，要带学徒，多是从同乡里面招来。地方主义得了我们这种经济的与政治的背景，于是更加根深蒂固，牢不可破。

（三）国民心理

第一要算中国人自私自利。这种心理，好像变成了我们中国人的人格一部分。无论什么事情，没有报酬，我们大概不会做的。我们旅行，到了日暮途穷的时候，若去问道旁店家的路，往往大碰钉子。若是我们能够稍为出点钱，买他一点东西，店老板便可以亲切的给你指教。上而至于军阀的克扣军饷，官僚的划刮地皮，下而至于家里老妈子的落钱，无一不是自私自利的表现。加入政党，并不是谋什么主义的实现，乃是希望得到升官发财的机会。今天于我有利，今天可以与某甲提携；明天于我有害，明天便可转过头来，与某乙结合。翻云覆雨，无非为自己的利害打算。这种自私自利观念，有时冲破血统的关系，使父子反目，兄弟成仇。

我们要知道别国人不是完全不自私自利,不过没有我们中国人这样利害罢了。这究竟是什么缘故呢?最大的原因,还是经济的压迫。我们中国是农业社会,生产方法,几千年没有改变,而又时常遇到旱灾水灾的大荒年。在全部中国史里,似乎没有一个连上几十年"风调雨顺,物阜年丰"的时期。兼之每到一个大荒年,北方半开化的民族,便要乘机侵入,内面无业的群众,便要乘机揭竿为乱,引起一个绝大的纷乱砍杀。结果连可以耕种的,也不能耕种,全国只有穷饿。我们可以大胆的说,我们各人的祖宗,总有受过灾荒穷困磨难的。在这生存竞争极强烈的情形底下,若是我们损己利人,解衣推食,那么我们一定要被淘汰。反而言之,若是我们完全不管他人,自私自利,搜括钱财,预防穷困,我们生存的机会,自然要多许多。譬如举一个例来说,假使有一个地方,每家只有六个月的粮食,若要吃到第二年收获的时候,每家还差六个整月的食料。要是有一家特别慷慨,分些粮食去救别人家,那么这家自己生存的机会便要减少,到了自己没有吃的时候,自然不免饿死。在这种形势之下,谁愿意饿死自己,养活别人?

只顾自己不顾别人的观念,有时连骨肉也不能顾及。到了荒年,鬻子卖女的事,我们不是时常听见吗?其实这种情形,我们是可以意想得到的。王老五家里的钱用光了,可以当卖的东西也当卖尽了,八口之家嗷嗷待哺,怎么办呢?王老五于是同他的太太楚因对泣的商量,最后老夫老妇决定:与其坐以待毙,不如将聪明伶俐的幼女云儿出卖,将所得的代价,养活其余的七口子,过这个灾荒时期。若是云儿听见了这个消息,哭哭啼啼的哀求,不肯出卖;再假使王老五夫妇心肠很软,长叹一声作罢,以后这家人的生活,又怎么样呢?过了几天,楼板拆下来卖了;又过几天,睡的床也背出去卖了;再过几天,盖身的被褥,又捆上人家去卖了。全家都弄得精光,无可为计,只好扶老携幼,沿门挨户去讨饭。但是大家都遇着荒年,谁有余力周济他们?最后,真是到了山穷水尽的绝境,如果再不肯出卖云儿,那么只有全家自杀:或是把全家大大小小拴上一条绳子,投河自尽;或是买些砒霜,暗中搁在饭里,大家吃了数命呜呼。假使我们的王老五全家采取第一个办法,结果了全家生命,原因便是因为他们不肯自私自利,出卖女儿。

假使李老七家里遇到同样的厄运,他们硬着心肠,把年轻貌美的媳妇,卖给周大人做小老婆,得了两百块大洋,居然养活了其余七口子,过了灾荒时期,岂不是比王老五老头子聪明得多吗?大多数人,都是采取这种办法,不愿学王老五那样傻头傻脑。并且再若闹得没有法子,就是把一小辈杀了,把他的肉当粮食,也在所不辞。因此,我们得到一个公例,就是:在这种贫困社会里面,凡自私自利的观念愈强的,生存的机会愈多。多经一次荒年,多深一分自私自利的心理。

中国社会不但荒年如此贫困,就是平时也不过勉强敷衍度日。凡是能够罗掘不顾名誉的人,的确要占一些便宜。所以大家为预防穷困起见,不能不"见利忘义"。做生意的人,能骗得几个,便骗几个。做官的人,一到任便动手搜括。甚至于拉洋车的人,也要敲几个铜板竹杠。除非真有志气,真有毅力的人,谁能免除这种劣根性?

全个社会既都充满了自私自利的心理,那么当然没有公德仁侠种种精神,而简直成了一个"强欺弱,众暴寡"的世界。在这个世界里面,欺善怕恶,趋炎附势,便是相因而至的两种堕落心理。凡是可以欺负的便欺负,不能欺负的便逢迎。对于上面有权势的便诚惶诚恐,对于下面无权势的便如狼似虎。横观中国社会,好像是一座高塔,上层压下层,层层相压,一直到底;落在十八层地狱底下的,便是目不识丁、哀苦无告的善良同胞。军阀压官僚,官僚压劣绅,劣绅压土豪,土豪压平民。在同一阶级之中,大军阀压小军阀,大官僚压小官僚,大劣绅压小劣绅,大土豪压小土豪,大商压小商,大农压小农,大苦力压小苦力。充国之中,无强有力的公德与法律为之制裁。谁有势力,谁占便宜,谁无势力,谁该倒霉。大家为免除比我高者的压迫,且进一步为压迫比我底者起见,于是不能不结纳有权有势的红人。甲若有权,便去捧甲,虽钻狗洞,乞哀求怜,肉麻万分,也所不顾。一旦甲若失势,则恩断义绝,不惜投井下石。我们若看透中国官场的黑幕,便可恍然这些所谓高贵阔人,不过是些衣冠禽兽善于趋腥附膻的"势利狗"!

中国国民心理除了自私自利,欺善怕恶,趋炎附势外,还有一方面是虚伪,是讲面子,是猜疑与阴谋。这些东西,当然是彼此有密切关系的。大家都处在钩心斗角,明争暗夺的空气里面,当然是作伪,当然是相互猜疑,更当然是彼此陷害。一个人过于老实,在这种社会里面,是要吃亏的。

我们中国所赖以维持社会的,不是法律,而是礼教。礼教是注重形式的,一举一动,尤其是在家庭之间,是有仪节的。当初提倡礼教的时候,或者每种礼仪,其中还有精神为之内容。到了后来,环境已变,人事已改,实在不能适应社会生活的需要,而我们死命要保守那些繁文褥节,丝毫不变。结果,只有躯壳,没有精神,所谓礼教,尽是虚伪的东西。出丧本来是一件多么悲哀的事情,但是我们中国人却要乘这机会,大摆其阔,雇了许多叫化子,锣鼓喧天的去游街。心里并不见得有什么悲哀,却要假装大哭大哮,鼻涕与眼泪成沱。女儿出嫁,是多么一件快乐的事情,却是我们中国的女子,到临嫁的时候,要假哭一场,若是不会哭的,还得先去学习。夫妻之间应该如何相亲相爱,但是中国的夫妻,不敢在人家面前表示感情,须到自己房间里面才亲热起来。没有做到官的时候,不惜用种种卑鄙龌龊的方法去运动,到了得到之后,又要装腔作势的一再推辞。本来是恋位不愿下台,但是总要照例称病辞职。口口声声是爱护人民,但是对于搜刮地皮,专制横暴,手下毫不留情。明明心里不赞成人家的办法,表面却说毫无异议。这种虚伪心理,世界上再没有像中国人这么显著了。

虚伪的表面是面子。因为中国人最虚伪,所以最讲面子,不讲实际。面子问题差不多支配中国人所有的日常行动。我们从请客说起。中国人请客,必须做了许多的菜,务必安摆不下,吃得剩下大半,才足以表示其面子。客人到来,若是主人一不小心,安错了他的坐位,那么他便引为奇辱大耻,认为没有给他面子,与你结不解的冤仇。甲乙两个地方往往因为一点小事:或是为争一棵枯树,或是为两方的小孩吵了一架,两不相下,面子攸关,而激起械斗,死了许多人,打了好几年的官司。一个军阀或政客被人攻击下台,最难解决的,是他下台的面子问题。有时竟至为着面子问题,发生国内战争,兵连祸结。政治行为不去实际上做几件有利于老百姓的事情,却天天只顾大事铺张,像煞有介事的空口说白话。外国人因为看透了中国人的面子,所以办外交的时候,尽管给中国人的面子,而自己却得了许多的实利。中国人所要求的只是名义上的东西,说起来好听就算了,至于实际与内容往往是不顾的。试举几件琐事为证。中国菜有时上面做得异常漂亮,但把箸子一翻,底下原来是些白菜或豆腐。房子的外面,好像极其堂皇雄伟,然而一经登堂入室,便是乱七八糟。穿的衣服,里面尽管垃圾,但外面非要披一件绸长袍不可。这是中国人衣、食、住的外面与内面,也可以代表中国社会生活的一斑。

与虚伪心理相缘而生的,便是猜疑与阴谋。因为中国人大家都是虚伪,各怀鬼胎,自然不能相信他人。人家一开口,两耳虽然在那里听着,脑筋里却在那里疑心他有什么作用,什么阴谋。若你要发起一个组织,请人家加入,他大概不去认清组织的宗旨及内容,加以可否,却疑心你发起人是否有别的野心。今天我们可以歃血为盟做同志,明日便可以反目相向做仇人。凡做一件事情,不采取简直了当、光明正大的办法,而必须在后面绕许多圈子。这种猜疑心理,只要稍为留心观察中国社会,便知是很普遍的,并且是由来很悠久的。大概在大家庭里面,兄弟伯叔之间,用惯了权谋术数、阴险奸诈的手段,所以养成了这种性质。在中国社会上披肝沥胆的场面,是不容易遇着的。到处都是权谋术数,互相猜疑。因为事事有阴谋,所以事事不能不猜疑。

这种猜疑心理,有两种结果:第一因为不信用人家的缘故,所以会造成任何的结合,不得不引用较可信的亲戚或同乡。因此血统关系与地缘关系,便渗入一切的结合里面。从政府的组织,至于工商各界的机关,莫不充满了这种成分。反过来说,因为不信用他人,所以对于亲戚同乡以外的人,便加以排挤。到社会上做事,没有亲戚或同乡的援引,也很孤立的。第二因为猜疑心重而阴谋又多,所以较大的社会组织,不易成功。纵然暂时结合,也不过是弄权谋的勾当,很少有巩固的希望。拿政党来说,其中有不断分裂的危险。人心如此,国家的团结当然十分困难,政治也只有无目的,无主张,无忌惮,钩心斗角,合纵连横,寡廉鲜耻的一种把戏。

(四) 社 会 标 准

社会必须有秩序,然后才有普遍的进步。人类必须有秩序,然后才有安定的生活。但是社会如何能有秩序,我们便不能不靠社会生活的规则来控制个人的行为。这些社会生活的规则,便是我此处所说的社会标准。

但是每个社会,都有它特殊的环境,特殊的文化,特殊的制度,特殊的风尚,以及特殊的历史,故每个社会都发生一种特殊的行为标准。甲个社会以为是的,在乙个社会未必是。甲个社会以为非的,在乙个社会未必非。甲个社会认为某种行为为善,乙个社会或认为恶。甲个社会认为某种对象为美,乙个社会或认为丑。即甲乙两个社会同认某种行为为是,为善;而所谓是,所谓善,在两个社会里面,所占的地位也有轻重高低之不同。在甲个社会,某种行为列在所谓好的行为的首端,在乙个社会或列在末端。因为每个社会有其特殊的社会标准,所以每个社会对于其分子的行为之是非、善恶、美丑,有它自己的态度和制裁。其分子为博得社会同情,或避免开罪于社会起见,不能不恪守这些社会标准:对于社会认为是的、善的、美的,不能不趋赴;对于社会认为非的、恶的、丑的,不能不回避。

我们中国的社会标准,与西洋的社会标准,有许多是不约而同的。有许多是显然相反的;就是同的方面,也有轻重先后之别。

根本上我们要注意的,便是中国的社会标准,在道德方面,主要的是建筑在家庭制度之上,而西洋的社会标准,乃是建筑在社会生活之上。假使我们问问西洋人,哪些是他们所认为的高尚美德。他们大概回答我们什么正义呀,人道呀,真理呀,爱国呀,牺牲呀,为公服务呀等等的东西,决不会想到什么"孝",什么

"弟"。但是我们若反过来去问我们卅年前的老同胞,或现在活着的遗老遗少,他们大概都认"忠"、"孝"、"节"、"义",或"孝"、"弟"、"忠"、"信"为最高无上的美德。什么叫做"忠"?乃是臣对君的关系。什么叫做"孝"?乃是子对父的关系。什么叫做"节"?乃是妇对夫的关系。什么叫做"义"?什么叫做"信"?大概是指朋友间应守的关系,充其量也不过是指个人与个人间应有的关系。这些美德,如是分析起来,大多数是建筑在家庭的立足点上,没有一个是直接为谋社会利益设想的。

我们先拿真理来说。中国社会并不是完全不要真理,不过我们认为没有"孝"、"弟"那么重要罢了。若是两者发生冲突,我们情愿牺牲前者,保全后者。举一个最有趣味的例来说,孔老夫子并不是主张要大家说假话的,其实他是一个讲诚,讲真理的人。但是遇到"其父攘羊,其子证之"的时候,他老先生便觉得"其父攘羊",虽是真理,"其子证之",未免大不"孝"了。以"孝"与真理比较,在代表宗法社会的孔子看来,孝当然更加重要,其子应该说假话以保全孝道才对。因此,在中国社会里面,若是你为辩护亲戚、家族,推而至于朋友,而说假话,做假事,社会上不但不认为罪恶,并且有时还称赞你做得很对,很有血性。

西洋人去政府里面做事,社会上所期望于他的,莫不是为国家服务;其本人也不能不承认这是他应该遵守的理想标准。若是他违反这个标准,而擅自引用私人,敛括地皮,社会上一经发觉,必群起非难,认为罪大恶极,须置之于法。回头观察我们中国社会则不大然。中国人去做官,社会上公认其目的乃在"扬名声,显父母",并不是为国家服什么务。在利的方面,其动机不过是去找点俸禄,供养父母。至于什么国家的利益,人民的幸福,这都非做官认为最高的理想。不但做官者本人自己如此想法,全社会也如此想法。你若为孝顺父母,而牺牲公共利益,社会不但不以为罪,反以为德。因此在中国做官,刮地皮,用亲戚,大家不以为怪,甚至引以为荣。普通一般人谈到某人做官以后,如何发了大财,用了许多私人,大家都不觉得有什么不对。怒形于色,愤慨不平的,那是很少。起而作反对运动的,那更不消说绝对没有。我们的政治,在这种空气中生长,还有清明的希望吗?

在风尚方面,西洋人好工作,好活动,好奋斗,好勇敢,好冒险。我们中国人则反是。我们看不起劳动,以为劳动是下贱。稍为有钱的人便雇人做事,自己情愿坐着不动。做老太太的,自己顺手可以做到的,不愿做,偏要呼唤下人从远处来替他们做。全个社会里面,无论哪个,都是抱着能偷懒便偷懒的宗旨。就是下层的穷苦同胞,我们看见他们如此夙兴夜寐,终日工作,以为他们是勤苦成性的了;其实他们乃是受经济驱迫,不得不然。假使有一碗饭吃,没有饮食之忧,他们也是一样的要鄙弃劳动,好吃懒做。你没有看见过以前的所谓士大夫阶级吗?他们为表示其闲暇高贵起见,于是穿着长衫,留着指甲,出必轿马,把所有体力劳动的工作,都认为是治于人的阶级的事情,自己既为治人阶级,只要劳心便够了。身体越文弱,手足越不劳动,越可以表示自己的高贵。在女子方面,必须弱不禁风,然后才算是美。这种崇拜文弱之风,当然使全民族的体质不能强健起来,使全民族的精神不能振作起来。

拿好活动与否来说,即与好工作与否有密切的关系。工作不能不活动,活动也不能不工作。故西洋人既好工作,便自然好活动;既好活动,便自然要工作。我们中国人既然如上所说不好工作,那么我们不好活动,便不是意外的事情了。我们若是有闲功夫,我们决计不像西洋人那样的玩法。他们总不外打球、骑马、散步、摇船及跳舞等等的活动。我们呢,那就大不同了。无论外面是如何万紫千红,鸟语花香,我们宁愿坐在家里谈天,最文雅的也不过是饮酒赋诗罢了。若是多有几个人,那么我们便要开一桌麻雀来打。麻雀之所以在我们中国不分大小男女,大受欢迎,充国流行者,也未始不是因为它适合中国人脾胃之故。否则,为什么西洋人对它索然无味呢?麻雀曾于数年前在美国大出风头,曾几何时,便完全销声匿迹。我曾问过美国人为什么他们不喜欢玩麻雀,他们回答说美国人好动,没有心思静坐在那儿钩心斗角。换句话说,他们是不喜欢这种静的玩意儿。

一个人好活动自然有干的精神,有干的精神自然好奋斗。有人说争斗与狂饮是西洋人在野蛮时代的特性,到现在还是他们引为快乐的东西。因为他们喜欢争斗,所以他们能牺牲一切,为国家奋斗,为情人奋斗,为主义奋斗,为理想奋斗,为其他一切自己所认为有价值的东西奋斗。因为他们喜欢狂醉,所以他们能忘却一切,为国家狂醉,为女人狂醉,为主义狂醉,为理想狂醉,为其他一切自己所认为可爱的东西狂醉。他们有的是沸腾的热血,有的是充满的精力,他们可以为某对象奋斗而死,他们可以为某对象狂醉而亡。在我们冷酷的中国人看来,总觉得他们是傻头傻脑。我们社会所崇尚的是取巧的方法,什么以退为进呀,以柔制刚呀,都是自古以来相传的金科玉律。我们中国人很少为任何对象奋斗,为任何对象狂醉。不管对象是国家也好,女人也好,主义也好,或理想也好。

最后我们要说的便是勇敢与冒险是互相为缘的。冒险的人,没有不勇敢。勇敢的人,没有不冒险。而勇敢与冒险,又多半是好活动好奋斗的人所必具的精神。我们中国向来不尊崇勇敢的，以勇为武夫的特质；更不赞成冒险，故曰"明哲保身"，"君子不立于危墙之下"。因此我们看见外国人的餐风宿露，冒尽危险，去周游世界，探险两极，而无丝毫实利之举动，简直莫明其妙，认为"其愚不可及也"。我们每家人家，父之教其子，兄之训其弟，莫不戒子弟勿去冒险。愈是有钱的人家，愈是拘束他的子弟，自小就不让其出外游玩，一天到晚关在家里，好像宝贝一样，所以到了大来，都是懦夫。"盖井而观，腰舟而渡"，这的确是我们中国人的精神。不要说别的，单拿我们中国人对于运动一事，便可见一斑。一般老先生们看见西洋人那种剧烈运动的方法，手打足踢，头顶胸撞的玩球，真是觉得危险。若是他们有少爷在学校里面读书，当然是要阻止他们加入运动的。

（五）阶 级 背 景

中国社会固有的阶级，大家都知道是士、农、工、商，但是大家所容易忽略的是：士是支配阶级，而农工商是生产阶级。①

根据中国以前的教育制度，读书的目的，便是做官。但是做官的人，必须读书。故士的阶级，即支配阶级。得志的人，固可做到显官达宦，威赫一时；不得志的"士"，也可退为乡绅，名重乡曲。总而言之，读书人是中国社会生活各方面的领袖，连梁山泊的"反叛"行为，也不能不用智多星吴用为之计划。

读书的目的在做官，做官的目的在发财。故升官发财，在中国社会里面是一而二，二而一的。揽着主权的皇帝，有如一个大房东，人民有如房客，官僚有如房屋的管理人。房屋的管理人，向来就不料理房子的修缮，如水沟水道等等，而只打算尽量的榨取房租。他们不仅剥削房客，并且百方欺骗房东。蔽上欺下，把人民的膏血，一点一滴的榨入自己的腰包。

生产阶级，是中国社会的柱石，包含从事于经济事业的一切人民。这个阶级，乃真正努力于耕种、制造及交易的，与支配阶级立在敌对的关系上面。支配阶级，是寄生于这个阶级之上的。生产阶级增多，支配阶级廉明，则中国社会才能安定；否则，便要大乱。

现在将生产阶级分为农、工、商三个阶级来说。

中国是农业社会，所以百分之八十五以上是农民。他们在全民中虽然是占

---

① 此段文字较最初发表时有较大调整，其中最大的调整是对中国社会阶级背景的论述，由三个阶级转变为两个阶级，即取消了"游民阶级"。后面也删除了对此一阶级的讨论。——编者

大多数，但是因为没有智识，没有团结，及经济力贫弱的关系，并没有什么势力，在社会上是最被榨取的阶级。他们在政治上、社会上没有什么要求，更没有什么运动。他们把一切都看作天命，任凭其他阶级榨取。他们过惯了被压迫的生活，对于专制政治，丝毫不加以反抗。时常发生旱灾、水灾、蝗灾，他们都委之于运命，不去讲求补救的方法。若是实在不能过活，他们便流入游民阶级，或做兵，或做土匪，或做乞丐。

农民之中，有田主，有自耕农，有佃户，有雇佣劳动者。纯粹的田主阶级是很少的。田主多半是退职的官僚，或地方的乡绅，平时只把田土分租与佃户，或任长工耕种，到收获的时候才去管理收租。自耕农占农民之主要部分，富足一点的除自己所能耕种的面积外，有时把田分租与他人，或请别人帮忙。贫农则有时兼为佃户或雇佣劳动者。至于佃户，比较自耕农来得很少。其贷借田地的方法，或用租金，或是分租。所谓分租，即每年的收获，以一定的比例，分配于地主与佃户两方面。佃户与地主之间，除此田地的贷借关系外，没有别的主从义务，所以两方面不感觉到什么阶级意识。

我们中国地主多雇用劳动者自行耕种。雇佣劳动者有的是长工，有的是月工，有的是短工，有的是包工。长工是长年服务的，工资以一年计算，每年年底改订契约一次，吃饭与居住概由主人供给，与主人成立主从的关系。若得主人信任，有时升做工头，代主人监督其余的雇佣劳动者。至于月工、短工、包工，则系临时雇用。月工当然是以一月为标准，短工多以一日为标准，包工则以工作为标准。

从大体看来，过去的农民，自己内部的争斗，比较不很显著；而与其他榨取阶级的争斗事实，倒屡见不鲜。所谓其他榨取阶级，第一为官僚和军阀，第二为土豪和劣绅。农民反抗他们的方法，因为专制政治逼得他们无路可走，多采取直接行动。或投入土匪，对官僚、军阀、土豪、劣绅报仇；或举行暴动，压迫官厅，取消种种苛政。

工人阶级有新式的工厂工人，有旧式的家庭手工业工人。我们现在所讨论的，是中国问题的社会背景，目的在分析中国没有与西洋文明接触以前的社会情形，所以这里我们所要说的，单是家庭手工业所形成的工人阶级。这种手工业之内，也可分为三个阶级：即是行主、工匠、学徒。行主是经营者，工匠是职工，学徒又叫做徒弟。职工是有工银的，徒弟是无工银的，但吃饭住居都是由行主供给。行主、职工、徒弟三个阶级间的关系，是非常亲密的，因为彼此多有亲戚朋友的关系。

最后说到商人阶级,其中也如工人阶级一样,可分为掌柜(南方称老板)、伙计及学徒三个阶级。掌柜是店主,伙计是职员,学徒是徒弟。徒弟多半是店主的亲属或同乡,没有薪水,但是有饭吃,有房住;学习的期限,少则二三年,多则四五年。出师之后,即升入伙计阶级,可得工资,或留店内,或转入他店。伙计之有才干的,帮人家做了几年以后,多半自己另外去开铺子,跳入店主阶级。因为店主、伙计、学徒之间,不是有血统的关系,便是有同乡的关系,而彼此又天天见面,相处甚久,所以很少有阶级的对峙形势。

(六) 教 育 制 度

我们要知道现在中国教育制度所发生的各种问题,便须知道我们以前的教育制度是怎么一回事情。我们以前的教育制度虽然已经废除,但是它的灵魂还寄托在现在各种制度思想里面。

第一,我们知道以前的教育,不是国家的事业,乃是私人的事情。我们以前没有学校,只有私塾。每个私塾有一个老师,和几个至十几个学生。有的私塾,是一家设立的,有的是几家合起来办的。这些有子弟读书的人家,多半是有饭吃的。很穷的人家,不但没有钱送子弟入学,并且还要留子弟在家里做事。所以中国以前能受教育的占最少数。这班读过书的人,因为自己家里经济状况本来不坏,而且又只有读书人才能做官,于是在社会上便形成了一种特殊阶级。

第二,我们要知道我们传统教育的内容。换句话说,我们要问我们的私塾里面教些什么?在西洋社会里面,教育的目的是影响将来的,是决定进步的。但在我们以前的中国,则大家认为教育完全是保存国粹的。因此我们以前读的都是"四书"、"五经",听的都是"古先圣王之道",至于什么历史、地理、数学、物理、化学、生物,各种社会科学或自然科学,都梦想不到。一班读书人只知道背诵这些古书,做几句烂文章,把所有的精力都费在这些古董上面,而变成保守反动的骨干。凡有新思想新势力的萌芽,他们便要加以摧残。支配阶级如此冥顽不灵,社会哪有进步?

第三,我们要问:我们以前的教育,既然是私人的事情,那么究竟与国家是否发生关系?我们的答案,是有密切的关系。各代君主,因为要巩固他们的天下,于是利用孔子的学说,来范围人心,把"四书"、"五经"做为科举取士的标准。全国各地有秀才考试;考取秀才以后,才有考举人的资格;中了举人,才能考进士；考中进士，便有官做。凡是要做官的，不能不从事科举；要从事科举的，不能不知道"四书"、"五经"；要知道"四书"、"五经"的，不能不读书。读书的目的，只为做官。做不到官的时候，才去教私塾。私塾所教的，又不外"四书"、"五经"。教出的学生，又不外从事科举。得意的便去做官，失意的又来教私塾。转来转去，没有新东西出来，直是一种"轮回教育"。在君主方面，这是一种最有效的愚民政策，要一班支配阶级，以孔子的思想为思想，尊君法古。并且使他们一生葬送精力在玩弄这些古董上面，没有功夫去怀疑他的统治势力。在政治方面，有了这班冬烘先生，一切设施，当然不外循规蹈矩，尊古法制。凡社会生活的变迁，与政治的运用，都非他们所能想及。结果，所谓政治，不过是做官的代名词。

西洋社会到了近代，教育是国家的事业，也是国民应尽的义务；反过来说，也可说是国民应享的权利。所以他们由国家设立学校，并且强迫每个国民要受若干年限的义务教育。在学校里面所授的科目，除本国文及外国文外，都是社会科学或自然科学。思想异常自由，没有那些"古先圣王之道"，把他们脑筋桎梏。学生毕业以后，各人就自己性情所近，把平常所学的东西，拿去社会上做事情，不一定要去做官。因此，第一，西洋先进各国，教育异常普遍，人人都当作家常便饭，读书的人不能在社会上形成一种特殊阶级。第二，学校里面所教的东西，都是与社会生活有密切关系，故学能致用。第三，思想自由，注重创造，不像我们要尊崇孔子，罢黜百家，述而不作，信而好古，故他们无论在文学、科学、艺术各方面，都有日新月异的进步与贡献。第四，他们读书不是为着做官，乃是求适应社会生活，并谋改进将来的生活，在社会上不因为读了几句书便取得一种优越的地位。比较起来，我们的传统教育是保守的、特殊的；西洋的教育是进步的、普遍的。

（七）语 言 文 字

语言文字是传达思想的工具，没有语言，我们彼此便不能交换意见，所有个人的经验与智识，也不能传给别人。没有文字，则在空间方面，不能行远，只能在面谈的时候交换意见；在时间方面，不能持久，谈过之后，没有文字记下来，一切都无踪迹。并且思想经过文字的叙述，比语言更有系统，更为确切。故语言文字对于文明的构造与传布，对于社会生活的团结与改进，对于国家意识的养成与发展，是最有关系的。

我们中国的文字发生极早，并且向来我们对于文字是很重视的。论理我们的文字与文学，应该最进步的了。不幸得很，我们的文字，第一，没有字母，没有拼音，没有文法。每个字有多个音，每个字有多个意义。学作文的时候，没有规矩可循，全靠把古书的调法背熟，得到其中的自然法则。因此，我们的文字极为艰难，平常的人，要读十几年书才能作一篇通顺的文章，若是脑筋笨的，一辈子也不会作文。我们的文字既如是艰难，那么为什么不早改良呢？这又要怪我们社会的保守观念，以及一班儒者的好古成性了。

我们以前的社会对于文字的认识，以为愈古愈好，要古得像《尚书》一般的笔墨，为普通人所看不懂，才算本事。所以我们以前作文，总要做得佶屈聱牙，直追秦汉以前。我们不知道文字是传达思想的工具，我们反以为文字是有闲阶级的装饰品，故意使人家莫名其妙。因此我们中国的文字，到现在还是异常困难。普通一般人看见文字这样的艰难，谋自家生活之不暇，又哪里能够费十几年功夫去学做几句文章。就是有钱人家的子弟，也有许多受不了这种"十年寒窗，磨穿铁砚"的苦事，宁愿目不识丁，或读得半通不通。结果，中国患文盲病的占百分之九十以上。普通一般人民，既不识字，没有受过相当的教育，那么他们对于社会，当然不能有很多的贡献，只知奉行故事，及吃饭穿衣而已。如是影响到政治上去，便是国家观念与民主政治不能产生；影响到文化上去，便是新的创造与新的贡献不能出现；影响到全社会上去，便是没有进步。

在他方面，因为文字的艰难，所以能够弄文字的读书人，便形成了中国的特殊阶级。他们能够看得书，作得文，不但自己以为了不得，就是普通一般人也以为了不得。兼之，我们以前用科举取士，做官的人非读书出身不可，于是士的阶级，更为社会所重视。

我们中国的文字，不但艰难，而且变为传统思想的专利品。一班文人，以前都有一个共同概念，以为文是"载道"用的。而所谓"道"，又是"古先圣王之道"，两千年来，说来说去，还不过是千篇一律的东西。因此文字的功用，非常狭隘；文字的内容，非常枯槁；个人的思想，不能自由发展；个人的经验，不能自由传播。如此，文化没有新的色彩，社会哪有新的进步？而且一成不变的道学，当然不能适应社会生活的演变，结果所谓"古先圣王之道"，不得不变成虚伪的东西。全个社会于是便发生了虚伪的心理，而趋于堕落腐败。

关于文字，还有一点不能不提到的，便是我们的言文不符。语言与文字两相分开，说的不同写的，写的不同说的。在语言方面，失却文字的帮助，运用异常简狭。平常的语言，很难谈高深的思想。普通一般人所说的，不过饮食起居的几句话罢了。在文字方面，失却语言的帮助，内容异常枯竭。写出来的，都是陈词滥调,不能代表活的生活,结果成为一种死的文学。

我们中国的语言,不但与文字不符,并且因为交通不便的关系,各地不同,各省有各省的话,各县有各县的话,各乡有各乡的话,甚至"一山一河之隔,而语言若两国焉"。我们知道语言是团结一个国家社会最重要的工具,因为有了这种工具,我们才能够了解共同的利害荣辱,发生一种同情共鸣的观念。一个国家没有统一的语言,便失却一个最重要的基础。我们中国的语言既然如此不统一,那么全国意志,难于沟通,也是自然的结果。

(八) 结　　论

概括来说:

(一) 我们的家庭制度,养成了根深蒂固的家庭观念,阻碍了国家观念的形成,经济的发展,及社会公德的产生,全个社会有如散沙一般。所谓散沙,即是全国分成无数一个一个的家庭,上面很难养成超家庭的大团体生活。

(二) 我们的地方主义因为有农业的背景及血统的关系,极为强烈。地方观念愈重,则国家与社会的观念愈弱,结果各地方各自为政,漠不相关。

(三) 一般国民心理都是充满自私自利,欺善怕恶,趋炎附势,虚伪,猜疑,阴谋等等。中国社会在此种空气之下,当然很难产生高尚的公德,努力合作改进公共生活。结果社会只有腐败,政治只有黑暗,大家只有在地狱里过活。

(四) 因为中国社会标准,在道德生活方面,多建筑在家庭之上,所以公德心不能发达。而且普通一般的风尚,都崇尚文弱,贱视劳动,好静恶动,所以没有进取的精神与勇气。

(五) 以前中国社会可分两个阶级,即读书人的支配阶级,及农工商的生产阶级,前者以榨取为目的,后者只有供前者的剥削。

(六) 中国以前的教育是君主一种愚民政策,以孔子的学说为巩固君权的工具,以科举的手段来笼络民间的人才,在社会上造成了读书人的特殊阶级,而为保守反动的骨干。

(七) 文字艰深,言文不符,语言又不统一,使教育不能普及,人民程度不能提高,国家意识不能养成。

归根到底,上面所说社会的背景,不外使我们中国人有家庭观念、地方观念、利己观念,而无国家观念、社会观念,中国只能保守,而无进步。

第三章　中国问题的思想背景*

我预先要声明的，便是我在这里讨论中国的哲学背景，目的并不是去分析中国所有思想家的思想，也不是去考证各家思想的内容，换句话说，我不是要写一篇"中国哲学史"或"中国各派哲学的研究"。我的目的乃在提纲振领，把支配中国人的精神生活的几个重要哲学或宗教系统提出来，说明其对于全个中国社会所发生的影响，及其形成今日中国问题的原因。明了我这个主旨，便知道我不是专为中国哲学而来讨论哲学，乃是为研究中国问题而来讨论哲学，并且可原谅我下面那种大刀阔斧的新写法，是我偏重解释所不得已而取的一种态度。

我们中国人的精神生活，大概言之，可说是为三个重要哲学或宗教系统所支配：一是儒教，二是道教，三是佛教。其中尤以儒教为最占势力，为中国的正统派思想，笼罩中国社会有二千多年，对于我们一切的文物制度，实在有分不开的关系。其他各种学说如墨家，如法家，虽在发生的时候，有相当的影响，但后来因为历代尊孔的结果，都被排斥，在中国社会生活里面，没有多大的势力。

最奇怪的就是中国各派哲学的发轫，除后来从印度流入的佛教外，都在春秋战国时候。这是什么缘故呢？原来我们中国社会到了周朝下期的时候，因为封建制度的崩溃，君主的昏庸，于是全个社会发生了一种极大的纷乱。周室的势力日益衰微，诸侯的专横更加厉害，各个诸侯对于周室，由臣从的关系，渐到独立的地位；由独立的地位，渐到争霸的局面；更由争霸的局面，渐到吞并的形势。所谓统有中国的周室，失却了所有的权威。全个社会，无所维系，于是四分五裂，战乱不已。人民的痛苦，如水益深，如火益热。社会上的固有制度，也根本发生动摇。这种纷乱情形，好像现在的中国一样。现在的军阀，好像就是以前的诸侯；现在的争地盘战争，好像就是以前的争霸战争。处在这种乱世的人，自然不免要受很

---

* 本章原题《中国的传统思想——中国问题的哲学背景》，刊《新月》第3卷第8期，1931年4月9日。

大的刺激。一般有思想,有感觉的人,看见四围如此黑暗,当然不能满意,要去找出解决的方法。但是因为各人的经验与环境不同,所以各人对于解决的方法,与夫对于现状的观察,也不能不随之而异。于是而有种种学说发生,与现在有种种主义发生一样。儒家、道家、墨家及法家等等哲学,便从这种环境里面产生出来。

(一) 儒　　教

儒教的宗主当然是孔子,所以我们讨论儒教的影响,不能不以孔子的思想为中心。孔子看见当时这种大乱情形,回想到以前封建社会的安宁,便发生一种反动心理,以为当时一切的纷乱,都是由于不"遵古法制",若能返于"古先圣王之道",那么便不愁天下不太平。所以他对于当时社会的解决,第一个主张便是复古。他一生最得意的工作也就是宣传古的制度,如世人所说删《诗》《书》,定《礼》《乐》,赞《易》,修《春秋》之类。惟其因为他是保守的缘故,所以他没有什么创造,也不愿意有什么创造。"述而不作,信而好古",那才是"夫子自道"的真正态度。的的确确,他一心一意想把他那时纷乱的社会,退回到以前那种封建社会里面去。他并没有想到若干年代以后的社会,与若干年代以前的社会,有许多地方不同。其所以中国社会到了春秋时候大乱起来,也就是因为以前那种简单的社会组织,不能适应当时比较复杂的社会生活。中国当时在此十字路头,只有两条路可走。一是顺应社会生活日趋复杂的需要,去创造新的制度、理想及组织,使社会能向前推进,不至为过去的传统文明所阻碍。一是认为一切纷乱,都是起于旧的文物制度的崩溃;若是抛弃旧的,而另去创造新的,恐怕纷乱更加厉害;不如恢复旧的,使社会退回到原来有秩序的状态里面去为好。孔子便是采取第二条路,反对第一条路最有力的人。这种复古的保守主义,因为自汉以后,历代尊孔的结果,在中国社会便发生了一种牢不可破的守旧心理。一般人民都不用脑筋去改良旧的东西,发明新的理想、制度及方法。所以社会生活,无论哪方面,经过两千多年,没有多大进步。讲思想,我们仍不能不推重春秋战国时代的诸子百家。讲物质生活,我们仍不脱简单粗陋的农业生产。

而且孔子所梦想的以前那种社会,乃是建筑在封建制度之上的;而那种封建制度又是显然以家庭为基础的。所以孔子的政治理想及伦理观念,总脱离不了家庭制度的范围。从他的眼光看来,国家不过是扩大的家庭,家庭也是缩小的国家。在国家里面,君主好比是父母;在家庭里面,父母好比是君主。若要治国,必先齐家。怎样齐家?必须把家庭所包括的父子、兄弟、夫妇三种成分的关系划定。所以儒家不能不拿出"父慈子孝,兄友弟恭,夫义妇顺"的伦理来做齐家的基础,其中尤重"孝",次重"弟",因为两者都是维持家庭的根本。故有子曰:"孝弟也者,其为人之本与。"国家既然是家庭的扩大,那么加上"君臣"、"朋友"的伦理关系,便足够了。所以儒家的伦理系统,即是"君臣、父子、兄弟、夫妇、朋友"的"五伦"。这"五伦"乃是从家庭出发,所以儒家的道德观念,也是以家庭为起点;儒家的社会组织与政治思想,也是以家庭为模型。简而言之,家族主义,便是儒家彻上彻下的哲学。

在家庭里面,儿女要孝顺父母;在国家里面,人民要服从君主。所以孔子及儒家们从家长式的政治理想出发,便不能不走到主张君主政体的路上去;既然主张君主专制政体,那么当然要把全国的领土主权及人民,都看做君主的私产。所谓"普天之下,莫非王土;率土之滨,莫非王臣",也是儒家一种很合逻辑的推论。但是我们要知道,在家庭里面,父亲虽然有最高的权威,决定一切,然而父亲对于儿女,非常爱重,对于儿女的幸福,非常留心。推而至于一国,孔子以为君主既然是全国的家长,"民之父母",那么他对于人民也应如父母待子女一样,为他们谋幸福。因此,孔子的君主专制政体,不是残暴的,乃是仁爱的。换句话说,儒家的政治思想虽是反民主的,但是以人民的幸福为根本的。可以说是一种民本主义,而不是民主主义。民本主义乃是主张政治为人民所享的。民主主义不但主张政治是为人民所享的,并且是为人民所有,为人民所治的。孔子及儒家们虽然赞成政治为人民所享,却不赞成政治为人民所有,为人民所治。

孔子们因为反对民主政治,所以不惜一则曰:"民可使由之,不可使知之";再则曰:"不在其位,不谋其政";三则曰:"天下有道,庶人不议"。据他们的意思是:君主固然要以为人民谋幸福为目的,但人民对于政治不能过问,不宜过问,也可不必过问。这种拥护君主政体的学说,自然于君主有利。所以汉高祖在没有得到天下的时候,便不惜把"儒冠"来权当小便之用,及既得天下之后,为巩固江山起见,便罢黜百家,尊崇孔子。自汉以后,历代帝王,看破此中秘诀,无不利用孔子的学说,做他们把持天下,维持君权,压制人民的工具。孔子自己并不想做一个教主,孔子的学说也并不是一种宗教,但是历代的君主硬要把孔子学说当做国教,把孔子当做教主。后来更有一班所谓儒者,趋炎附势,极力在下拥护,摇旗呐喊,推波助澜,希望取得君主的欢心,而为猎官发财的企图。故"陈涉起而孔鲋往,刘季兴而叔孙从,恭顺有加,强聒不舍,捷足先得"。呜呼!这是所谓儒者的人格!呜呼!这是所谓儒者的精神!把其余的学说视为异端,排挤压迫不遗余力,结果,第一思想不自由,学术无进步,闹来闹去,还是"学而"、"子曰"的陈腐东西,全个社会死气沉沉,停着不进。第二,这种孔教思想,把中国桎梏在君主专制政体之下两千多年,全国的治乱完全操在君主手里,人民无权过问。若是"圣主在位",人民还可"仰沾雨露之恩",若是昏君出世,那么人民只有忍受一切压迫痛苦! 第三,一班士大夫,以孔子的思想为思想,没有独立的人格,成为一种腐儒,专以逢迎君主为能事。结果社会上也成了一种趋炎附势的风气,政治上成了一种家奴走狗的政府。公德堕落的影响,人格卑鄙的结果,这我们不能不归功于所谓儒者!

儒家们既然反对民主主义,当然不会主张君主须向人民负责。在他们眼光里看来,人民不过是些阿斗,须"作之君,作之师"。但是谁去"作之君,作之师"呢? 他们于是推到天上去,说"天降下民,作之君,作之师"。所以他们的君主专制政治是只对天负责的,不对人民负责的,故君主又名为天子。犹之家长只对祖先负责,不对子女负责一样。但是天是哑口无言的东西,所谓君主对天负责,也不过是"神道设教"的意思。结果,老老实实,君主是不对任何个人或机关负责的。不但一国的土地是君主的家产,就是全国的人民也是君主的家奴。在这种君主专制政体之下,人民当然没有参政的权利。人民没有参政的机会,又哪能得到参政的能力? 所以我们虽把满清的大皇帝推倒,建立了所谓"民国",但是全国的政权,还是在新皇帝们的手里。他们中了专制政体的遗毒,同时又失去为民父母的伦理观念,于是变本加厉,横暴愈甚,对于人民压迫蹂躏,无所不至。一般人民过惯了家奴走狗的生活,没有政治的能力,也不起来反抗,也不知道如何反抗,于是酿成了二十余年来的怪现象!

孔子的君主专制政体,不但如上所说阻碍了民主政治的发展,并且阻碍了国家观念的产生。人民既无参政的机会,那么对于国家的事情,当然以为这是皇帝老子家里的事,与小百姓毫不相干。无论是外人的侵略,无论是政权的交替,无论是官吏的腐败,无论是邻省的灾荒,一般人民总是不闻不问,除了自家能活一天算一天外,别的事情都不去管。如是一般人民对于国家,不但不发生感情,并且根本上就不认识它的存在。兼之有了孔子及儒家们的家族主义,一般人民可以生活在家庭"小天地"里面,不需要较大的社会组织,所以我们中国人只知道有家而不知道有国。无怪我们中国与西洋各国一相接触,我们只有土崩瓦解。

儒家既把国家当做一个大家庭,那么他们对于治国的方法自然也与治家一样。我们知道在家庭里面,彼此间的关系完全建筑在血统之上,而且人数不多,用不着什么法律,只要有贤父兄在上,有感情为之维系,有礼教为之标准,也就够了。所以儒家主张,国家生活也应采人治主义,不宜用法治主义。他们认为如果有圣君贤相在上,天下自然会太平安乐。所谓"君子……修己以敬,修己以安人,……修己以安百姓","君子笃恭而天下平","君子之守,修其身而天下平",这些这些,都是儒家信仰人治的表证。

主张人治,当然指望贤人在位,以身作则,故儒家提倡人治主义之后,不能不主张贤人政治。我们可以从他们的书中找出许多类似下面的话头:如"政者正也,子帅以正,孰敢不正?""子欲善,则民善矣。君子之德,风;小人之德,草;草上之风,必偃。""上好礼,则民莫敢不敬;上好义,则民莫敢不服;上好信,则民莫敢不用情。""上老老,而民兴孝;上长长,而民兴弟;上恤孤,而民不悖。""其身正,不令而行;其身不正,虽令不从。""为政在人,取人以身。修身以道,修道以仁。"儒家既是主张人治,而又拥护君主政体;而政治命脉,在他们的眼光看来,差不多完全系于君主一人之身。故曰"君仁莫不仁,君义莫不义,君正莫不正,一正君而国定矣"。惟其因为主张人治主义,所以必须"待其人而后行",惟其因为相信贤人政治,所以"惟仁者宜在高位,不仁者而在高位,是播其恶于众也"。

我们中国因为受了儒家这种人治主义的影响,两千余年以来都排斥法治。凡个人与个人间,个人与国家间,个人与团体间,团体与团体间,团体与国家间,以及全个国家的根本组织,都没有明文规定的法律关系。上无道揆,下无法守,社会生活都在糊涂不安定之中。人治的办法,根本上就不是长治久安之计,势必"人存政举,人亡政息"。若是遇到圣君贤相,天下还可太平;若是遇到昏君奸臣,天下只有大乱。难怪尹文子要说:"若使遭贤则治,遭愚则乱,则治乱续于贤愚,不系于礼乐。是圣人之术,与圣主而俱没;治世之法,逮易世而莫用,则乱多而治寡……"更无怪韩非子要说:"且夫尧舜桀纣,千世而一出……中者上不及尧舜,而下者亦不为桀纣。抱法则治,背法则乱。背法而待尧舜,尧舜至乃治,是千世乱而一治也。抱法而待桀纣,桀纣至乃乱,是千世治而一乱也。"诚然,我们中国过去几千年的政治,都是"背法而待尧舜",故"乱多而治寡"。上面无法可守,下面无法可循,一般人民到了忍无可忍的时候,只有诉诸武力,大家砍杀一场。

但是人治也不能不有相当的规范,做行为的标准,所以孔子及儒家们,打出人治旗帜及反对法治主义以后,不能不提出各种生活的规矩出来,以为表率。尤其是因为儒家的政治理想,完全建筑在家庭制度之上,对于家庭生活,不能不有极详细的方式。他们相信,若是大家能本着自己的良心,照这种规矩或方式做去,社会秩序自然可以维持。这种规矩或方式,既不是国家的法律,当然只有靠养成一种风俗习惯,使大家去服从。一经成为风俗习惯之后,这些私人所定的规矩或方式,便成硬化,后来统名之曰礼教。

礼教与法律都是行为的规则,但是有几个根本不同之点。第一,礼教的来源是私人的言行,经风俗习惯凝结而成。周公可以制礼作乐,孔子也可以定礼乐,法律乃是由政府机关所制定。第二,礼教没有强制执行的机关,全靠社会舆论发生功用,愿守此礼与否,尽可随人自由。法律则有法庭执行,违者便要受罚。第三,礼教的性质空泛,不但没有严密的规定,而且没有解释的机关,各人可以随便运用。法律则明文具在,一定不移,不能通融,若有疑义,法庭可以解释。第四,礼教与道德不分,凡是违反礼教,便是不道德的行为。法律则与道德纯为二事,犯了法,不一定就是不道德;不犯法,不一定就是道德。

若就礼治与法治两者的利弊比较,我们可以得到下列几个结论:(一)法律是维新的,礼教是守旧的。因为法律可以视环境的需要,随时修订;礼教则基于风俗习惯,积重难返,很难适应社会生活的演进。(二)法律可以适合现代社会各种复杂的关系。因为有清清楚楚明文的规定,并且有法庭在那里监督执行,不至使各方面的生活感觉不安定,而阻碍了各种事业的发展。礼教则全靠各人自己的解释,没有固定的标准。以之适应简单的社会生活,弊端还少,以之适应复杂的社会生活,则为害甚大。(三)法律与道德分家,使道德本身不至因为所管辖的范围太大,倒失却了它的作用,而变成虚伪的东西。礼教偏要把道德拉做一块,靠道德的力量,去实行它的制裁。但是社会生活日益复杂,有许多问题完全与道德无关,而强以道德去拘束,结果所谓礼教,所谓道德,都成了虚伪的东西。这种虚伪心理,布满了中国的全个社会而不可救药。我们并不是说礼教完全没有益处,在私人行为相当的范围以内,我们承认礼教是有功用的。不过像儒家那样绝对反对法治,相信礼治,那是有害无益的。中国社会所以两千多年没有进步,到处充满了守旧与虚伪的心理,我们不能不归罪于孔子,尤其是后来这班靠孔子吃饭,摇旗呐喊的儒教徒。有人说"礼教吃人",更有人要"打孔家店",我们实在可以原谅这种纠正的用心。

礼治是有等差的,有阶级的。等差不谨,阶级不严,礼防是要崩溃的。所以孔子及儒家们主张礼治之后,自然要主张阶级等差,于是乎有所谓"亲亲之杀,尊贤之等"。"齐景公问政于孔子",孔子也要"对曰:'君君,臣臣,父父,子子。'"《大学》里面所举"止于至善"的方法,也是"为人君,止于仁;为人臣,止于敬;为人子,止于孝;为人父,止于慈;与国人交,止于信"。《礼记》一部书,差不多完全是关于等级的划分。至于《易传》所言贵贱男女等等,《春秋》所言贵贱亲疏贤愚等等,真是举不胜举。分析起来,儒家主张,纵的方面,有贵贱的阶级,如君臣尊卑之属;横的方面,有亲疏的阶级,如"亲亲而仁民,仁民而爱物"之属;性的方面,有男女的阶级,如夫妇不平等之属。因此儒家的社会是有等差的、有阶级的,有了等差、阶级,当然又不是平等的社会。我们中国社会,因为农业的经济背景,虽然没有劳资两个阶级的对峙,但是因为受了儒教的影响,社会上也有许多阶级的差别。这种差别,一方面给已在上的人极大的自由,一方面使得在下的一点不能自由。所谓"礼不下庶人,刑不上大夫",便是一个很好的例证。流弊所及,中国便成了最自由与最不自由的大矛盾。在上的最自由,在下的最不自由;有权的最自由,无权的最不自由。

儒家既然要分别等差,那么当然要注重分别等差以后,彼此相互的关系,使这些关系不至于紊乱。但是如何严密规定这些关系,使他们不乱?"必也正名乎!"所以子路问孔子:"卫君待子而为政,子将奚先?"孔子的答复是:"必也正名乎!"子路觉得很奇怪,为什么为政要"正名",故讥笑孔子说:"有是哉,子之迂也!奚其正?"孔老夫子听见子路骂他"迂",不觉怒从心来,便回敬子路一个"野"字,曰:"野哉由也!君子于其所不知,盖阙如也。名不正则言不顺,言不顺则事不成,事不成则礼乐不兴,礼乐不兴则刑罚不中,刑罚不中则民无所措手足。故君子名之必可言也,言之必可行也。君子于其言,无所苟而已矣。"孔子正名的工作,在《春秋》,故庄子曰"《春秋》以道名分"。董子曰:"《春秋》辨物之理,以正其名;名物如其真,不失秋毫之末。"司马迁曰:"《春秋》文成数万,其指数千;万物聚散,皆在《春秋》。"孟子曰:"《春秋》天下之事也";又曰:"孔子作《春秋》,而乱臣贼子惧。"所谓"名分",便是社会上的等差关系,所谓"不失秋毫",便是所定等差关系的严密。所谓"万物聚散,皆在《春秋》",便是《春秋》所包含的关系极广,无所不包。所谓"乱臣贼子惧",便是严定等差关系所发生的效果。

但是名正了,名分也定了;名分定了,等差关系也定了。于是礼防成了,礼教也成了。可是社会生活因此受它严密的约束,不能活动了,不能随时改变以适应新的环境了。中国社会的生命永远被这种深厚的礼防城墙围着,好像一座古井里面的水一样,不能流动,没有变化,结果是无进步,无色彩。

总而言之,孔子及儒家们主张了复古的保守主义,便妨碍了中国社会的进步;主张了开明的君主专制,便妨碍了民主政治的发展;主张了家族主义,便妨碍了国家观念的养成；主张了人治主义，便妨碍了法治主义的实现；主张了礼教，便养成了虚伪的心理及社会上不平等的关系。在春秋的末叶，孔子主张这些东西，或还不无理由可说。所可怪者，就是后来的儒者们，不用脑筋，专知逢迎君主的好恶，"孔步亦步，孔趋亦趋"，"见孔于羹，见孔于墙"，像煞什么似的趋腥附膻，把其余的学说一概抹杀，把社会演进的事实当做不见，而一味把孔子捧作神化的偶像，把孔子的思想桎梏全国人的脑筋。中国的思想真是统一了，孔子的思想的确传统了，却是中国由此便没有长进了！

（二）道　　家

我们中国的正统哲学，既如上面所述，笼罩了中国的制度文物，产生了许多不良的结果，那么其次有力的哲学系统能出来纠正一点吗？不但不能，并且对于中国社会的进步，更有妨碍。我们知道儒家无论如何复古守旧，还相信人为的力量，认人可以改造社会，全个思想系统还是建筑在以人为中心的基础上面。所以孔子、孟子本人也不辞劳苦，去周游列国，劝解那班当局的人。至于老子，则感想刚与孔子相反。他遇着乱世，看见当时政治的黑暗纷乱，一班乱臣贼子的争权夺利，打成黑漆一团，好像乱丝一般，愈理愈乱，于是根本上主张大家不要去争、去理、去治。因此，老子根本上就否认人为的力量，相信自然界法则为万能，以"道"为先天而存在，且一成不变。故曰："人法地，地法天，天法道，道法自然。"又曰："有物混成，先天地生，寂兮寥兮，独立不改，周行而不殆，可以为天下母，吾不知其名，字之曰道。"因为"道"是先人类而存在，并且先天地而存在，故"道"是离人类社会而独立，永远不能更改的。根据这种观点，"自然"变成了"万能"，人力当然是毫无力量的了。我们人类生在天地之间，照老庄看来，异常渺小；我们只能顺着自然，决不能有所创造，也决不能改变环境。故庄子说："吾在天地之间，犹小石小木之在大山也。"又说："以辅万物之自然，而莫敢为。"

道家这种"自然万能"的主张，既然否认人为的能力，便在中国社会上产生了一种运命主义。一般人民以为一切都有天命，一切都有外界的主宰，非人类所得而改变，于是觉得努力是毫无影响的。自然界能支配人类，人类决不能征服自然界。水灾尽管一次一次的降临，我们的祖先总以为是天道如此，不去设法预防。旱灾尽管不时的发生，我们的祖先又总以为是出于天意，不去讲究灌溉的方法。自己穷得吃树皮草根，还是以为前生注定。统治阶级压榨他不能翻身，他口里还说"死生由命，富贵在天"。这种消极的态度，不但对自然环境只有屈服，就是对社会环境也只有屈服。因此我们中国人的人生观,变成消极的、顺从的、颓唐的、懒惰的。我们没有前进、反抗、振作、奋斗各种精神,我们愿意做自然环境的奴隶,我们也愿意做社会环境的奴隶。交通不方便,让它过去。经济不充裕,让它过去。政府极腐败,让它过去。活得一天算一天,"做一日和尚撞一日钟",大家如此,人人如此,这种社会当然是没长进。

道家不但相信"自然万能",并且积极的相信自然为绝对的美,绝对的善;一经加上人工,便要坏了。所以老子说:"为者败之,执者失之。"庄子怕世人不懂,还打了一个譬喻说:"南海之帝为儵,北海之帝为忽,中央之帝为混沌。儵与忽时相遇于混沌之地,混沌待之甚善。儵与忽谋报混沌之德,曰:人皆有七窍以视听食息,此独无有,尝试凿之,日凿一窍,七日而混沌死。"因为道家认自然为绝对的美,绝对的善,故主张无为,一切任其自然。这种无为主义,当然是与政治这个东西根本不相容的。政治的目的在治,在干涉,无为的主张在不干涉。比较起来,儒家还是要政治,并且还是要以家庭为模型的君主专制政体;道家就根本上反对政治,反对一切政治组织,反对任何式样的政府,自然连孔子的君主政体也包括在内。换句话说,道家是一个无政府主义者,他们觉得政府是罪恶,政府的势力与人民的幸福成反比例:政府的势力愈大,人民的幸福愈少;法律愈多,人民的痛苦愈甚。你们不信,请看下面老庄自己的话。

老子说:"民莫之令而自正。""我无为而民自化,我好静而民自正,我无事而民自富,我无欲而民自朴。""民之饥,以其上食税之多;民之难治,以其上之有为,是以难治。""法令滋彰,盗贼多有。""将欲取天下而为之,吾见其不得已,天下神器,不可为也,为者败之,执者失之。"这些话,不是明明白白主张无政府主义,是什么?庄子根据此旨,更为巧妙的发挥。他用治马、治埴、治本的故事,来反对干涉主义的政治。他说:"马蹄可以践霜雪,毛可以御风寒,龁草饮水,翘足而陆,此马之真性。虽有义台路寝,无所用之。及至伯乐曰:'我善治马。'烧之,剔之,刻之,雒之,连之以羁絷,编之以皂栈,马之死者十二三矣。饥之,渴之,驰之,骤之,整之,齐之,前有橛饰之患,而后有鞭策之威,而马之死者已过半矣。陶者曰:'我善治埴,圆者中规,方者中矩。'匠人曰:'我善治木,曲者中钩,直者应绳。'夫埴木之性,岂欲中规矩钩绳哉?然且世世称之曰:'伯乐善治马,而陶匠善治埴木。'此亦治天下者之过也。"

孔子是要所谓文明、文化的,不过他认为以前的文明、文化,比他那时的好,所以主张复古。到了老庄手里,因为他们认为自然是绝对的美,绝对的善,所以对于人为的文化、文明，都认为是罪恶的渊源。由他们看来，文字是罪恶，智识是罪恶，艺术是罪恶，礼俗是罪恶，法律是罪恶，政府是罪恶，乃至道德标准也是罪恶。故老子说："常使民无知无欲。"又说："天下多忌讳，而民弥贫；人多利器，国家滋昏；人多伎巧，奇物滋起；法令滋彰，盗贼多有。"他并且恐怕我们还不知道他的意思，又反过来说："大道废，有仁义；慧智出，有大伪；六亲不和，有孝慈；国家昏乱，有忠臣。"庄子对于此点，也有痛快淋漓的议论。他一则曰："绝圣弃知，大盗乃止；摘玉毁珠，小盗不起；焚符破玺，民乃朴鄙，剖斗折衡，而民不争。"再则曰："为之斗斛以量之，则并与斗斛而窃之；为之权衡以称之，则并与权衡而窃之……为之仁义以矫之，则并与仁义而窃之。……彼窃钩者诛，窃国者为诸侯，诸侯之门，而仁义存焉，是非窃仁义圣知耶？"

总而言之，老子及道家们因为相信自然是最美最善的，所以反对一切人为的力量；因为反对一切人为的力量，所以主张无为主义。因为主张无为主义，所以他们反对一切政府的干涉。同时也可说，因为主张无政府，所以主张任其自然；因为主张自然，所以主张无为。同时再可以说，因为主张无为，所以主张自然；因为主张自然，所以主张无政府。因此老子及道家们这三种主张——自然主义、无为主义及无政府主义，是一贯的东西。有了这个，便不能不有那个；有了那个，也不能不有这个。

老子的学说在周末的时候，本来与孔子的学说同占势力，但是因为老子的思想，根本上反对政府，主张放任的缘故，所以很不合统治阶级的脾味。同时因为一班拥护君权的儒家，从旁极力排斥，老学更不能发展。不过我们要知道，老子的思想，的确可以代表人类一种消极的心理，并且经庄子那种文华才思的宣传，它在中国社会上也有重大的影响。不要说普通一般人民很受这种哲学的麻醉，引来自慰；就是死不对头的儒家，无形中也时常借老庄的话来出气。老学虽不是我们中国的正统思想，却是无愧当我们中国的旁统思想。

这种旁统的道教思想，对于中国全个社会的影响，综合说来，约有下列各点。第一，道家的无政府主义，在积极方面，使人们对于政府发生一种厌恶及不负责任的心理，以为政治根本是坏的东西，不宜过问。大家不去过问，于是政权便为少数人把持，愈弄愈坏。因此在消极方面，便妨害了国家组织的发展，及民主政治的养成。在太平时候，有孔子的家长式的君主政体，还可敷衍下去；到了社会情形复杂紧张的时候，便要大乱几十百年。至于道家的自然主义及无为主义，更加消极。凡一切人为的文物制度及努力，都在他们反对之列。照他们的意思，我们只有顺服自然,不应征服自然。因此道家在中国社会上便发生第二种坏的影响,即是运命主义。他们根本上就否认人为的力量,流弊所及,我们无论遇到什么困难,只有逆来顺受,不但自己不去想方法解决,并且反对人家去解决。社会上有了这种运命主义的心理,便缺乏改进的力量。政治腐败,不去革除;军阀压迫,不去反抗;官吏榨取,不去打倒;外国侵略,不去抵抗。生产方法不去谋改良,交通工具不去谋便利,天灾不去预防,饥荒不去救济,凡百事业都是得过且过,糊糊涂涂。于是社会上又发生第三种影响,即是懒惰的心理,由自然而无为,由无为而懒惰,由懒惰而没有长进,这也是一贯的道理。

(三) 佛　　教

孔子和老子的学说都不是宗教,乃是哲学的系统。他们自己也没有要做教主的野心。孔子的哲学,因为历代君主的利用,以及一班士大夫的捧台,结果便成为中国的正统思想,统名之曰儒教。儒教虽不是宗教,但它的势力与地位,比外国的国教还要利害,所以有人名之曰孔教。说到老庄的哲学,他们根本上就反对人为制度,当然也不赞成宗教。但是因为老子学说里面有一种神秘的元素,所以在社会上便发生一种宗教性质的道教,具有各种迷信,在下层阶级里面尤占势力。其阻碍社会进步的罪状,更不可胜数。中国社会有了这两种势力——儒教与道教,已经吃亏不少,哪知后来又从印度流入一种教人出世的佛教。

佛教是一种宗教,可是我们并不去讨论它的宗教形式。我们所要说的,乃是它的哲理,及其给与中国社会的影响。

我们知道孔子哲学是注重今生的、现世的,老子的哲学也是注重今生的、现世的,不过他们二家注重的方法不同罢了。孔家的方法是复古主义、君主政体、家族主义、人治主义、礼治主义等等东西,老家的方法是自然主义、无为主义、无政府主义等等东西。至于佛教,则根本上不要今生今世,比老庄还来得更消极。因此,它的第一个基本出发点,便是厌世主义。为什么要厌世?因为佛家觉得现世充满了生、老、病、死的苦痛,今生今世上没有乐趣。你不信,让我引佛发生厌世的经过便明白了。头一次:

"太子出游,看诸耕人,赤体辛勤,被日炙背,尘土坌身,喘呻汗流。牛鞪犁端,时时捶揳,犁稿研领,靷绳勒咽,血出下流,伤破皮肉。犁扬土拨之下,皆有虫出,人犁过后,诸鸟雀竞飞吞啄取食。太子见已,生大忧愁,思念诸众生等有如是事。语诸左右悉各远离,我欲私行。即行到一阎浮树下,于草上跏趺而坐,谛心思惟,便入禅定。"

以后第二次便是于城东门遇老人,第三次是于城南门遇病人,第四次是于城西门遇死人。每次有遇,皆屏人默坐,惨切忧思,不能去怀。第四次所遇,更为感动,其经过如下:

"太子驾车出游……既又出城西门见一死尸,众人轝行,无量姻亲,围绕哭泣,或有散发,或有槌胸,悲咽叫号。太子见已,心怀酸惨,还问驭者,驭者白言,'此人舍命,从今以后,不复更见父母兄弟妻子眷属,如是恩爱眷属生死别离更无重见,故名死尸,一切众生无常至时,等无差异。'太子闻已,命车回宫,默然系念如前。终于城北门更见比丘,须发毕除,著僧加黎,偏袒右肩,执杖擎钵,威仪整肃,行步徐详,直视一寻,不观左右。太子前问。答言:'我是比丘,能破结贼,不受后身。'太子闻说出家功德,会其宿怀,便自唱言:'善哉!善哉!天人之中,此为最胜,我当决定修学是道。'时年十九。二月七日,太子念出家时至,于是后夜中内外眷属悉皆昏睡,车匿牵马,逾城北门而出。尔时太子作师子吼:'我若不断生老病死忧悲苦恼,不得阿耨多罗三貌三菩提,要不还此!'"

上面佛出家的经过,便可以清清楚楚表明佛家为什么要厌世的道理。既然抱了厌世主义,所以佛教第二个基本出发点,便是出世主义。所谓出世主义,即是对现世求解脱的意思。既然对于现世要求解脱,哪里还去管现世那些麻烦事情。政治、伦理、文化等等,老子还要去反对,但在佛家看来,完全没有这么回事,连反对也是多此一举。他们心目中惟一回事,便是求出世,愈离远现世愈好。

因此佛教所给我们的人生观是一种消极的人生观,遇到问题,遇到困难,我们不但不去解决,并且向后转走逃避。这不消说与积极入世的淑世主义,是风牛马不相及的了。你不见佛教在中国的消长与中国的治乱有密切的关系吗?中国乱的时候,便是佛教盛的时候,中国治的时候,便是佛教衰的时候。为什么?因为乱的时候,天下四分五裂,争战不息,痛苦万分,而中国又因孔老二教的关系,没有很积极的人生观,结果厌世的观念浸润上下,相率而奉佛教,希望求与痛苦的现世解脱。到了治平的时候,现世还可安平过去,一般人心理上没有求解脱的必要,所以佛教不甚发展。①

---

① 此处最初发表时原有下列文字:"由后汉,经三国,到五代,佛教之所以发达,在此。唐宋统一后,佛教之所以趋于消沉者,也在此。"——编者

（四）结　　论

　　合儒道佛三家的哲学,大概可以形成中国人的精神生活。就中儒教是正统的思想,道教是旁统的思想,佛教是外来的思想。儒教是主,道佛两教是副。儒教自汉以来,都是盛行,道佛两教,有盛有衰。

　　（一）儒教的主张与影响是些什么？主张是复古的保守主义、家庭中心主义、君主专制政体、人治主义、礼治主义、差等主义,影响是守旧心理、虚伪心理,民主政治不能养成,法治主义不能实现,国家组织不能发达。

　　（二）道教的主张与影响又是些什么？主张是自然主义、无为主义、无政府主义,影响是运命主义的心理,消极懒惰的态度,与不管政治的现象。

　　（三）佛教的主义与影响又是些什么？主张是厌世主义、出世主义,影响是不管今生今世那些闲事。

　　总看上面所说支配中国人生态度的三种哲学或宗教系统,没有一种是很积极的、往前的、维新的,所以我们中国人的精神生活也是随随便便、糊糊涂涂、得过且过的。

第四章　中国问题的政治背景

打开我们中国政治史来看,几十年一小乱,数百年一大乱。有时乱得昏天黑地,天翻地覆。表面看来,似乎中国以前的政治,是极变化的能事,具有极浓厚的色彩了。但是假使我们去仔细观察政府根本的组织及其所做的事情,那么姓赵的去,姓朱的来,还是依样画葫芦。唐代的诗人李太白若能再生于清朝康熙乾隆之世,我想,他所看见政制的差异,不过是些朝衣、朝服、朝仪、朝礼及国号、纪元等等罢了。为什么中国政治在与西洋没有接触以前,那个长久的时间里面,没有根本的变化?若我们明了农业社会是我们中国的经济背景,家庭制度是我们中国的社会背景,儒家的传统思想是我们中国的哲学背景,我们便可恍然大悟了。

（一）政府的系统

我们中国以前的政府,可分名义上的政府,与事实上的政府。名义上的政府是有形的政府,事实上的政府是无形的政府。什么是我们中国以前名义上的政府?概括说来,乃是自皇帝以至于知县。什么是我们中国以前事实上的政府?分析说来,乃是自家庭以至于公会。

在我们中国以前的政府系统的最高峰,当然是皇帝。照我们的传统政治思想看来,所谓国家不过是一个放大的家庭,皇帝是父亲,人民是儿女。在家庭里面,父亲有无限的权威;在国家里面,皇帝有无限的权威。人民对于皇帝,如儿女对于父亲一样,只有诚惶诚恐,盲目服从。皇帝对于人民,如父亲对于儿女一样,虽有替他们谋幸福的使命,但是这种使命,不是人民付托给他的,乃是天付托给他的。所谓"受命于天",便是这个意思。皇帝对于天的关系,也是有如儿子对于父亲的关系。所以我们以前的皇帝,也叫做"天子"。"天子"者,乃"天"之"子"之谓也。既然皇帝是天的儿子,人民的父亲,那么根据我们中国的传统观念,他只能对天负责,不能对人民负责。犹之在家庭里面,父亲只能对祖先负责,不能对儿女负责一样。怎样负责方法,家庭里面便是祭祖,皇帝便是祭天。

天是什么东西？天是看不见、听不到、摸不着的东西,简直没有那回事的东西。既然是不成东西的东西,或是没有意志的哑口无言的东西,那么为什么要向它负责？原来这班称孤道寡的皇帝们,为着要巩固他们的权位,不能不神圣化他们的出身,更不能不神圣化他们的主权,于是不得不抬出一个虚无漂渺的"天"来做护身符,说"天"是他们的父亲,"天"给他们统治人民的权力。"天"既然是没有意志的东西,那么所谓对"天"负责,乃是骗人的话。事实上,等于不负责,或等于自己对自己负责。

因此,我们中国以前的政体,无论从理论上或从事实上看来,无疑地是君主专制。全国的主权,集于皇帝一人。皇帝的意志,便是法律,大家都得服从。他的举动,有时虽然事实上要顾到祖宗的成法,民间的风俗,或大臣的意见,但是理论上他是最高无上、无所不能为的。全国臣民,莫非他的奴隶;全国的土地,莫非他的产业。他可以生杀予夺,他可以立法、司法、行政。他是"皇帝"!

皇帝不是一个三头六臂的怪物,他的权力虽是无限,他的能力却是有限的。何况他有时是一个乳臭未干的小子,有时是一个好像白痴的糊涂虫。他要处理政事,自不能不委派大臣,分掌各部,组成中央政府。拿清朝在一八四二年以前的情形来说,有内阁,有军机处,有六部,有翰林院参预或执掌政务。此外还有御史,职务在诤谏皇帝或批评臣下一切举动。中央政府除了直接管理朝廷里面的事情及京城的事情外,对于各省的政务,多半取一种监督或批评的态度。

各省有一长官,或称总督,或称别的名目,都没有关系。有时候两三省合并起来,设一总督或其他长官,如闽浙总督、两江总督等是。当然总督之下,还有各种官吏,帮助他处理政事。

省之下,有府、厅、州、县。县是中国以前政府系统的最末一端,到县才与人民发生关系。县才是行政的真正单位。

县的长官,在前清称知县。知县一身兼有立法、司法、行政等权。他的命令,在本县里面便是法律。他要管理警察,维持秩序。他要受理诉讼,审判案件。他要奉承上司,征收赋税。遇到灾旱,他要去祈神求雨。遇到饥荒,他要去赈济灾民。遇到公共祭祀,他要去祷告跪拜。总而言之,他是一个小皇帝,在一县之中,他是"民之父母"。

由皇帝至于知县,组织是由上而下的,责任是由下而上的。何谓组织是由上而下的？因为自总督至知县,各级官吏是由皇帝委任的。何谓责任是由下而上的？因为各级官吏,都是向上负责,不是向下负责,如知县向知府负责,知府向道台负责,道台向总督负责,总督向皇帝负责,皇帝向莫名其妙的天负责。人民对于中央政府,只是一种间接又间接的关系,所以除了知道京城有那么一个"真命天子"以外,什么都不知道。

每个长官在他治域之内,除了对上面的长官须负责外,对于其治下的低级官吏及人民,俨然又具有极大权威。所以全国遇到贤明的君主,全国可以得到相当安居乐业的机会;地方遇到贤明的长官,地方也可以得到相当安居乐业的机会。假使中央有了昏君奸臣,那么人民只有忍受一切虐政;到了实在忍无可忍的时候,只有暴动起来,革掉皇帝老子的命,另外有一个英雄好汉便来坐那把宝座。除此以外,没有别的路径可走。假使地方有了贪官污吏,那么人民也只有忍受一切榨取;到了实在忍无可忍的时候,也只有暴动起来,去打倒贪官污吏的衙门。除此以外,也很少上诉的机会。

因此,每一个朝代,差不多都是由强盛而庸弱,由庸弱而腐败,由腐败而革命。这么一个循环,便在中国政治史上转来转去好几千年,好像是一种预定的运命。

中国以前的政府系统,虽是如上所说,到县而止,但是事实上的统治还不在此,而在家庭以及与家族制度有关系的乡村,家庭才是中国政治的中心。在昨日的中国社会,我们应否读书,我们应学什么职业,我们应该与谁家姑娘结婚,都是家庭的事,本人不能决定。财产是全家共的,没有父母的允许,产业不能自由买卖。一个人的行为,全家都要负责。他吃官司,便要连累全家。他生孩子,也要大家供养。家庭里面的家长,便是家政府的皇帝。他操有全家立法、司法、行政的大权,谁不服从他的指导,他可以随便打骂。大少爷与二少爷或因穿衣吃饭问题,发生争执,大吵其架,父亲看见,认为二少爷不对,给他几个耳光,便可了事。一家的事,一家如此了之。一家了不了的事,又怎样办呢?

假使张老板的儿子阿狗,打伤了李老爷的少爷阿猪。李老爷不肯干休,于是这事当然超出一家的范围,非张老板一人可自了的了。或者是由张老板李老爷两人直接交涉,或者有中间人为之奔走调停,结果找出一个两方同意的解决方法,便是由张老板做一桌酒席,放一串爆竹,赔几块大洋的医药费了事。

如果这样解决不了,那么李老爷或张老板第二步便是去请本村的族长,或本乡的绅士,出来公断。有时恐怕他们不愿纯尽义务,还得做一两桌酒席给他们大嚼特嚼。他们吃完之后,听了两方的意见,大家才去想出一个解决的办法。这个办法,大概能得两方的服从。一来因为如果不服从,便要得罪这些有势力的公断人。二来因为如果去打官司,知县对于这些族长绅士的意见,也是非常尊重的。

万一,有一造或两造都不满意族长绅士们的判断,那么才去知县衙门里面告状。到衙门告状,人民才与政府发生关系。然而这样的事是少极了,因为各家的事由各家了决;两家以上的争端,如果直接交涉可以解决,便解决;如果直接交涉解决不了,便去请本村的族长,或本乡的绅士公断。经过这么几重的步骤,争端十之八九是不进衙门去解决的。何况中国官吏,那样的贪污专制,人民怕他们,有甚于猛虎呢。

然而无形的政府还不止此,在职业方面还有公会的组织。

中国的公会与欧洲中古世纪的"基尔特"是一样的东西。它是由同一职业的人所组织的,如钱业公会是吃钱饭的人组织的,木业公会是做木生意的人组织的。除农民外,差不多重要的职业,都有公会或公所,甚至于流氓乞丐,也有他们的团体。这种同业的组合,在城市方面,尤其发达。各种公会在其本职业范围之内,是有很大权威的。在经济生活方面,简直可以说它也是一种无形的政府。

第一,公会协定货品的价钱,禁止同业者自由提高买价,以及低价出卖。谁要破坏,谁便要受惩罚。这显然是对经济生活一种干涉,一种束缚。不过这种干涉或束缚是中国穷社会一种挽救方法。在生产幼稚、人口过多的情形底下,如果没有公会这种限制,让个人完全去自由竞争,结果恐怕要把许多人挤到贫困线之下,活活饿死。

复次,公会决定雇主与雇工的关系,凡工资的标准,工作的时间,以及学徒的养成等等,都有规定。在以前那种家庭手工业之下,中国社会,没有什么劳资的对峙。第一因为雇主雇工,一天到晚都是同在一块做事,有如家人父子一般,个人感情非常亲密。第二因为在手工业制度之下,雇主所能赚到的利息,究竟有限,不至引起雇工的嫉妒与仇恨。况且农业社会交通不便,一切生活都很停滞。货物的需要与供给,没有多大变更,货物的价目与种类,自然也不会有多大变更,结果工资当然也随之不会有多大变更。

不过公会最重要的职务,还在立法与司法方面。它规定生产与分配的规则,度量衡的标准,信用的条件,解决财政的方法,破产的手续,等等。这些规则,虽然随各个公会不同,但是合起来,可说是我们中国以前的商法民法。

公会不但立法,并且是司法的机关。凡同业之间,发生了纠纷,大概都是交公会去解决。公会的领袖,即来担任仲裁。这种仲裁的判决,多半是能得到两方的服从的。第一因为公会有社会与道德的制裁,谁不服从,谁受大家的非难;第二因有经济的关系,谁不服从,大家不愿与他为金钱上的往来;第三因为如果不服从公会的裁判,只有到衙门里去打官司。中国官吏那样贪污,衙门那样腐败,去打官司,往往弄得倾家破产,得不到丝毫的公道。

公会的组织是很民主的,它的办事人员是由会员推举的,可是推举的结果,往往是有钱有势的人当选。同业的人都可以入会,而事实上也都入会,因为不入会,一方面要受种种排挤,他方面得不到保障。

详细讲来,公会有许多种类。没有乡土的关系,在一地方依着同业者所组织的叫做公会、公所等等。依着同乡人而组织的同业组合,多半叫做帮,有时也叫做公会。公所由本地人组织的叫做土帮,由他乡人组织的叫做客帮。

这就是各种职业的政府,虽然没有政府的形式,但从立法、司法、行政看来,事实上等于政府。

所以,我们中国以前的政府,表面上的系统,是由皇帝至知县而止,但是真正的统治机关,还是家庭与公会。表面的政府系统尽管变动,而社会的秩序还不至于根本摇动者,其原因未尝不在乎此。

人民的普通生活有家庭的统治,职业的活动又有公会的统治,那么政府的功用,真是微乎其微了。所以中国以前越是太平,越是无政府状态。

(二) 政 府 的 职 务

我们以前每个朝代的天下,都是由一个强有力的军阀抢来的。他在混乱之中,把其余与他互争雄长的军阀,一个一个的打倒。打倒之后,便把皇冠加在自己的头上,南面而坐,称孤道寡起来。那时候,全国的臣民,莫非他的奴隶;全国的土地,莫非他的财产。他要满足他的性欲,他就可以挑选天下的美女。他要多少财货,他就可以任意剥削。他是多么威风,多么势耀啊!

但是这种味道,谁不愿意尝尝。若做皇帝的人,一个不小心,便有陈胜、吴广之徒,要起来揭竿为乱,夺取天下。所以做皇帝的人,为维持他的政权起见,第一件事情要做的便是养军队,养官吏,做他的家奴走狗。文官可以替他做侦探,出主意;武官可以替他打死仗,出死力。谁要企图破坏他的统治,他就可以利用这些工具,来扑灭他所认为的叛徒。因此在中央的官吏,便成了君主直接的家奴。在地方的官吏,便成了君主间接的走狗。这些家奴走狗的职务,便是一心一意的去维持他们主人的江山。遇到外来的侵略要抵抗,遇到里面的反乱要削平。这不是为人民打算,这乃是为君主打算。人民若因此能得到稍许安居乐业的机会,也是偶然的"雨露之恩"。

然而养兵、养官,以至于养那穷奢极欲的朝廷,非钱不可。所以我们中国以前政府的第二个重要职务,便是征税。中央政府限定各省政府每年应交多少漕米钱粮,各省政府又限定各县政府每年应交多少漕米钱粮。上面包给下面,一级榨取一级,当然最后担负这种重累的是一般平民。平民将其血汗所得,奉之于知县;知县扣出额外的征收,归入私囊,然后奉之于各省;各省当局又扣出额外的征收,归入私囊,然后再奉之于中央。其间还不知道要经过多少重的榨取,多少级的剥削。

中央每年只要得到各地固定的收入,可以维持他的政权,其他的事不愿过问。地方长官只要把本地方应缴的钱粮交到,那么对上面可以说是已经尽了他的职务,对下面再也不愿多管闲事。除非人民发生了争端,非家族或公会所能了决,已经闹进衙门来了,他才去审判审判。又除非遇到水灾旱灾,有碍钱粮的征收,他才去拜天求神。更除非有人作奸犯法,危害皇帝老子的江山,他才去把犯人捉来,砍的砍,监禁的监禁。

如此,便是我们中国以前政府的职务。这种职务,当然是非常简单。政府只要人民纳些钱粮去养军队,养官吏,用那些军队与官吏去保持政权。至于怎样积极去为人民谋幸福,如修理道路、整顿沟渠、普及教育、改良农业、便利工商等等,那都非政府所愿过问的事情。在人民一方面,因为普通生活受家庭制度的支配,经济活动受公会的管理,同时全个社会都在农业的简单生活之下,不觉得有强有力的政府之必要,若能"仰沾雨露之恩",安居乐业,于愿已足。因此,我们中国以前的人民,除了纳税去养活那班统治阶级以外,很少与政府发生关系,差不多完全不觉得政府的存在。太平的时候,还知道有一个皇帝在上面,大乱的时候,连皇帝都不知道在哪里。全个社会像这样无政府状态一般的,睡过了几千年。

(三)统治阶级的治术

我们中国以前的政府,既然需要许多官吏,而这些官吏又必须为君主的家奴走狗,那么有什么方法可以达到这个目的呢?于是科举制度,应时而出。

原来任用官吏,有三个方法:一是委派,二是选举,三是考试。我们以前的科举取士制度,就是考试以后,再加以委派。

考试本来是比较最公平最好的一种制度,但是我们中国没有得到它的好处,反而受到它的坏处。这又是什么道理?原来我们中国历代君主考试人才的目的，并不在要他们能够替人民做事情，乃是要他们老老实实的做家奴走狗，替皇帝家里看守江山。所以考试的东西，不是关于运用政治的知识，治理国事的大计，乃是"四书"、"五经"，八股文章。"四书"、"五经"是拥护君主专制的，八股文章是个蔽思想的。两者都是愚弄人民，巩固政权的好把戏。

一班君主知道，社会上最难治，最危险的，便是智识阶级。你看他们虽然是些文弱书生，但是若不设法安置他们，他们就可用其方寸的脑，三寸的舌，五寸的笔，合纵连横，煽动播弄，闹得天下不太平。一班君主们看破此中秘诀，所以拿出科举取士的方法来联络人民中的优秀分子，让一班读书人，一生一世，绞尽脑汁，在"四书"、"五经"，八股文章的上面。一班君主好像是对智识阶级说："你们要做官吗？那么你们第一要不用自己的思想，因为你们自己去胡思乱想是很危险的。那里是"四书"、"五经"，古先圣王之道，孔子之言，你们不必自己思想，就拿孔子的思想为思想，那才是不危险的分子，那才是我的顺民，我的家奴，我的走狗。"

结果，所收的人才，果然都是一班不用脑筋、不用思想的腐儒。他们只知做君主的家奴走狗，不知为人民谋幸福。什么叫做政治，什么叫做政府，怎样去处理国事，如何去改良社会，他们是全然不懂的。所以中国屡次失败于西洋各国之手，以后还有许多王公大臣，相信义和团的师父师兄们可以扶清灭洋。

这班由科举所取的官吏，若是另外有立法机关，通过法律，叫他们去实行，恐怕他们还可以依法办理，做出些成绩出来。可惜我们中国从来没有这么一个东西，而且从来是尚人治反法治的国家。这当然第一是因为受了儒家传统思想的关系，第二是因为一班专制君主不愿受法律的束缚。所以我们的政治，全系乎人。"人存政举，人亡政息"，于是成为人治的自然结果。我们以前虽然有些礼法习惯，做我们行为的标准，但是这种标准，只有道德的力量，没有法律的制裁。

人治既然是系乎人，然而人是靠不住的。遇到好人，还可以替人民做点事情；遇到坏人，那简直没有方法监督。我们中国科举所取的人才，既然都是脑筋冬烘，只知逢迎君主的高等游民，那么你要他们去处理政事，一身兼立法、行政、司法的大权，结果，岂不是只有腐败黑暗的政治？

（四）结　　论

由上看来——

（一）中国以前的政府，在名义上是在由中央的皇帝到各县的知县的系统，但事实上是在家庭，及同业组合的公会。

（二）中国以前的政府，其目的是在保持皇帝的江山。为了要保持江山，所以不能不养军队、养官吏，更不能不征税。于是养兵、养官、抽税，便成了政府基本的职务。

（三）统治阶级用科举取士的方法，其用意在消极方面笼络一班优秀分子，使其不至于造反作乱，积极方面在要他们拥护君权，镇压人民，做皇帝的家奴走狗。

结果，形成下面所举中国政治的几个特质——

(1) 中国政府的组织是由上而下的。有了皇帝，才有中央的王公大臣；有了中央的王公大臣，才有各省的长官；有了各省的长官，才有各县的知县。各级官吏，只向上负责，不向下负责。人民没有参政的机会，得不到政治的训练，养不成政治的能力。这显然是反民主政治的君主专制，这显然与近代西洋民主国家不同。

(2) 中国政府的功用异常简单，不但积极方面不去为人民做些公共事业，就是消极方面的维持秩序，也不是为人民着想。因此，人民在比较清明时代，很难认识政府与国家的存在；到了黑暗时代，横受各种榨取压迫，那只有厌恶政治，咒诅政治。

(3) 中国政治完全建筑在人的关系上面。国家大事、人民利益，要看官吏的喜怒哀乐。而这班官吏，又是以"四书""五经"科举取来，毫无政治智识。所以结果成了家奴走狗的政治，卑鄙龌龊的风气。

(4) 中国事实上的政府，乃在家庭与公会之中，人民差不多很少与政府系发生接触，也不觉得有国家或其他较大的社会组织之必要，自然没有什么国家观念或社会观念。

第五章　中西接触与中国问题的发生[*]

中国以前的社会,经过两千多年没有多大变动,常在静的状态底下,全个文化大体都是我们中国自己的特殊产物,没有受外界重大的影响。思想是以孔家哲学为主体,社会是以家庭为单位,政治是君主专制,经济是农业背景与家庭手工业制度。若是我们中国能够继续的把门关住,不与外面往来,那么这种静的社会,还不知要到什么时候才生变动。我们自己对于这种停滞的状况,觉得没有什么不满意。我们认为中国的文化是最高无上的,中国以外,都是野蛮民族,与他们接触,得不到一点益处。因此,我们睡了几千年,懒气洋洋的,不愿颠动,也不愿人家来捣乱。尽管西洋社会变得怎样的剧烈,我们在梦乡里总是不知不觉。但是命运之神,终究要降临了。我们虽然想把四门紧紧的关着,然而欧风美雨,骤然而至,不但把我们的门户打得四开,并且把我们的藩篱也捣毁无余。四围闭塞、故步自封、夜郎自大的我们,便不能不与西洋各国见面。若是这班不速之客,还是像以前北方一带的部落民族那么落后,他们进来之后,我们不过享以酒肴,赠以玉帛,馈以美女了事;再若不然,不过让他们在中国做若干时日的皇帝。结果,他们还是要被我们同化。现在这班从西方来的不速之客便不同了,他们挟有优越的文化、优越的政治、优越的经济,以临我们,我们既不能挥之使去,又不能化之归我,更不能屈之以从,结果只有冲突,冲突之下,当然是优胜劣败。我们中国社会受了无数次的挫败,对于向日的全个社会基础,自不能不失却信念,而逐渐加以怀疑。于是内外夹攻,全个社会,不得不发生根本动摇,由动而静,变化起来,酿成数十年来的混乱大观——即李鸿章所谓"三千年来一大变局"。

(一) 西洋势力东进的原因

西洋在西方,我们在东方,海天相隔,何啻万里,真是所谓"风牛马不相及"。

---

[*] 本章原题《三千年来一大变局——中西接触与中国问题的发生》,刊《新月》第 3 卷第 10 期,1931 年 7 月 6 日。

我们既没有请他们，也没有惹他们，为什么他们要不远万里，冒尽风波而来？来了之后，我们闭门不纳，为什么他们不管三七二十一，偏要打将进来？此中必有缘故，待我说来。

原来白人之所以跑到我们中国来，有远因与近因两种。

让我们先说远因。

第一个远因是商业的动机。我们东方的丝、绣、香料、珠石，及象牙雕刻之类，对于欧洲人确有很大的引诱能力。他们很早就看见这些东西，并且表示异常的欢迎。原来做这宗生意的，完全是阿拉伯人与意大利人。先由阿拉伯人，从亚洲及东印度各地，贩到地中海与黑海的东岸，卖与意大利人，再由意大利人运到意大利各重要城市国家，如威尼士（Venice）、简洛亚（Genoa）及佛罗伦斯（Florence）等等地方，最后，多半由德意志商人，贩往欧洲其他各地拍卖。因此意大利变为欧洲与东方通商的枢纽，异常繁荣。其他各国看见这种情形，自然眼红，于是想另找航路，直接与东方通商，以期打破意大利的垄断。此即航海探险运动的最要动机，也即海运开通的一大转机。

其次，就是地理的发现。在从前，我们中国人固然不知世界上还有什么欧洲，他们欧洲人心目中又何尝有我们中国。其后，因为看见东方的珍奇货物，对于东方，才发生种种幻想；又其后，一面因为有找海路通商的需要，另一面因为受了地球是圆的学说的影响，才有探险的运动。葡萄牙先起，西班牙继之，荷兰及法英又继之。一四八八年，地亚子（Bartholomew Diaz）发现好望角。一四九二年，哥伦布（Columbus）发现新大陆。一四九七年，瓦斯哥大加马（Vasco da Gama）到了印度，卡保（Cabot）到了北美洲。一五〇〇年卡布洛（Cabral）到了现在的巴西（Brazil）。一五一三年，马其伦（Magellan）绕过美洲的极南端，横渡太平洋，至菲列滨群岛。自是而后，白人的足迹，逐渐走遍天下，而远在远东的中国，也不免他们的光临。

又其次，便是政治上的原因。我们知道欧洲到了十五世纪，各先进国家，如法、如英、如荷兰、如西班牙、如葡萄牙，都已脱离封建制度，走入民族国家的大路。国家主义，正如旭日方升，各国君主为巩固自己的地位，发扬本国的势力起见，于是大家竞争向外发展。自发现美洲及各条航线以后，更是争先恐后，视欧洲以外各地为外府，可以予取予求。因此重商主义，与殖民地政策，便成为当然的结果。我们中国地大物博，自然要受这种潮流的波及。兼之有少数旅行家，如马可波罗之流，替我们中国大事宣传，说我们如何富足，如何文明，更使欧洲人听见之后,心动神移,巴不得要跑来通商。

再其次,为宗教革命的影响。原来基督教是统一的,西欧只有一个总教堂,在罗马发号施令,在十六世纪以前,绝对想不到基督教到现在,分成这么许多派别。但是因为教堂的腐败,教义的硬化,各国君主,不愿受教皇的干涉;新兴的商人,不愿受教士的剥削;智识分子,不愿盲目的受旧教的束缚;一般人民,激于爱国的情绪,不愿本国受罗马的支配,于是马丁·路德(Martin Luther)、约翰·柯文(John Calvin)等,登高一呼,而宗教革命之势成。经过三十年战争,乃得信教自由。因为信教有了自由,所以派别纷起。同时基督教,有新教与旧教之分,同是新教,又有无数的派别,如长老会、圣公会、浸礼会、监理会、组合会、教友会等等。各派为扩大自己的势力起见,于是争先恐后的向外发展。无论是天涯地角,一有机会,他们便要去传布他们自己所认为的"上帝福音"。加以有些国家信教还不自由,一班教会里面的"叛徒",想得到自由信仰的地方,不能不去另觅天地。英国清教徒的移殖美洲,即其一例。兼之,本国政府有时不惜利用教士们做帝国主义政策的先锋,而教士们当中也有些是甘心愿做侵略的工具。他们到一个地方,便设法培植本国的势力。若有教士被害,本国政府便可借题发挥它的野心:或派兵将该地占领,或要求其他重大赔偿,以为侵略的基础。所以有人说,教士、商人、国旗,是帝国主义三位一体的东西。有时教士先进,商人随去,国旗跟来。更有时商人先进,教士随去,国旗跟来。更有时国旗先进,教士随去,商人跟来。我们中国素来宗教观念很轻,又没有什么极有力的宗教先入为主,基督教徒看见我们四万万化外之民,自然是乐意前往传教,认为是一个绝大机会。

然而上面所说的远因,比较还不重要。最重要的,还是工业革命以后所产生的近因。原来在十八世纪的下期,因为科学的进步,机器的发明,欧美先进各国,经济生活上发生一极大的变动:由农业社会,展进到工业社会;由家庭生产,展进到工厂生产;由手工制造,展进到机器制造。结果,制造品骤然增加。这大量的产品,一面非本国市场所能销尽,他面又受其他国家的关税保护政策所排拒,于是不能不向外发展,寻求国外市场。此为推动帝国主义者一。

同时,因为运用机器,大批生产,须有大宗的原料,为之接济,否则,工厂势必倒闭,工人随之失业,全个经济组织必至崩溃。但一国的天然财源,以及一切的原料物品,不但种类有限,而且总额也是有限。有些东西,本国原来就没有,非得从外面运来不可。有些东西,即使本国出产,有时也不够供给,于是不得不向外去寻找原料。此为推动帝国主义者二。

工业化的结果,财富的增加日新月异,资本的积蓄,有增无已。本国因为工商业发达,投资的机会,逐渐减少,以至于所得利息,几等于零。在这种情形之下,为使剩余的资本得到有利的运用,自不能不向产业落后的地方去找投资的机会。譬如在英美等国,铁路的投资,只能得到百分之五的利息,若是投来我们中国,便可得到百分之二十。如此工业先进国的剩余资本,自然要流向落后的地方去。此为推动帝国主义者三。

我们中国有四万万的人民,自然是世界上一个最大的市场,有三千万方里的土地,天然财源素称丰富,自然有大宗的原料。兼之,我们以前完全是在家庭手工业时代,一切生产事业都是非常简陋。凡铁路的建筑,矿山的开采,森林的采伐,航业的创办,物品的制造,无处不是白人投资绝好的机会。欧美列强,以及后来的日本,看见这块肥肉,哪有不趋之若鹜的道理?

然而,若是我们中国与西洋的交通,与几百年前一样,或须由小亚细亚,穿过帕米尔高原,而到我们中国;或须乘木船,横过那巨波骇浪的太平洋、大西洋,或印度洋,而到我们中国,恐怕大体上,西洋的势力,还不能与我们作全部的接触。但是不料因为汽船的发明,火车的运用,我们与欧美的距离,忽然日益缩近。以前太平洋、印度洋及大西洋好像是很难越雷池一步,现在有汽船往来,比我们由内地到海口还要便利。兼之,西比利亚铁路一通,欧洲势力又可由陆上进攻。欧美各国,有了这种交通利器,加之有电报等等,做做他们的耳目,自然是水陆并进,长驱直入,把我们中国的门户,捣个粉碎。我们虽欲把他们推出门外,无奈力不从心。结果,以强有力的、工业化的国家,与我们一盘散沙的、产业落后的国家一遇,优胜劣败,自然是逃不出的公例!

(二)中西接触的步骤

西洋古代与我们的接触,虽有种种的臆说,但无真实的凭据,我们不可尽信。即使有之,对于我国,也未发生什么重大影响。我们可置之不论。初来游历我们中国,并且引起白人注意的,要算马可波罗。马氏来到中国的时候,正是元朝忽必烈汗全盛时代。那时中国领土,横贯欧亚,旷古未有,好不威风。所以马氏在他游记里面,替中国说得天花乱坠,西洋人看见,怎样不想来观光通商?

最初来的是葡萄牙人,其次是西班牙人,其次是荷兰人,又其次是英法两国人,更其次是其余各国人。同时,由陆路上来得很早的,是俄国人。他们来的目的,最要紧的是通商。但是我们中国自古号称地大物博的国家,并且素来看不起、那些东夷、西戎、南蛮、北狄,更没有看惯这班黄发、碧眼、高鼻、直胸的怪物,哪里愿与他们去逐什一之利。所以他们虽然到了我们的门口,屡次的请求开门,让他们进来,但是我们还是坚决的拒绝。

英国自占据印度之后,自然认为中国是它的"近水楼台",曾两次派遣大使来要求订立通商条约,都被拒绝。兼之,我们禁绝英人贩卖鸦片,他们自然是火上加油地更加愤怒。文的方法,不能请我们开门,于是决定用武的方法,来打破我们的门。因此,而有一八四〇年的鸦片战争,更因此,而有战败的《南京条约》。《南京条约》是一切不平等条约的基础,也是开我们大门的钥匙。因为除了赔款二千一百万元,割让香港以外,还开了广州、福州、厦门、宁波、上海五口通商,任英人派领事约束商民,允予秉公议定税则。一八四三年的《附约》,更确定协定关税为值百抽五,及治外法权。英国既得了这么许多权利,其他各国,如美、如法、如比、如瑞典、如挪威等等,也都起来援例要求通商权利,中国也没有拒绝。于是这些国家,不费一兵、不折一矢,唾手而得。

但是鸦片之战,只打开了我们南方的门户,不但北部没有受多大影响,就是中部也没有大事开放。列强为进行侵略起见,自然觉得出入还不方便。兼之,因为言语、风俗、习惯、制度、理想,各方面根本不同的缘故,中外通商,自然发生许多误会。在我们方面,本来就不愿与他们往来。在他们方面,则非深入我们的堂奥不可。相激相荡,愈演愈烈。到一八五六年,因为广西的教士案与广东的亚罗船案,于是有英法联军之役。结果,我们一败,而有一八五八年的《天津条约》。其内容大概为:(一)外国公使可以驻居北京;(二)传教自由与信教自由;(三)开放镇江、九江、汉口、宜昌、牛庄、登州、台湾、潮州、琼州,及其他各地为商埠;(四)严格规定治外法权;(五)确定子口税值百抽二·五,关税十年修改一次;(六)外轮在长江一带有航行权。

《天津条约》结下之后,我们中国后悔丧失权利太大,于是拒绝批准。英法联军遂于一八六〇年攻入北京,并焚烧圆明园。我们再败之余,只有为城下之盟,而与英法再结《北京条约》。我们除赔款、道歉、承认《天津条约》外,又开天津为商埠,割九龙与英国。俄国乘火打劫,表面自称调人,实则想夺取我土地。我们中国不察,受其愚弄,终割乌苏里江以东、黑龙江以北之地与俄,以为报酬。由是中国的门户,乃大开矣!

跟着英、法、俄之后,美国、德国、丹麦、荷兰、西班牙、葡萄牙、比利时、意大利、奥国、日本、巴西、秘鲁等等都先后与我们订立通商条约,其内容与《天津条约》相差不多。

我们知道在一八四二年以前,外人通商限于广州一地,而以澳门为根据。北方只有俄国人在沿边地方,与我们做生意买卖。鸦片之战,英国只打破了我们南方的门户。到了一八五八年的《天津条约》,才强迫我们开放长江流域;又两年,根据《北京条约》才强迫我们开放天津。至是,我们北方的门户,也被打破。全国洞开,外人于是可以登堂入室,倾箱倒箧矣!

我们的门户,既陆续被人打破,我们的藩篱,也先后被人割去。一八八一年,日割我琉球,俄割我伊犁以西地方。一八八五年,法割我安南。一八八六年,英割我缅甸北部。至一八九五年,中日战争,日本更割我台湾,拆离我朝鲜。藩篱尽失,外人更肆无忌惮!

外人进来之后,因为我们中国地大人多,文化最古,慑于向来的余威,不敢大事抢掠。及至一八九五年一战,中国竟败于蕞尔小岛的日本,西洋列强,乃知我们中国完全是一纸老虎,毫无用处,于是企图把整个中国来豆剖瓜分。所谓势力范围,即其开端。俄国之于东三省与外蒙,德国之于山东,英国之于长江流域与西藏,法国之于广东、广西、云南,都是视同禁脔。若不是美国出来主张门户开放政策,恐怕中国早已像非洲一样。

列强认清了他们各自的势力范围以后,若要去切实经营,第一须有侵略的海军根据地。所以一八九八年,德国借口曹州教案,便把胶州湾占领,迫我租借。其余各国,群起援例。俄租我旅顺大连,法租我广州湾,英租我威海卫,甚至意大利也要求租我三门湾。各国有了海军根据地以后,便须建筑铁路,为进行侵略的工具,不但运兵要铁路,垄断我们的政权要铁路,就是支配我们的经济生活更不能不要铁路,所以各国第二步便是向我们中国攫取铁路建筑权。但是铁路不能不用煤,同时因为我们的天然财源,还没有开发,所以他们进而向我们夺取矿山采掘权。他们有了这些利权以后,一面要拿资本去接济种种侵略事业,一面要借款与我以为操纵我政权的媒介,于是不能不有银行的设立。

这种急迫的侵略,激起了一种反动,于是一九○○年有义和团运动的发生。不幸因为没有良好的指导,这种排外运动,趋于迷信野蛮,酿成绝大的暴动,引起八国联军之役。结果,又是丧权辱国,如赔偿四百五十兆两,如划定公使馆特别区域,如拆毁北京至海滨的炮台,如允许各国在京津一带重要地点有驻兵的权利等等。俄国因为英法联军之役得了极大便宜,又想在浑水里面,来玩那套摸鱼的老把戏,乘机占据我们的满洲。但是新兴的日本对于满洲,早已垂涎三尺,那肯卧榻之旁,让他人鼾睡,自然起而反对,要求俄兵退出满洲。俄国不允,于是而有一九〇五年日俄之战。结果,日本胜利,旅顺、大连,以及南满铁路,遂由俄国转移与日本。

日俄战后,各国侵略我国如故,尤以争取借款权利为猛烈。至一九一一年,革命发生,把满清推翻,建立共和,各国乃稍为敛手。但是曾几何时,各国的单独侵略,忽变而为协调的侵略。其所以变更策略的理由,有二:(一)因为看见单独侵略,互相猜忌,酿成种种竞争,对于彼此都是不利。我们知道,经济方面,一切营业,都忌竞争,所以才有各种托辣斯的组织,国际关系也是一样。个别的竞争,不但中国可以从中利用各国间的冲突,实行"以夷制夷"的方法,并且有酿成国际战争的危险。日俄之战,即其先例。(二)我们中国以前的借款,除付清日本赔款外,其余多是用于建造铁路,或开办实业。自民国成立以后,中央政府,因为各省很少解款,财政极为支绌,于是不得不向外借款,以作行政费用。外人看见中国有破产的可能,不能不想到中国破产以后的办法,若是中国真要破产,那么照帝国主义侵略的先例,当然要把中国的财政,交给外人去管,但是在各国互相嫉视之中,当然不能让一国去包办。既非一国所能包办,当然只有取协调侵略的方法。

列强采取协调政策的第一步,便是成立所谓英、法、俄、德四国银行团。后来,又加入了日本、美国,变成六国银行团。又后来,因为英、法、德、俄各国以借款为要挟,要求监督中国盐务债务,美国威尔逊总统看见其势非共管中国不可,于是于一九一三年宣告美国政府不赞成银行团的组织,美国银行家,遂退出所谓六国银行团,因此而变成五国银行团。美国银行团退出六国银行之后,列强又恢复其单独侵略的故态,向中国争取各种权利。

一九一四年欧战发生,西洋各国倾其全力于欧洲方面,不暇东顾。日本于是乘火打劫,于一九一五年,向我提出全国痛恨的《二十一条》。首则要求继承德国在山东的权利,而更扩大其范围;次则要求垄断南满东蒙,以保障其绝对优越的地位;继则要求操纵汉冶萍煤矿,使中国对于近世工业中最重要的煤铁工业,以后都要仰其鼻息;再则要求扩大其势力范围于沿海各地;终则要求我经济上、教育上、军权上、警务上、传教上种种权利,简直无异以对待朝鲜的办法对我。我们迫于不得已,除第五部保留外,几全部承认。

一九一八年,欧战既终,我国因为参战的关系,得以参加巴黎和会。但是英、法、日、意各国,因为事前有密约的阴谋,终竟拒绝我的要求,而以青岛及前此德国在山东的利权让渡与日本。我们得讯之下，全国同愤，于是而有空前的五四运动发生。西洋各国，自从巴黎和会结束之后，开始移其注意于远东问题。为恢复远东的均势，及限制海军计，于是在一九二一年，有华盛顿会议的召集。

华盛顿会议，的确在中外交涉史上开了一个新纪元。前乎此者，列强都是用野蛮的方法，步步压迫中国，攫取各种利权；后乎此者，因我国爱国运动的热烈，民气的激扬，及列强本身受欧战的巨创，一班帝国主义的国家，不能不有所顾忌。华盛顿会议结果，列强对于各种不平等条约，如关税、治外法权等等，都有稍微的让步，或让步的表示，为彼时到现在一切外交的张本。

一九二五年的五卅运动，对于各帝国主义者，又给了一个大打击。一九二六年，国民党乘此人心愤激之余，提师北伐，用革命的手段，将汉口、九江租界收回。不幸国民党继续不断的内讧：国共分家，宁汉之争，宁桂之战，扩大会议，非常会议，一幕一幕的演出，以至政治不能上轨道，国家不能真统一。兼之，自一九二九年以后，欧美各国大闹经济恐慌，大家都忙着整理内部，没有力量来注视远东。日本于是乘着这机会，于一九三一年九月十八日突然进攻，先则席卷我东三省，继则攫取我热河，至今华北也岌岌不保。这是空前的大变。其意义不是侵略一部分的问题，而是吞并全中国的问题。①

上面所说，乃是外人进攻我们的历史，也是西洋及西洋化的日本与我们接触的步骤。因为有连接不断的接触，才摇动我们的基础，使中国社会发生剧烈的变化。

（三）中西接触的方面

历史的写法，只能给我们一个线索，有时还不能使我们认清一个问题的轮廓。所以除了上面那种纵的叙述外，我们要从横的方面来分析。

我们第一要问：中西接触的工具是什么？第二要问：中西接触的东西是什么？

接触的工具，有人、有物两种，人又有商人、教士、官吏、旅行者。最初与我们发生接触的是商人，他们因为要做生意，或买我们的东西，或卖东西给我们，都不能不与我们往来。南到广州，北到辽宁，都有他们的踪迹。其次是教士，他们这班宗教狂者，看见我们这么许多众生，没有得到"上帝的福音"，在他们看来，我们

---

① 此段文字较最初发表时有所调整，增加了一段。——编者

是多么可怜！同时,他们各派在本国已无大活动的余地,现在有这么一个伟大机会,不利用,多么可惜！所以不管是天主教徒、长老会教徒、监理会教徒、耶稣会教徒、浸礼会教徒、组合会教徒、教友会教徒、圣公会教徒,或是其他种种派别的教徒,都要争先恐后的来收罗信徒。他们相信"有上帝保护",奉着"上帝的使命",比商人还利害。无论智愚贤不肖,他们都要拉拢。不论是通都大邑,或穷乡僻壤,他们都要去传教。所以他们是中西接触在人的方面最重要的工具。

又其次,是官吏。因为商人来了,教士来了,政府不能不派代表来保护他们。关于外交方面有公使,关于商务方面有领事。这些外国代表散布在中国各处,保障侨民的利益,扩张本国的势力,调查我们的情形。他们不但要与我们一般人民发生关系,并且时常要与我国官吏办理交涉。至于旅行者,或是为着要来观光,或是为着要来研究问题,有时不远万里而来。他们无形中也负有中西接触的使命。

至于中西接触物的方面的工具,有汽船、有火车、有邮局、有电报、有飞机,及其他交通的利器。有了这些东西,地球变小了,中西接触的机会容易了。不怕太平洋那么辽阔,有汽船可以横渡它;不怕西比利亚那么荒野,有火车可以驶过它;不怕东西隔那么远,有信件电报可以传达一切。以前我们可以闭关自守,现在关也关不住,守也守不住了。我们现在被这些东西牵连,与外国发生不断的接触,谁能逃出他们的网罗？

有了这些人与物接触的工具,我们可以往下讨论所接触的东西是些什么了。我们若是笼统说来,接触的便是两个不同的文化;分析说来,便是思想、科学、艺术、制度、风俗、习惯,以及其他精神的与物质的东西了。

什么民主主义、个人主义、资本主义、社会主义、国家主义、共产主义等等,都是西方来的产物,现在随着西洋人来了,在我国思想界发生很大的影响,我们的专制主义崩溃了,家庭主义摇动了,重农主义不行了,一切旧的思想也都受很大的打击。

以前我们没有什么社会科学,更没有什么自然科学,我们与西洋接触之后,赛恩斯(科学)先生乃大驾光临。于是学校中才有什么物理、化学、数学、天文、地理、历史、生物学、心理学、政治学、经济学等等。一般学生们才把那些"四书"、"五经"束之高阁,而来研究这些新把戏了。

我们原来也有图画、雕刻、音乐那些东西,不过西洋传来的,不但与我们固有的大不相同,而且比我们的更加进步。因此现在西洋的音乐、图画、雕刻等等,慢慢在中国普遍起来。

说到制度，如西洋的民主政体，与我们的君主专制；西洋的工业制度，与我们的农业制度；西洋的工厂机器制造，与我们的家庭手工业制度；西洋的银行制度，与我们的钱庄制度；西洋的小家庭制度，与我们的大家庭制度。这些，这些，都是根本上不同的东西；这些，这些，都发生了不断的接触。

其他和西洋的风俗、习惯，以至于日常用的东西，无不在与我们发生关系。我们以前的结婚，乃是由于"父母之命，媒妁之言"。现在要看见西洋人讲恋爱，我们也要讲恋爱了。我们以前一般读书人，都是文质彬彬的，现在也起起的学西洋人踢起球来了。我们以前没有洋房住、洋餐吃、洋衣穿、汽车坐、电影看、留声机听、雪花膏揩，现在上海、天津、北平、广州、沈阳、汉口哪处没有？只要有钱，你可吃金山的苹果，喝古巴的咖啡，着巴黎的时装，饮德国的啤酒，擦俄国的火柴，用瑞士的钟表。

（四）结　　论

总起来说，中西接触是我们中国空前的一大枢纽。在没有接触以前，我们中国是一个很悠久的农业社会。我们有孔家的传统思想，可以范围人心。我们有大家庭制度，可以维持社会秩序。我们有君主专制，可以统系无政府的状态。我们有种种色色的物产，可以自给。我们有极大的一块土地，可以居住。我们觉得生活尚称和平安适，不想什么进步，我们的祖先，也教我们不必多事。我们所希望的，就是保持这种简单社会生活，以至万万年。谁知我们过得好好的，白人偏要打将进来。自鸦片战争，经英法联军、中日之战、八国联军，以至于其他种种文文武武的步骤，竟把我们的门户，捣得一个落花流水。西洋全个文化如潮一般的涌来，把我们一塘的静水掀起无限风波。我们起初还想抵抗，到后来抵抗也没有力量了。西洋的全个文化，跟着他们的武力和商品战胜了。我们的全个文化，随着外交军事的失败，而根本动摇了。我们不能坚持旧的，其势不能不变。变的结果，便是像在黑漆一团的纷乱，便是中国问题的发生。

第六章　中西接触后政治上的变化*

政府是最上层的组织,最容易发生变化。而中国与西洋的接触,又是以政府首当其冲。外国要向我们中国取得什么利权,当然不便找我们四万万人民说话,只有去问代表我们中国的满清政府。中国政府没有如意满足他们的要求,并且甚至于把他们当做以前的匈奴、契丹、土蕃、回纥等一样看待。他们用文的外交方法,不能请中国开门,便用武力打将进来。一次不够,又二次;二次不够,又三次,四次……这样一来,不但把我们中国政府的腐败、庸弱、无能简直暴露无余,并且把我们中国的全个政治基础,摇得非动不可。因此,中西接触以后的变化,第一在政治方面。

（一）变化的开端与洋务的讲究

一八四〇年鸦片之战,我们中国虽然被打败了,但是我们为着四面闭塞,向来很少与外国接触的缘故,非常自尊自大,保守性成,那肯轻易就瞧得起这些初到中国来的"西洋毛子"。即是一次战败,也不过稍为失事,并没有影响全局。我们何必大惊小怪,挫自己的志气,长他人的威风,把数千年的"文明古国",去学那些"蛮貊之邦"。因此,硕大的中国,还是像一只睡狮子一样,懒气洋洋的,没有什么觉悟。

到了一八五八年至一八六〇年,英法联军两次进攻,我们中国两次都"弃甲曳兵"而走,甚至连京城也不能保住,我们才慢慢的知道西洋各国不易对付,非以前那些东夷、西戎、南蛮、北狄可比。曾国藩、左宗棠、李鸿章那班人,因为在军事上、外交上与西洋的接触多一点,所以感到西洋势力可怕的程度也深一点。他们在平定洪杨之乱的时候,便知利用外国军火,及外国将弁如华尔、戈登等人。及

---

* 本章原题《由"真命天子"到"流氓皇帝"——中西接触以后的政治变化》,刊《新月》第3卷第11期,1931年8月13日。收入此书时,文字上作了较大的删改。

洪杨平定以后,他们便知提倡所谓"洋务"。

但是他们所谓"洋务",不过是造船、造械、购船、购械、筑炮台军港、修铁路、办招商局、设电报局、开织布厂等等窃学西洋皮毛的办法而已。就是兴学堂,派留学生,也不过是为养成军事、交涉或翻译的人才起见。至于根本上,采用西洋的政治,介绍西洋的文化,他们从来没有想到。据说德国宰相俾斯麦早就看透中国的办法不彻底,曾对人说过:"中国和日本的竞争,日本必胜,中国必败;因为日本到欧洲来的人,讨论各种学术,讲求政制原理,谋归国为根本的改造,中国到欧洲来的只问某厂的船炮造得如何,价值的贵贱如何,买了回去使用就完事。"郭嵩焘在伦敦与李鸿章书,也劝他不要派留学生去单学兵法,应该学各种技能才是。由此看来,我们知道,当时那班谈"洋务"的人,只看见西洋文明的皮毛,没有看见西洋文明的精神,所谓"洋务",不过是些"隔靴搔痒"的办法罢了。然而假使我们一回想当时大多数的圣子神孙、文人学士,还在那里闭着眼睛,塞着耳朵,"一闻修造铁道电报,痛心疾首,群起阻难,至有以见洋人机器为公愤者",我们又不能不佩服那班谈"洋务"者是我们的先知先觉了。

一八八三年至一八八五年,因为法国掠夺我们的安南,我们又与法国打了一战,结果又是我们败绩。我们受了这种刺激,民间才发出一种要求根本改革的声音。孙中山的决志推翻满清(一八八五年),康有为的上书变法(一八八九年),便是这种声音的表现。但是这种声音究竟非常渺小,只有极少数人在那里呐喊着;至于普通一般人,还是不知不觉,"顺帝之则"。到了一八九五年,因为高丽问题,我们再败于日本,情形才不同了。我们以前的对手都是西洋各国,因为与他们面生,很难摸到他们的究竟,所以败于他们,刺激并不深刻。至于日本,则为我们素来瞧不起的"倭奴",其土地的狭小、财源的干涸与文化的低落,都是我们所熟悉的,徒以效法西洋,"明治维新"之故,不出几十年功夫,便可把我们偌大的个中国打倒,我们自然不免全国震动起来。发生两种心理:一为不满意满清政府,觉得实在有改良的必要;一为觉得外国利害,有些地方有模仿他们的必要。为什么不满意满清政府?因为满清政府在外交上和军事上着着失败,丧权辱国,日甚一日,终至连区区三岛的日本也招架不住。反观日本政府,维新自强,振作有为,怎样不使一班先知先觉们起来要求改革,打破现状,以西洋做模范?

(二) 戊戌的维新与庚子的反动

同时受了外交屈辱、内政腐败的刺激,对于当时政府不满意的人,因为彼此见解的不同，分成两大派别：一是主张变法维新、君主立宪，以康有为、梁启超为领袖。他们认为要救中国，满清不可推翻，推翻以后，恐失却维系全国的中心，而酿成绝大的纷乱，不可收拾。所以他们先则拥护光绪皇帝实行变法，失败之后，梁启超又主张君主立宪，保存虚君，以巩固传统政治的中心，采行宪法，以适应民主政治的潮流。他们主张缓进，而不赞成急进；他们主张改良，而不赞成革命，总而言之，他们是新势力中的温和派。还有一派，主张民主革命，以孙中山、黄克强、章太炎为领袖。他们认为满清政府腐败已到十二万分，不可救药，更不足与救国，而且"非我族类，其心必异"，非推翻不可。故这派可说是新势力中的激烈派。

维新派的首领康有为，与革命派的首领孙中山，都是生于与西洋势力接触最早、被西洋势力压迫最凶的广东。他们所受外来的刺激相同，而反应的态度不同者，这又是什么缘故呢？原来康有为是生长于仕家，自己又是士大夫阶级中人，受中国传统思想的毒很深，故不敢把皇帝的偶像丢到毛厕里面去。至于孙中山，则为农家子弟，幼年不但受过新式教育，并且到过檀香山各处，故对于西洋文化的认识自然比较康有为进一步。

孙中山在一八九五年组织兴中会，康有为在一八九六年"公车上书"。维新运动与革命运动，虽然是差不多同时发轫的，但是在当时的环境看来，维新派比较容易号召。孙中山所领袖的革命派，除秘密联络会党外，没有什么人肯来参加。至于康有为的维新派，因为对于数千年来的君主制度，并不主张根本推翻，同时对于根深蒂固的传统思想，也不愿完全加以否认，所以对于一部分稍有觉悟的士大夫阶级，很合脾胃。这部分士大夫阶级，看见中国屡次失败，实在有改革的必要，但是同时相信"君臣之义已定，天泽之分难越"，"食毛践土，谁非臣子？"现在看见康有为处处不忘"列祖、列宗、及我皇上，深仁厚泽，涵濡煦育数百年之恩"，又要维新来雪"圣清二百余年之大辱"，哪有不受他感动的道理？何况他自己是士大夫阶级的一员，新由举人中进士的新贵，说话又是根据"六经"演绎出来的《孔子改制考》及《新学伪经考》呢？无怪乎孙中山的革命派，要让康有为的维新派先试一下了。

维新运动到了戊戌年（一八九八）春夏之交，已经是到了最高点了。康有为得到光绪皇帝的赏识，便挟天子来行所谓新政，如废止八股，改试策论，办理译书局事务，删改各衙门则例，设立工商总局，裁汰冗官等等。不料这种运动竟触怒了反动派，于是而有戊戌政变六君子被杀的惨剧。

这班反动派认为康有为等的政治思想,超出了传统的范围,渎乱了"圣教",连比较脑筋新鲜的翁同龢,看见他的《新学伪经考》,也要说他是"说经家的野狐禅";看见他的《孔子改制考》,就要向皇帝说"此人居心叵测"。至于因为变法而被打破饭碗的"数百翰林,数千进士,数万举人,数十万秀才,数百万童生",更是怒发冲冠,要与这班"其貌则孔,其心则夷"的"洋奴"、"汉奸"算账。梁启超看透了他们这种心理,所以说:"今守旧党之阻挠变法也,非实有见于新法之害国病民也。吾所挟以得科第者,曰八股;今一变而务实学,则吾进身之阶将绝也。吾所恃以致高位者,曰资格;今一变而任才能,则吾骄人之具将绝也。吾所借以充私囊者,曰舞弊;今一变而复名实,则吾子孙之谋将断也。……吾今日所以得内位卿贰,外拥封疆者,不知经若干年之资俸,经若干辈之奔竞,而始获也。今既……不办一事,从容富贵,穷乐极欲,已可生得大拜,死谥文端,家财溢百万之金,儿孙皆一品之荫。若一旦变法,则凡任官者皆须办事,吾将奉命而办事耶?则既无学问,又无才干,何以能办。将不办耶?则安肯舍吾数十年资俸奔竞千辛万苦所得之高官,决然引退,以避贤者之路哉。……"

维新运动本来是一种自上而下的改良运动,抓住了庸弱无能的光绪皇帝,而没有抓住阴险毒辣的寡妇慈禧太后;吸引了少数有点觉悟的知识分子,而得罪了大多数的统治阶级,其失败自然在意料之中。不过这种运动虽然是失败,却发生了两种严重的影响,我们不能不注意:一是使反动派看见变法的危险,更趋反动;一是使急进派看见和平方法的失败,更趋激烈。于是前者便演出义和团之乱,后者便演出辛亥革命。现在再让我们说出戊戌变法维新所激出的反动运动来。

康梁的变法维新运动,虽然开口"公羊",闭口"孟子";不说"通三统",便说"张三世",其实老实说,他们不过是"托素王改制之文,以便其推行新法之实",借至圣先师孔子的神位,去镇服反对变法的迂儒。真是"其貌则孔,其心则夷"。这种运动,虽然比较革命派可以号召一部分人士,但是究竟有伤我们自尊的心理,保守的习惯。大多数的士大夫阶级,做惯了家奴走狗,装满了"诗云"、"子曰",眼光有如老鼠,胆量更像鸵鸟,以为碧眼金发的西洋人,还是以前的东夷、西戎、南蛮、北狄,康梁不去"用夏蛮夷",已是可恶;反而主张自"变于夷",更是可杀。这是反动派要反动的第一个原因。

加以,外国着着进攻,重重压迫,中日之战以前,已经把我们的门户,打得洞开;中日之战以后,更是生吞活剥,想把中国豆剖瓜分。德租胶州湾、俄租旅顺大连、英租威海卫、法租广州湾、英又租九龙,这都是我们受帝国主义铁蹄的伤痕。以自尊自大的民族,受这种空前的耻辱,自然是全国同愤,上下切齿。何况这班"吃教"的基督教徒,到处狐假虎威、骄横跋扈,怎样能叫一般人民不发生排外的心理?

还有,自五口通商以后,外国的经济侵略,无微不入。他们以科学的方法,机器的制造,工厂的制度,雄厚的资本,大批的生产,来与我们的家庭手工业竞争,自然是"战无不胜,攻无不克",把我们的生产制度,着着破坏,把我们一般平民,逼进失业一途。兼之,对外对内用兵,军费赔款,取之于民,横征暴敛的结果,更是民穷财尽。军事完了之后,兵勇的解散,溃卒的流亡,又使社会上多一寄生阶级,经济上多一种严重负担。并且人祸之外,复有天灾:自光绪即位以来二十余年间,年年不断,不是水灾,便是旱灾,尤以北方几省为甚,间接直接无不是扩大失业的民众,增加经济上的恐慌。握有权力的亲贵,榨取了人民的膏脂,自然不感觉生活的压迫;就是一班士大夫,上而仰拾亲贵的牙慧,下而俯吸人民的血汗,也可以安然过去,感到经济压迫的很少。只有一班失业及穷困的老百姓,不能聊生,才感觉十分痛苦。他们没有受过教育,愚昧无知,认为他们所受的厄运,都是外国人所赐与。修铁路,开矿山,把我们的风水挖断了。设教堂,奉上帝,把我们的祖宗得罪了。如果我们要逃出这种厄运,那么非把这班跑到中国来捣乱的"洋鬼子"驱逐不可;把那班勾结洋人,信奉洋教,提倡洋学的"二毛子"杀尽不可。

但是怎样去"灭洋"?"洋"不是容易"灭"的。洋人有枪、有炮、有兵舰,屡次对我们表演过他们的利害。我们没有他法,我们又素来极端迷信,于是我们只好借《封神》《西游》那些通俗小说上的法宝神怪,来欺骗自己,愚弄人家,经过群众心理的作用,便酿成义和团的运动。慈禧太后及一班反动派,自戊戌维新运动以后,不但痛恨康梁,并且迁怒外国人。因为康梁所谓变法,乃是效法西洋,康梁所谓维新,乃是要学西洋。慈禧太后等既然反对变法维新,自然对西洋没有什么好感。何况康梁的逃亡,有外国为之保护,使慈禧太后欲求之而不得呢?无怪义和团的"扶清灭洋"的口号,打动了慈禧太后及一班反动派的心怀了。

于是,慈禧太后垂帘听政之日,便是反动局面展开之时。戊戌百日的新政,无不一一"寿终正寝"。裁去的衙门官职,仍复原位。废止的八股文章,仍须复活。学校改回书院。新政一齐扫除,甚至变本加厉,禁止上书言事,禁止结会办报。而独对于义和团运动,放任之,奖励之,以至造成八国联军的滔天大祸。董福祥的甘军与若干万的"义民",拿着火牌、飞剑、雷火扇、阴阳瓶、九连环、如意钩、引魂旛、混天大旗、八宝法物,仅仅杀了一个毫无防备的德国公使,竟不能攻破东交民巷的公使馆。而联军却由渤海占大沽,陷天津,捣北京,有如秋风扫落叶,打来毫不费力气。反动祸首慈禧太后也只好溜之大吉了。这幕反动活剧的结果,中国所得到的处罚,又是"割地赔款,丧权辱国"八个大字。不过从此以后,我们上上下下对于外国,只有"甘拜下风"了。

(三) 君主立宪的失败与民主革命的成功

义和团之乱与八国联军之役,把中国的弱点,清廷的腐败,又暴露一次,而且暴露得无遗。保守派就是要守旧,反动派就是要顽固,也觉得实在无理由可说了。所以反动罪魁的慈禧太后,在逃走的路上,便下诏罪己,并求直言;到了西安,又下诏变法;回到北京,更逐渐把戊戌百日的新政,重新一样一样的搬了出来。中国到了这时,确实承认自己不如西洋了。

在义和团之乱以前,大多数人虽然是痛恨外国,但对于满清政府,还不敢藐视。自经这次滔天大祸以后,政府的腐败昏庸,都已现出原形,大多数人慢慢的把痛恨外人的心理,移到清廷身上去了。越感觉外人的可怕,越感觉清廷的无能。满清政府的信用,至是扫地尽矣。在庚子以前,还有许多人反对变法维新,在庚子以后,再也没有人敢出来反对了。现在所成为问题者,就是看怎样"变"法而已。

维新派自从戊戌政变以后,首领亡命外国,暂时销声匿迹。到了此时,梁启超又崛起主张君主立宪,风行一时,凡倾向于温和手段的人,多半站在他的旗下。戊戌的维新运动,自然是康有为的首领,但是庚子以后的立宪运动,我们不能不推梁启超是最有力的代表了。尤其是到了日俄战争,日胜俄败,立宪运动更受了很大的感动。你不看吗?日本以前和我们一样受西洋的压迫,因为政治上采行了君主立宪的制度,居然一战打倒了硕大的君主专制的中国,再战打败了硕大的君主专制的俄国。这非立宪的效用如何?于是"立宪"、"立宪"之声盈天下。

就是统治阶级里面,握有大权的要人也有奏请立宪的。一九○五年,清政府便派了五大臣出洋考察政治,以为立宪的准备。一九○六年,这几位考察大臣"走马看花",在各国遛了一场回来,也奏请立宪。于是御前会议,决定下诏预备实行宪政,先从改良官制入手。若是这时清廷确有诚意,那么或者还可挽救于万一。无奈慈禧太后并无真正悔祸的决心,她不过想借预备之名,行迁延之实罢了。至于满清贵族,及汉人大官,也各有各的鬼胎。满清贵族想乘改革官制的机会,排斥汉人,集权中央,以免尾大不掉。汉人大官也想用立宪政治,限制满人的特权,增高自己的地位。所以这种御用的立宪运动,与民间梁启超所主张的立宪政治,毫不相关。梁启超的立宪派,就是想要在国内公开活动,也无机会。其受政府的压迫,与孙中山等所领袖的革命派不相上下。

满清政府既没有立宪的诚意,而所颁布的大纲,又给君主无限制的权力,并且对于民间的运动,丝毫不放松压迫的手段,人心自然大失所望,相率倾向于革命一途。加以一九〇八年光绪皇帝与慈禧太后一死,政治失却中心,大权旁落权臣,革命潮流于是愈演愈急。君主立宪派,一面既不能得到统治阶级的垂顾,反受当局的压迫;他一面又受革命派的攻击,没有群众作后盾。在这双方夹击、两面不讨好的情形里面,只有归于失败。

反之,革命派虽然是历尽困苦艰难,但是势力的飞腾,与满清的腐败,及西洋潮流的来到,成正比例。清政府愈失政,革命派愈发达;西洋潮流愈涌来,革命势力愈增加。到了一九一一年,武昌起义便使清廷不能收拾了。袁世凯从小站练兵所养成的实力派,从旁加以一推,二百六十余年的清代天下便宣告"寿终正寝";数千年来的君主偶像,便倒在溷厕里面。从此"真命天子"不临朝,万里江山改颜色。这是多么大的一个大变化!

(四)民主共和的虚伪与军阀制度的演成

辛亥革命把满清推翻了以后,便发生一个空前的问题,即是政权的转移。在我们过去的政治看来,所有政权都属于皇帝一人,老百姓不能过问。就是更朝换代,也不过是这家的天下,被那家夺去;这个皇帝的江山,被另一个好汉抢走。皇冠的谁戴,与宝座的谁坐,与我们一般人民是毫不相干的。我们的传统思想,把我们的脑筋紧紧的桎梏,不但是不要我们去干涉政治,并且要我们拥护君主专制。所以只要有一个大虫出世,把其余的小虫吃掉,称孤道寡起来,那么我们便可诚惶诚恐,服从一切。

但是辛亥革命,却与从前更朝换代的老把戏有点不同了。辛亥革命在政治上的意义,是要把君主专制政体改变到民主共和政体,所以《中华民国临时约法》的第二条,便说"中华民国之主权,属于国民全体"。在武昌没有起义以前,革命派与维新派,因为受了西洋民主主义的影响,对于中国从前不可侵犯的偶像,已经破坏到相当的程度。在武昌革命成功以后,满清一倒,连主张保皇的梁启超,也说君主的偶像已经被丢在溷厕里面,再也没有号召的力量了。

我们知道,中国以前的全个政治组织系统,完全以君主为中心,而且君主专制政体,到了满清更是进化到了极点。现在我们一旦把君主踢倒,政治的中心当然随之失落,中心一失落,又无新的民主中心势力起来代替,结果当然要酿成二十年来挂名共和、军阀混战的怪现象。

原来,君主政体这个东西,在中国经过几千年的历史,并且有传统思想为之辩护,所以发生了一种神秘的力量。人民对它,认为是天经地义,好像迷信菩萨一样。菩萨本来是泥塑木雕的,一经香花蜡烛供奉,便变成神圣不可侵犯的东西。以前政府能够维系社会人心,就全靠这个纸老虎吓人。若是前清不是满族,而是汉族的天下,君主立宪运动,比较民主革命运动,或者成功机会要多。因为那时革命的对象,多是注重在排满。一般革命人物,大都只知满清是异族,非推翻不可,而不大注重君主与民主在制度上的分别。其所以反对君主,也多由于排满的联带关系。假使前清不是满族,而是汉人,恐怕民主革命运动没有那么大的号召力量。君主立宪派之所以失败,也就是没有看透这一点。他们不知道君主与满清是分不开的:拥护君主,便是拥护满清;拥护满清,便是拥护异族;拥护异族,便是根本违反汉人的心理。根本违反汉人的心理,而要汉人起来赞助这种运动,当然是要失败的。反过来说,推翻了满清政府,无异推翻了君主政体。因为满清一倒,君主的偶像,也连带的拖下厕所里面,失却所有的尊严与神秘作用。并且西洋民主主义的潮流,日益川流不息的奔来,人民政治智识渐渐开展,不但对于君主的传统思想慢慢在那里洗掉,而且民主观念,也在那里日积月累。所以袁世凯想做皇帝,张勋想复辟,都没有成功。

破坏一件事比较容易,建设一件事比较困难。君主专制政体虽然已经打倒,民主政治却是很难实现。在此青黄不接的时代,当然产生一种"君不君"来"民不民"的怪政治现象。这就是军阀制度及其纷乱的最大原因。一班军人,因为武力是一切问题最后的解决,变成了时代的骄子,既没有君主的偶像来节制,又没有传统的思想来约束(因为渐失效用),人民参政能力没有养成,民主政治不能树立,那有不成"阀"的道理?

且看满清倒了之后,民主革命势力不能自身起来组织政府,而必须让政权于袁世凯,便可知道民主共和的制度是没有深厚的基础了。袁世凯本来就是具有最大野心的一代枭雄。小站练兵,便是他埋下的武力基础,也即是北洋军阀的胚胎。在戊戌政变的时候,他便骗过君主立宪派,以致变法失败,六君子流血。到了辛亥革命,他自己虽称病在彰德故乡,但是他的部下已握有兵权,清政府环顾国中,要压平乱事,非请他出山不可。他认为机会已到,故作忸怩,要求大权。及大权到手之后,他一面逼满清退位,一面逼革命派让渡政权,于是不费多少力气便为民国第一任总统。

袁民凯虽是"谨掬诚悃,誓告同胞","竭其能力,发扬共和之精神,涤荡专制之瑕秽",但他是没有受过民治与法治洗礼的人,脑筋里面还是充满了封建思想与帝制自为的野心。所以他"一朝权在手,便把令来行",根据人治的封建办法,布置他的部下军人,好像以前的开国君主一样。这样一来,便成了所谓北洋派。我们知道,北洋派没有公开的政纲,没有正式的组织,当然不是一个政党。它的基础,完全建筑在个人政治的关系上。袁世凯是北洋派的首领,他对于其余的部下军人,是封建的关系。其余的军阀,多是从他在小站练兵练出来的,也是他一手提拔出来的,所以他们只知效忠于袁氏,而不知效忠于民国。换句话说,他们只知向袁氏负责,不知对国民负责。

袁世凯压平了二次革命之后,以为个人统治已经稳定,于是而解散国会,于是而毁弃约法,于是而宣布洪宪,要重新回到君主专制的路上去。但是我们知道,中西接触以后,中国的君主政体,已受西洋民主主义的痛击;中国的人治主义,也受了西洋法治主义的影响。凡所以维持以前那种君主的、人治的、封建的伦理思想及道德观念,都已被西洋潮流所浸润毁坏。一班军阀虽不相信民主,不相信法治,不相信西洋的政治道德,但同时不能像以前那样的忠于一人,忠于一家,如家奴走狗一般,所以云南一起义,北洋军阀也相继的众叛亲离。袁世凯料不及此,终至气死。

袁世凯一死,北洋派便群龙无首,好像一串珠子断了线索一样,于是其中分成直皖两派。直皖两派的系统,又是如以前北洋总派一样,建筑在个人封建的政治关系上面。直派先以冯国璋为首领,后以曹锟吴佩孚为首领。皖派则以段祺瑞为首领。同时在全国全体看来,因为北洋派本身的分化,政治失却了重心,于是东北的奉派与南方各省的小派,渐成了独立的状态。全国遂日趋分裂,而不可收拾。

有了几派势力,而各派势力又都建筑在个人封建制度之上,其间又没有法定的关系为之维系,结果各派因为争取政权,扩张地盘的关系,只有诉诸武力,互相厮杀。南与南争,北与北斗,合纵连横,毫无忌惮。不但全国政治失掉了重心,即是南北两方,也都失去了中枢势力,于是从此而入于南北各军阀的混战时期。兼之,西洋的民主潮流愈是奔来,个人统治的系统愈靠不住。各个军阀,一方面受了传统思想的遗毒，本人野心的驱使，对于部下总想用封建的方法去维持他们的系统，扩张他的势力；一方面又受了西洋新思想的鼓动，对于长官又不愿效忠一人，并且时时刻刻想进一步取而代之。这种思想上的矛盾，表现在政治上，便是对上面倒戈，对下面仍旧施用封建统治的方法。所以越到后来，叛变越多。旅长倒师长，师长倒督军，督军倒巡阅使。军阀的系统，越趋越小，时局的分化，愈演愈烈。残缺縻留的封建势力，与幼稚成病的民主势力，交相酝酿，遂造成混沌的军阀相争相打的局面。

加以帝国主义者利用军阀以攫取利权，军阀利用帝国主义者以借款买械，互相勾结，内乱愈烈。每个大军阀，都有帝国主义者做他的后援。每个帝国主义国家，都有军阀愿做它的爪牙。有时因为国际间利害的冲突，影响到国内军阀的冲突。相争相杀，如斗蟋蟀。所可怜者，便是一班孤苦无告的人民，不毙于枪弹之下，即死于沟壑之中耳。

（五）国民党的专政与共产党的暴动

由上面看来，我们知道，中国因为君主遗毒没有消尽，民主观念没有养成，所以名为共和政体，实为军阀专政。而所谓军阀，又因为受了新思想的影响，不受旧伦理、旧道德的约束，于是日趋分化，而成为军阀割据、互相砍杀的无政府状态。

到了一九一七年，一个新时期在中国发动了。我们知道，自戊戌维新运动以来，一班救国之士，都着眼于政治，以为政治一好，其他都好，所以他们在辛亥革命以前，不曰君主立宪，便曰民主共和；及辛亥革命以后，不曰总统制，便曰内阁制，所有的政论与政党的活动，很少与一般社会发生关系。到帝制运动的终了，护法运动的开始，中国军阀混乱最剧烈的时候，有少数知识阶级，看见中国问题，如单从政治方面着手，如理乱丝，愈理愈乱，不如从别方面给它一个彻底解决。所以先则主张文学革命，次则提倡新文化运动。文学革命的结果，把文言文的权威打倒了，白话文的用处普遍了，在文体上的确是一种解放，一种改良。不但发表自己的思想，用白话比较容易；并且了解人家的思想，看白话也比较方便。于是由文体解放，进展到思想解放；由文学革命，进展到新文化运动。旧的观念、思想及标准都被根本的摇动，而趋于崩溃；新的思想便如潮水一般的涌来。中国那时真像饿老虎一般，急不暇择，见到东西便拿来吃。于是各种思想及主义，便如雨后春笋，表现一种蓬蓬勃勃的生动气象。

适当其时，俄国革命成功，把世界上最专制的政府推倒，把现行的社会制度，一概否认。其影响于人类的历史，当不在法国大革命之下。我们中国地势上与俄国相接，并且是苏俄东方政策的对象，尤其是容易受此种革命潮流所波及。何况接着就是德国的革命，以及其他各国的政变。所以，在欧洲大战终止的时候，全世界无处不充满了革命空气。我们中国思想界正在变动，际此时会，哪有不风云变色的道理？

　　思想上一解放，自然要影响实际的社会活动。所以到一九一九年，北京学生因为山东问题，便起来打倒曹、章、陆三个卖国贼，闹到全国学生罢课、商民罢市、工人罢工。这就是所谓"五四运动"。五四运动的直接效果，不过是罢免了曹、章、陆三人，拒绝签字《凡尔赛条约》，但是它在中国历史上，的确有重大的意义。别的方面姑置不说，且说它给予中国政治的影响。第一，五四运动激起了比较普遍的爱国运动。从前的维新运动，不过是一部分士大夫阶级的运动；以前的革命运动，不过是一部分留学生华侨的运动。现在的五四运动，则普及到学生、工人、商民各阶级。它的打倒曹、章、陆，便是反抗军阀的卖国外交；它的反对签字《凡尔赛和约》，即是反抗不平等条约，也即是反抗帝国主义。第二，五四运动激起了民众参加政治运动的兴趣。以前的政治，都是少数政客军人的特殊把戏。他们玩来玩去，总脱不了一个很小的范围。五四运动表现了民众参加政治的力量，居然可以挟迫当时的政府，拒绝签字《和约》，罢免曹、章、陆三人。于是从此以后，每遇外交问题发生，学生团体即有一种表示。第三，五四运动激起了民众大规模的组织。从五四以后，全国各省、各都会都有学生联合会，而且又有一个全国总会。其他如工会、商会等等，也有长足的进步。

　　因为文学革命，宣传便有了白话的工具；因为新文化运动，思想上便开了一条大路；因为民众有了组织，政党可以找到新的基础。同时俄国赤化政策在西欧失败的结果，于是倾其全力来经营远东。优林、越飞等相继来华，第一步是利用中国少数智识分子及青年学生作共产主义的宣传；第二是组织中国共产党。那时候，中国内有军阀的混乱，外有帝国主义的压迫，民不聊生，正是想找一条出路，共产党自能很快的发展。

　　那时候，国民党的领袖孙中山，一面看见国民党本身的暮气沉沉，一面看见五四运动以来的新政治趋势，再一面看见共产党都是一班青年，有很好的组织，为扩张本党势力起见，于是有容共的主张。

　　还有一层，孙氏以前虽时常想与欧美以及日本各国联络，但总是被这班白色帝国主义的国家拒绝,愤慨之余,看见苏俄派人来与他表示亲善,他自然认为是最好的朋友,于是有联俄的主张。

我们知道共产党的策略,是阶级争斗、阶级革命、阶级专政。共党当然是要抓住工农阶级,去打倒资本阶级,所以农工运动,是共产党所必取的政策。国民党既决定联共联俄,而又想找新路去走,当然不能拒绝共产党从事农工运动的办法。于是国民党所谓联共、联俄、联农工三大政策,便成了"三位一体","连环性"的东西:要这个,便不能不要那个;舍这个,便不能不舍那个。

同时在共产党方面看来,因为它本身在中国根基没有稳固,而又知道共产主义在中国不易进行。现在有一个历史比较长久的政党来做护身符,一面可避外间的攻击,一面可赤化国民党,又何乐而不为?况且苏俄与孙中山已接洽妥当,中国共产党更无反对余地。

因此,民国十二年国民党在广州改组的时候,正式允许了共产党加入。

一九二五年的五卅运动,又是中国政治的一个大关键。它的起源,是因为上海有十几个工人、学生被英国巡捕开枪打死,于是全国同愤,充满了爱国的情绪与排外的心理。国民党、共产党以及各种青年团体,都乘机积极活动,虽然大家叫的是打倒帝国主义,但是各派有各派的解释,各派有各派的用意。国民党更乘五卅运动的余波,于民国十五年出师北伐。

当时一般人民受久了北洋军阀的压迫与纷乱,又受了外国的侵略与欺侮,早已不胜其愤慨,所以对于国民党的北伐表示欢迎。国民党的军队,因为人心所向,而又富有朝气的关系,到处胜利,吴佩孚、孙传芳两大军阀先后败走。到了民国十六年春季,长江流域都是国民党的天下。但是我们要知道,那时国民党的军队在前方打仗,共产党便在后方包办各种民众运动。所以凡国民党军队所到的地方,也就是共产党势力所及的地方。结果下层组织都落到共产党手里面去了。

国民党有一部分领袖,不堪共产党的压迫,于是起而作反共的运动,在南京建立另外一个政府。其后武汉派的国民党,也不胜共产党的压迫,而与共党分家。于是国共两党,乃完全断绝关系,各走各路,而成为"不共戴天之仇"。

共产党自与国民党分家之后,失却活动的凭借,于是铤而走险,采取暴动政策。星星之火,成为燎原。加以内乱层见迭出,天灾时常流行,人民"仰不足以事父母,俯不足以蓄妻子",连自己也"不免于死亡",于是逼进共产党者日多,而共产党滋蔓难图矣!

至于国民党,则从打倒北洋军阀以后,即根据训政的"遗教",实行一党专政,将异己的思想、团体及个人，概行压倒。不过自"九一八"国难发生以后，因为对外关系的紧迫，国际间法西斯主义的流行，及国民党内部的演变，一党专政的局面又有转入个人领袖政治的趋势。

（六）结　　论

　　中国的君主政体，行了几千年不成问题，忽然打开门来，遇见了西洋民主主义的潮流。若是我们的专制政体能够抵抗得住，那么还不碍事。哪知道我们一战而败，再战而衰，三战而气馁，四战便不能不变法了。起初我们原想调和中西，采行君主立宪，一面顾到中国过去的政治背景，一面适应西洋的民治趋势。但是自从戊戌维新运动失败以后，此着便走不通了。因此，我们想另外走过一条路子，用革命的方法去建立共和的政体。不幸专制的遗毒未消，民主的势力未成，虽辛亥推翻了满清，然民国仍不成其为民国，于是而有军阀制度，于是而有一党专政。凡此种种，都是有青黄不接的现象，也或者是过渡时期不可逃避的现象。我们既不能立刻赶上西洋的路，又不能回到我们原来的状态里去，在此时会，也许免不了种种奇奇怪怪的现象。

　　这种从君主专制到民主共和的变化，若没有外国从中捣乱，恐怕还不至发生这样大纠纷。但是在此交通便利的世界，我们地大物博的中国，怎能避开帝国主义的注意？因此，在我们演变的政争里面，外国总要来玩玩把戏。远的历史我们且不去说，试看民国成立以后，哪次大的政争没有外国势力在后面？因为为五国银行团的大借款成功，于是袁世凯不惜破坏国民党，帝制自为。因为日本乘欧战的机会，想推倒袁氏，宰制中国，于是反袁各派得着援助，能够将洪宪打倒。因为日本援助段祺瑞，于是有护法的长期战争，南北的对峙局面，军阀的割据形势。因为苏俄利用国民党与共产党，于是国民党有联共、分共、反共的种种纷扰。总而言之，中国政治一旦从君主变到民主，本来困难，不免纠纷，现在又再加上帝国主义的勾结利用，于是紊乱得更不堪言状了。

　　并且政治与经济是分不开的。我们中国原来是农业社会，生产非常落后，资本非常缺乏，加以人口太多，僧多米少，就是外国不来捣乱，恐怕自己也要砍杀一场。何况西洋与我们通商之后，他们挟科学的智识、机器的发明、雄厚的资本、工厂的制度，来制造物品，与我们的家庭手工业竞争，哪有不胜利的道理？结果，我们的手工业，一天一天的崩溃，失业的人数，也随之一天一天的加多。政府不但不能保护本国的生产事业，并且横征暴敛，无所不为。兵灾之外，又有天灾。祸乱相循,民不聊生。于是一般失业穷困的人民,便成为军阀政客政争的工具。我们且拿军阀政治来分析,便知它与社会穷困的关系。

军何以能成阀?武的方面,必定要有丘八大人;文的方面,定要有官僚政客。俗语说得好:"好铁不打钉,好人不当兵。"我们民间既有这种反对当兵的心理,为什么那班军阀,可以用白旗一摇,招得成千成万的丘八,来替他们冲锋陷阵,争地盘、抢政权?这班弟兄们,一月赚几块大洋,还时常几个月不发饷,难道愿意做这种杀人的勾当,或被杀的绵羊吗?无奈迫于生活,没有他事可做,不得已而把肉血献于军阀的刀俎之前而已。文的官僚政客,生活似乎比武的佣兵好得许多,但是生活上没有出路,同是失身于军阀的可怜虫,那是没有两样。他们之所以丧心病狂,不顾国家的利益,人民的痛苦,为军阀画策奔走、挑拨离间,发宣言、打电报、做代表,无非是靠所依附的军阀吃饭而已。

从前中国的政治,虽然是腐败,但是还有旧道德、旧伦理、旧礼教为之限制。到了现在,旧的东西,都被西洋来的潮流冲得粉碎,而新的道德纪律又没有成立,于是自私自利,专制横暴,更加尽形毕露了。

最后还有一个最根本的原因。为什么中国与西洋接触,失败几次,便闹到这种地步?为什么法国在一八七〇年被普鲁士打得落花流水,割地赔款,不久又爬起来了?为什么最近的德国被协约国打败,受了严重的处分,并且发生过很大的革命,不到十年,又是一个强国?这又是什么缘故?于是我们最后不能不承认我们全个文化的落后了。法德之所以蹶而复起者,乃是因为他们的文化有巩固的基础。尽管他们在军事上、外交上受了挫败,这不过是暂时的挫败,表面的挫败,他们仍可运用他们文化的基础来重新建筑他们上层的组织。至于我们中国,虽自称"文明古国",但是与近代西洋一比,我们实在不能不承认野蛮了。胡林翼是中国智识阶级的第一流人物,看见两只洋船冲入长江,骇得"变色不语,勒马回营,中途呕血,几至坠马",除了"摇手闭目,神色不怡"的说"此非吾辈所能知也"以外,别无办法。到了一九〇〇年,义和团之乱,大多数的智识阶级领袖,翰林、学士、御史们,还相信"八宝法物"可以抵枪炮,"洪钧老祖,已命五龙守大沽,夷兵当尽灭"。就是到一九三五年的今日,还有朝野要人在那里提倡念佛诵经"阿弥陀佛式"的救国!然则,中国政治上的一笔糊涂账,从昔日的皇帝时代,到今日的流氓世界,又不能算在哪一党一派人的身上了。

第七章 中西接触后经济上的变化(上)

(一) 经济侵略的动机

政治革命闹了几十年,闹得昏天黑地,三个打出,四个打进,只杀得血流成河,白骨遍野。而结果呢?固然大清帝国的招牌,表面漆上了中华民国的字样,但是除此而外,又有多少意义?何况以前的宣统,又变成了现在的康德?

倒是不令人注意,没有机关枪大炮对打的经济革命,革了许多新花样出来。你看大都市的出现,人口的集中,农村的崩溃,由家庭工业到工厂工业,由手工制造到机器制造,由锁国经济到世界经济,由小商店到大公司,由铁庄、票号到银行,由轿子、驴车、单轮车、木船到汽车、轮船、火车、飞机、电报、电话,由日出而作、日入而息的简单生活到洋楼、大菜、电影、跳舞、无线电、留声机的享受,哪一件不是显著的变化?哪一件不是在改变人们生活的方式与思想?哪一件的影响不是由沿海一带逐渐深入内地的民间?

然而,我们要知道,这些新花样并不是我们自己发明的,乃是中西接触以后西洋人带来的礼物。

西洋人跑到我们中国来,说来话长,但决非产业革命以后的事。他们因为地理的发现,民族国家的向外发展,宗教革命所激起的竞争传教运动,以及梦想我们东方的丝、绣、香料、珠石、象牙、雕刻之类,早就不远万里而来。不过起初他们与我们通商,能供给我们的东西很少,要买我们的东西倒很多。在十六世纪的时候,我们的丝、丝织品、棉织品、铜器、漆器、瓷器及皮货,都被大宗的贩去,后来茶叶更是中外通商的主要物品。反之,他们能供给我们的东西,只有些金属品、洋参、毛皮、银元以及后来的鸦片而已。这些都非我们所必需,所以我们很不愿意与他们通商:第一,制定了许多规则,限制他们;第二,只开放了广州、澳门做中外通商的地点;第三,凡外国商人与中国商人的来往,都须经过行商。

西洋各国,因为与我们通商有利可图,所以不管我们愿意不愿意,总要跑来。尤其是十八世纪末期产业革命发生以后,他们利用机器大批制造的结果,逐渐要向国外找市场,以畅销剩余的物品;找原料,以供给工厂制度的需要;找投资的机会,以利用剩余的资本。产业革命先进的英国,当然特别着急,所以不惜三次派代表来要求缔造通商条约。第一次在一七九三年,以马卡莱(Marcartney)为领袖;第二次在一八一六年,以爱母赫斯脱(Amherst)为领袖;第三次在一八三四年,以纳皮尔(Napier)为领袖。三次都带了许多礼物而来,三次都不幸碰着钉子而去。

西洋各国,看见我们不愿意与他们通商,只好强迫与我们做买卖,经过屡次的战争,把我们全国的门户,由南而北,打个粉碎。他们的工业制造品与剩余资本,遂如排山倒海的涌来,把我们全个自供自给的经济逐渐破坏。

(二) 不能抵抗的原因

为什么我们的经济组织经不起欧风美雨?为什么我们的工业不能与西洋的工业对抗?这有两方面的原因:一是我们的生产制度本身不如人家,二是他们有不平等条约来做经济侵略的护符。

我们原来的工业制度,与他们的工业制度比较,简言之,有下列几个差点:(一)我们的工业是用手工制造的,他们的工业是用机器制造的。机器一点钟所做的工,等于数十百人一点钟所做的工。其效率,两相比较,何啻数十百倍。因此,手工业不但产额很小,并且成本很大。以产额小成本大的手工业,与产额高成本小的机器工业竞争,哪有不失败的道理?(二)我们的工业总是遵古法制,凭着传统的经验,不知改良,制出来的东西与数百年前一样的粗笨简陋。西洋的工业,则利用科学,日新月异,精益求精。相形之下,一般人自然欢迎洋货,厌弃土货。土货便逐渐被挤出市场,不能立足。(三)我们的工业,不过是农业的附属品,范围很小,与商业时常混合一起。我们没有雄厚的资本,做工业的基础;没有敏捷精密的商业组织,去发售制成的货品;没有普遍动人的广告,去引起消费者的注意。反观西洋工业,实际支配全个社会生活。他们有各种银行去活动资本,并且可以根据公司营业的组织,招集雄厚的资本。有了资本,制出货品以后,有极灵敏的商业组织去推销,有轮船火车去转运,有精制的广告去引人注意。总而言之,西洋的生产制度,不但效率高,而且货品好,我们的生产制度,不但是出品有限,并且很不雅观。两者相遇,当然是"优胜劣败,适者生存"。

若是我们中国是个强国,我们还可以用政治的力量提高关税,阻碍洋货的侵入,保护自己的产业,但是屡战屡败所结下来的不平等条约,不但不能保护国货,而且是保护洋货。于是洋货的奔向中国,更"沛然莫之能御"了!

何以见得?且举出列强由不平等条约所取得的几种重要特权为证。经济上,如关税协定、商埠开放、沿岸贸易、内河航行、外国在华设立工厂等等;政治上如租借地、租界、领事裁判权、外国军队驻扎权及外国军舰出入权等等,无一不是直接间接推进洋货,打倒国货的。

原来规定关税的原则有两种:一种是自由贸易,一种是保护政策。若世界各国都是采用自由贸易政策,以己之所长,补人之所短,原是大家有利。但是照现在的情形,列强都采取保护政策,就是英国,也放弃了自由贸易。若有一个国家,尤其是工业未发达的国家,不能保护其工商业,仍旧采取自由贸易,那一国便变成列强竞争的商场,那一国的工业便永无发达的时期。中国的情形,正是如此。但是中国为什么一向不能保护自己的工商业呢?因为中国的关税在过去均由列强协定。列强协定中国的关税起于一八四二年与英国订的《南京条约》,一八四三年的《附加条约》虽然已经大致规定值百抽五的税率,但是还有值百抽十的事实。到了一八五八年的《天津条约》,才明白确定不管输出输入,一律值百抽五的办法。后来虽然改订了几次货价,但是因为实际的货价腾涨不已,结果所谓值百抽五者,可怜不过值百抽三四而已。

这种关税,既不分输出与输入,又不分奢侈品、必需品及原料品,都是同样的从价课税,以致本国需要的洋货无法表示奖励;不需要的洋货,无法实行抵制,本国落后的工业更得不到丝毫的保护。若是中国的货品到外国能得到同样的待遇,倒也罢了,但是事实上,外国对于中国货品的输入,丝毫不予优待。

不但如此,根据一八五八年《天津条约》,洋货除交值百抽五的关税外,只要再纳百分之二·五的子口税,便可以通行全国,不受厘卡的留难与剥削。反之,中国自己的土货运输各处,不知要经过多少关卡,缴纳多少税金,历尽多少阻碍。在这种情形之下,两者在市场竞争,国货自然要受淘汰。

海路如此,陆路更有所谓特惠关税的协定。一九二八年国民政府虽与各国有新关税条约的签订,在原则上得到了关税自主的承认,但是在实际上还是有名无实。洋货因此水陆并进,双方夹攻,每年入超,少则几千万两,多则几万万两。

至于海关管理权,原来是完整无缺的。一八五三年太平天国军占领上海的时候,中国官吏逃入租界,海关无人管理,乃由英法美三国领事暂行代管。哪知后来这种创例,竟变成了定制,海关管理权便落在外人手中了。外人管理海关虽属认真,但华洋待遇不平,则为显然的事实。据马寅初说(见《马寅初演讲集》第三册第二百二十一页),第一是验货估价之不平。洋商货物,仅凭发货单征税,多不开验。而华商所办货物,便不能享受这种免验的权利,并且时常被诬为少报物价,科以偷税的罪名,轻则受罚,重则没收。第二是报关待遇之不平。洋商每遇困难,到关一言,便可解决,华商因为言语不通,种族不同,屡经声诉,仍无结果。各种货物,或因行市的涨跌,或因船舶的多少,往往有提前放行的必要,在洋商,可以到关一言即去,在华商非挨次不能放行。第三是海关用人之不平。自总税务司以下,各关高级洋员,以英人居多数,重要职务完全在洋员手中,中国人都是充当下级职员。

照世界各国的惯例,外国船舶只能在海港贸易,不但内河不开放,就是沿岸贸易也在禁止之列。列强在中国便不然。在一八五八年的《天津条约》里面,我们就承认了英国船只在长江一带口岸可以通商,后来又因为其他条约(如一八九五年的《马关条约》)的新规定,内河与内地解释相混,外国商船不但能航行于长江各口岸,并且能远至长江上游及其他的内河。其后海关定有内河航行章程,外国商船只要在海关注册,即可在内河航行。于是中国所有一切可以航行的河流,各国商船都可以通行了。至于沿海贸易的丧失,初时并无约的规定,不过因为税收关系,演成习惯,到一八六三年《中丹条约》成立,才确定外人在中国享有沿海贸易权。

平常,各国都用本国的轮船,运载本国的货物,到外国去销,但是中国没有出航外洋的轮船,所以中国出口货物都要用英日等国的轮船运输。不但如此,就是中国沿海各埠以及内地各埠的货物,大概都是归外国轮船运输。列强有了这种权利,便可以直接把他们的制造品推销到中国的穷乡僻壤,把中国的穷乡僻壤的原料满载归去,供给他们的工厂。至于航业的利权外溢,与内国贸易的内容泄露,尤其是余事了。

这样,他们仍以为不足。在一八九五年《马关条约》成立之后,还要直接跑到中国来设立工厂。他们挟其巨大的资本,新式的机器,专门的智识,来利用中国便宜的劳工,就近的原料。成本既然很轻,又有不平等条约保障,使得他们制造出来的货物,可以不受一切苛捐杂税的骚扰,比我们的国货自然容易畅销。我们的民族资本,因此便不能发展,只有被他们压倒。

领事裁判权在表面上看来,好像是政治上的侵略,其实影响我们的经济很大。所谓领事裁判权,乃是外人在某国国境内不受所在国法庭的审判及法律的支配,而受其本国法庭的管辖。外人在中国享有这种权利,起于一八四三年的

《五口通商章程》，一八四四年中美、中法等条约也有此项规定。到了一八五八年《天津条约》，更加定得明明白白，至一八七六年的《芝罘条约》，则连观审制度都有了。外人恃有这种领事裁判权，不服从中国法律的制裁，可以胡作乱为。他们发行纸币，我们不能干涉；他们设立工厂，我们不能取缔；他们不向中国政府纳税，我们不能强制执行；他们甚至于干种种不正当的营业，我们不能禁止。并且他们如果身体或财产方面受了损害，中国官吏还须负保护的责任。现在虽有许多国家的领事裁判权已经取消了，但是最重要的国家如英、美、法、日等仍然没有答应。

中外通商因为时常发生困难问题，中国官吏特划出一块地方，许外人在那里居住贸易，以免与中国人民时常发生冲突，于是而有租界的产生。早在十六世纪，葡萄牙人便在广州、宁波、澳门等处置有居留地。不过现在通商口岸的租界，乃起于一八四二年的《南京条约》，而明白规定于一八四三年的《附加条约》。原来无论什么性质的租界，中国并没有放弃自己的主权，在法律的意义上，除了居住通商以外，中国并没有允许外人任何权力。可是在实际上，现在一般租界的行政权，都在外人支配之下。他们有警察，他们要租界内的居民纳税，他们定出规则叫人遵守，并且根据领事裁判权，我们的司法权在租界内不能完全对外人发生效力。

租界一来是通商口岸，二来因为比较内地安全，中外资本都集于此，于是特别发达繁荣。至于内地，因为资本流入租界的缘故，日趋干枯，而形成全国畸形的经济发展，一部分太快，一部分太慢。在内地，依然闭塞；在租界，资本太多，难得正当运用，只好去做投机事业。总而言之，租界可说是经济侵略的大本营。你看外国银行在此，外国商铺在此，外国工厂也在此，吸收中国的原料，吸收中国的资本，吸收中国的劳工，好厉害的所在！

列强侵略的根据地，除租界以外，还有租借地。乃是指一特定地方，以一定的期限，租给外国，在那期限之内，承租国在租借地内行使治理权。租借地与租界有两点不同：第一是租借地有期限的，大概多是九十九年为期；第二是承租国有治理权，而主权在表面上仍属于中国。

除澳门以外，各国在中国的租借地，如德之于胶州湾（华盛顿会议转让与日本，后来由日本有条件的退还中国），俄之于旅顺大连（日俄战后，转租与日本），法之于广州湾，英之于九龙及威海卫（威海卫后来有条件的退还中国），都是一八九八年成立的。他们为保障已得的利益，为继续对华的侵略，不能不有军事根据地。有了这些租借地做军事根据,他们便可以挟其武力,压迫中国。加以他们在中国取得有军事驻扎权及军舰出入内河权,更可肆行其经济侵略政策。

列强不但要侵略,并且要独占的侵略。如一八八五年的中法《天津条约》,规定中国在越南边界造铁路时,须向法商商办。一八九八年的《中德条约》,承认在山东全省,德国有经济的优先权。一九一五年中日换文,规定南满与东部内蒙建筑铁路需要资本时,须向日本商借。因为这些优先权便生出了所谓"势力范围"。外人在中国境内划定势力范围,起自一八九七年中国允许法国海南岛不割让与他国的要求。其后各国效尤,不能拒绝。一八九八年,中国对英声明长江一带不割让与他国。同年,日本又约定福建不割让与他国。法国以保持均势为名,接着又要求广东、广西、云南三省不割让与他国。一九一五年日本更要求山东及沿海岛屿不得割让与他国。这些都是势力范围的根据。列强有时竟至相互协定,不征求中国同意:如一八九六年英法关于云南、四川的协定,一八九九年英俄关于长江流域及长城以北的协定,一八九八年英德银行团关于长江及山东的协定。

"势力范围"与"优先权",在一方面看来,可以妨害中国经济的自由发展,我们不能利用各国投资的竞争,得到低廉的资本与原料;有时甚至自己开办事业,也要受人家的限制。如日本在东三省不许我们建筑与南满铁路平行的路线,"九一八"的事变,平行线就是其中一个重要原因。同时在他方面,外人根据这种权利,可以垄断中国的经济:材料须由他们供给,资本须由他们出借,举办大的经济事业有时须先取得他们的同意。

上面举列强在中国所取得的种种权利,只要一国得到,别国根据最惠国的条款,援例要求,没有不成功的。原来所谓最惠国条款在国际上有"片面的"与"相互的"之别:相互的最惠国条款,乃是缔约两国,彼此都用最惠条例相待。如甲国允许乙国以某种特惠,乙国同样的以这种特惠允许甲国。片面的最惠国条款,乃是甲国虽以最惠条例待乙国,乙国并不以这种最惠条例待甲国。中国与外国在条约上所规定的最惠国条款都是片面的,因此联带所受的损失不可胜数。

(三) 产业革命的性质

我们不能抵抗列强经济侵略的结果,我们原有的工业只有趋于崩溃,发生剧烈的变化,而成功西洋史上所谓产业革命。

不过,中国的产业革命与西洋的产业革命是不同的。西洋的产业革命,大都是自动的。因为科学的进步,机器的发明,于是有生产方法的改变。由生产方法的改变，便改变了全个经济生活。至于我们中国的产业革命则是被动的。我们以农立国，自供自给，我们有了家庭手工业制度，并不想进一步去根本改变我们的生产方法。到了中西接触之后，我们因为屡次对外战败的结果，不免有点觉悟，想要富国强兵，以救危亡。但是，怎样强兵？当然是要整军经武。怎样富国？当然非改变向来生产的方法不可。换句话说，就是要产业革命。所以说，帝国主义的侵略，是中国的产业革命的原因，中国的产业革命是被动的，不是自动的。

惟其因为中国的产业革命是被动的，是帝国主义逼出来的，是在帝国主义铁蹄之下进行的，所以不但革命的历程与西洋不同，就是所遭遇的厄运，也就够惨了。帝国主义既然逼它出来，又挟其政治上、经济上的优越势力，不平等条约所给予的地位，把它大肆践踏。结果，中国经济到现在还没有走出一条出路，影响到政治及其他各面，便是失却平衡的发展。全国只有闹得乱七八糟。

所谓中西产业革命所经过的历程不同，我们的意思有两种：第一，西洋的产业革命，大都由民用工业到军用工业；第二，大都由民办到官办。中国的产业革命则刚好相反。

为什么西洋的产业革命是由民用工业到军用工业，而中国的产业革命是由军用工业到民用工业呢？原来因为他们先有科学的进步，机器的发明，才有生产方法的改变；有了生产方法的改变，才有大批的生产；有了大批的生产，才有剩余的货品。剩余的资本要找地方投资，剩余的货品要找地方出卖，于是不得不扩张海军，制造军备，去掠取殖民地，争夺市场，及保护他们海外的贸易。所以他们是因为民用工业过分发达的结果，走到军用工业的一条路上去。由军用工业所造出来的武器，去保护民用工业制余的生产。至于我们中国既无大批的生产，自无剩余的货品；既无剩余的货品，自无海外贸易的保护与国外市场的需要。扩充军备，在这方面自是毫无意义的。我们之所以要先创办军用工业，乃完全为着要抵御外侮。盖自鸦片战争以后，我们对外，战无不败，败无不割地、赔款、丧权、辱国。而推其所以致败的直接原因，就是因为外国有枪、有炮、有军舰的关系。我们若是要挽救危亡，洗雪国耻，切近之计，自非整军经武不可，而整军经武，又非改良军备不可，因此曾国藩、李鸿章、左宗棠诸人乃极力倡办军械所、制炮局、造船厂等等。但是结果怎样呢？倡办军用工业的目的，原来为的是要造出新式军械来抵抗外国，然而经中法之战、中日之战、八国联军之战，我们又无不战战败北，阵阵溃逃，可见只是创办强兵的军用工业是没有用的。于是一班士大夫阶级又慢慢觉得强兵之外，还不能不富国。怎样富国？煤铁不能不有，铁路不能不修,其他民用工业不能不办。此中国的产业革命,从军用工业发动,与西洋从民用工业发动,不同者一。

为什么西洋产业革命由民办到官办,而中国乃是由官办到民办呢？第一,因为民用工业,比较宜于民办,军用工业比较宜于官办。军用品如枪炮等等,若用民办,则人民专以营利为目的,散布民间,其势有扰乱秩序,酿成内乱的危险。民用品,如布帛等等,若由官办,则不但妨碍国民经济自由的发展,而且是急其所不当急。因此,从工业的本性看来,西洋的产业革命,既是从民用工业到军用工业,那么经理方面,当然是从民办到官办。反过来说,中国的产业革命,既是从军用工业到民用工业,那么经理方面,当然也是从官办到民办。第二,中国的官,大权在手,是容易筹到大款去举办新工业的。外国政府的财政,间接直接须对国民负责,筹用款项,就没有中国当局那么容易,那么自由。因为中国的官容易要钱,而人民又是很穷,所以新工业是由官办推到民办。因为外国政府不容易要钱,人民可自由集资,所以新工业是由民办推到官办。第三,中国的官都是所谓智识阶级出身,眼光自然比较普通一般目不识丁的人民远一点,所感到西洋潮流的刺激也多一点,自然应该先起来发动产业革命。至于西洋社会,智识阶级不一定都在政府里面做官,并且人民的程度也不像我们这样低落,所以没有官方的督办,人民也自己会发动。这也是中国由官办到民办,西洋由民办到官办的一个原因。

（四）商业转变的现象

中国工业发生变化,商业也在那里变化。中国商业变化与别国比较起来,也有两种不同的现象：第一,是中国商业的变化是被动的,不是自动的。我们以前是一个锁国,在经济上是自供自给的。就是恰克图中俄的互市,也是因为我们的乾隆"大皇帝普爱众生,不忍尔国（俄国）小民困苦"（见一七九二年《恰克图互市条约》第一款）。我们允许英人在"澳门开设洋行,发卖货物",也是因为英吉利"尔国王远慕声教,向化惟殷,遣使恭赍表贡,航海祝釐"。"其实天朝物产丰盈,无所不有,原不借外夷货物,以通有无"（见一七九三年乾隆帝与英王的敕谕）。可见中外的通商,不是我们去找别人,乃是别人找到我们。所有的商埠,大概都是战败以后,列强迫着我们开放的。一八四二年的《南京条约》,开放了上海、宁波、广州、福州、厦门,一八五八年的《天津条约》,开放了长江沿岸的汉口、九江、镇江三处。同治光绪以后,海陆商埠开辟日多,有些出于自行开放的,有些出于条约的,水路自沿湾以至江河,陆路自边境以入腹地,全个中国,南北七千余里,东西九千余里,差不多已经完全开放了。

第二是中国商业的发达并不是工业发达的结果。在外国,工业的变化与商业的变化是有密切关系的。工业发达,生产增加,便不能不有较完备的商业机关去畅销。在中国,最初商业的变化与工业并无十分关系,新式工厂还没有开设的时候,外国的工业品早已大批的在中国市场上出现了。原因是西洋的产业革命早已完成,而中国的产业还停滞在家庭手工时代。等到门户一开,外国的商品便像潮水一般的涌来了。到现在,你到各通商口岸的街上去看,你到上海先施、永安等公司去调查,玻璃窗里所摆着的,或是店里面所陈列的,无处不是洋货。公司愈大,洋货愈多,洋货愈畅销,市面愈繁盛。

外人不但运货来卖,并且进一步跑来中国设立公司。我们在各大商埠所看见那些高大洋房公司,有许多便是外国资本办的,或是有外国资本参加的。他们一则有政府的保护,二则有通商的特权,三则有雄厚的资本,四则有完备的组织,自然是所向无敌。我们的商人,只能仰承他们的鼻息,拾取他们的牙慧,一面替他们分销制造品,一面替他们收集内地原料。外国的制造品销售愈多,本国的制造品销售愈少;本国的制造品销售愈少,本国的手工业崩坏愈快;本国的手工业崩坏愈快,本国从事手工业或贩卖手工业品者失业愈多。

外人收买我们的原料,也有同样的影响。他们收买我们的原料愈多,我们自己的工业愈不能发达,我们失业的民众更少劳动的机会。他们把原料拿回本国去制造,制成货品之后,拿来卖给我们,不但他们的资本家赚钱,就是他们的工人也增加不少作工的机会。

上面所说商业的变化,由贩卖手工业品,逐渐变为外国机器制造品的经纪人,乃是从物品方面观察的结果。若我们就商业的组织而论,也有显著的变化。我们以前的商业组织,可分两种:一是独立经营,一是合股经营。合股经营在资本上可以集合两人以上的资本,在才力上可以集合两人以上的才力,比较独立经营,可算进了一步,但是与西洋的公司营业比较,我们自然落后。

西洋公司营业的优点如下:

第一,个人经营只有一个人的资本,合股经营只有极少数人的资本,公司营业则可集合无数的资本。因此个人经营与合股经营,为资本额量所限,营业范围很小。公司营业则可随时招添股本,扩张事业范围,股东人数可以增加到数十百千万。

第二,个人经营与合股经营,都建筑在人的关系上面。中国商店,往往老板一死,便要倒闭。合股经营,若有股东去世,或有什么不正当的行为,全个营业便要大受打击。所以,中国商店,多是人存俱存,人亡俱亡,很难持久。至于公司营业,则完全根据于法律,本身便是法人,其义务与权利在法律上都有规定,经理尽可更换,董事尽可改选,全个营业仍可照旧进行。比较起来,西洋的公司营业有永久性与固定性,所以有长久的发展计划,使社会上对之发生信任。

我们与西洋接触之后,一方面因为看见西洋的营业组织比较我们原来的完备,再一方面因为非效法西洋,不能适应大规模的营业,与西洋竞争,所以在通商口岸,渐次也有公司的组织。这种变化正在进行,独立经营的小商人就不免渐被淘汰。

(五) 民族资本主义的命运

因为帝国主义的侵略,所以发生了产业革命,因为产业发生了革命,所以有民族资本主义的萌芽。如果民族资本主义像欧美日本各国一样,能循序渐进的完成它的任务,那么中国经济也有一条出路,虽不一定是理想的出路。无奈有种种关系,民族资本主义的命运总是凶多吉少。

第一,是国际资本主义的压迫。国际资本主义有政府的保护,有不平等条约的根据,有雄厚的资本,有先进的技术,除了以剩余货物向中国倾销外,并在中国设银行、办工厂、修铁路、开矿山、做买卖,差不多把全个市场都垄断了。民族资本主义没有独占的市场,比较起来又是一个婴孩,哪能与已经成年的国际资本主义角力赛跑?

第二,是政治势力的摧残。本来无论那个国家的工业,在幼稚的时候,非有政府的保护不可。保护的办法,对外如实行保护关税政策,以排斥有竞争性的洋货;对内如对于某种工业特别予以提倡、奖励,甚至于津贴。中国的工业则不然。关税早被列强协定了,到如今自主还是一个空名;它不但不是保护国货,而且是保护洋货的。这点或者还可以归咎以帝国主义的不肯放手,但是内政的政策是不是保护幼稚的工业呢?不,决不。除了以苛捐杂税的方法对民族资本加以剥削,或因混战的关系予以重大的破坏外,我们看不见别的设施。

至于技术的落后、管理的不良、人才的缺乏,及资本的不充足,尤其是余事了。

以最重要的纺织业为例,便可知其他一切工业的前途,民族资本主义的命运。

一九一四年，欧战开始，素以棉织业称霸的英国，因为加入欧战的关系，自难保持以前那样巨量的生产。英国棉货进口既然日少，价格自不能不逐渐抬高，兼之，因为《二十一条》要求而起的抵制日货运动，日本纱布很受打击，正是国货畅销的机会。于是一九一六年以后，新设纺织工厂有如雨后春笋一般的发达起来。总计自一九一六年至一九二二年七年之间，中国棉织工业，纱锭由七十余万突增至二百余万锭，纱厂财产由二三千万两突增至一万万两。但是欧战停止以后，各国逐渐恢复其对中国的经济地位，尤以日本纺纱业者在中国特别活跃。一九一八年，日商在华纱厂共有二十九万四千锭，至一九二一年增至八十万七千锭，以后继续增加，卒至有完全压倒中国纱业之势。中国纱厂，与日英剧烈竞争之下，又遇到层出不穷的内战与统治者的榨取，到现在几乎有全体不能维持的样子了。

（六）全国经济的危机

在这种殖民地经济情形之下，民族资本主义当然不能成功，而以前自供自给的锁国经济又已被破坏，于是发生了最严重的危机。

自一八六四年发表海关册以来，除该年及一八七二年至一八七六年为出超外，无一年不是入超，而入超的数目，每年平均又在两万万左右。最近实业家穆湘玥氏发表《中国经济上的危机》一文（见民国二十一年六月十五日《申报》）对于这点很沉痛的指出道：

"民国元年以来，海关进口洋货之数量，年年超过土货出口之数量。自元年至二十年，最少为民国八年，进口超过出口为一千六百余万两；最多为二十年，进口超过出口为五万五千九百余万两。总计二十年中，进口超过出口为三十九万一千二百余万海关两，合上海银四十三万五千八百余万两，照现在市价合国币六十万万元以上。试问二十年之短期间，因国人喜用洋货，使金钱外溢，达六十万万元以上，我国安得而不穷？全国经济状况安得而不发生恐慌？"

巨商聂云台氏也早已看见这种危机，所以他说："试观近五十年来，吾国与他国国际贸易之差额，常处不利之地位，以致输金出口，骎骎乎有竭吾国现银之趋势。于是国库空虚，苍生涂炭。以吾地大物博之国家，不特不能执世界商业之牛耳；而国家之商业大权，反落于外人之手，此足以为吾国悲也。"（见《最近五十年》中《五十年来中国之商业》一文）

中国不利的地位，尚不止此。各种出入商品，性质不一，若我们研究各重要商品之出入，便更可了然于中国危机的所在。

第一，我们穿的东西有赖外人。棉货与棉花占进口货品最重要的地位，计一九二九年为二万万七千九百余万两，占进口总额百分之二二·〇九，一九三〇年为二万万八千二百余万两，占进口总额百分之二一·五四，一九三一年为三万万零一百余万两，占总额百分之二一·九四。若再加上毛织品及人造丝织品，更可见我国人民在穿的方面，是如何不能自给。

第二，我们吃的东西有赖外人。米、小麦、面粉是最重要的食粮，也是最重要的进口货品。以米而论，一九二九年达五千八百余万两，占进口总额百分之四·六六，居进口货中第六位，一九三〇年达一万万二千一百余万，占进口总额百分之九·二六，升居进口货中第三位。小麦在一九三一年进口达八千七百余万两，占进口总额百分之六·一一。面粉每年输入也在三千万以上，约占进口总额百分之二以上。三项合计，一九三一年值一万八千二百余万两。若以海关册内所谓"粮食等"（包括果品、药材、子仁、香燃、菜蔬等），一总归入，数目更大。这些都是重要的粮食，以农立国的中国，竟要仰给外人，一面固然可见外人在华经济势力何等的伟大，一面可见中国农村的破产到了怎样一个程度！

第三，重要的原料也有赖外人。棉花一九二九年进口值九千一百余万两，占进口总额百分之七·二〇，一九三〇年值一万万三千二百余万，占百分之一〇·一〇，一九三一年值一万万七千九百余万，占百分之一二·四九。燃料内煤及煤油两项在八九千万两之间，其他，如木料有二三千万两，制造火柴原料也有几百余万两。

第四，生产工具的机器，在进口货品中倒不甚重要。一九二九年进口值二千九百余万两，占进口总额百分之二·三六，一九三〇年值四千四百余万两，占总额百分之三·三八，一九三一年值四千三百余万两，占百分之三·〇四。中国实业之不发达，民族资本之被压迫，在此可得一佐证。

总之，我们生活所必需的东西，无论吃的、穿的，都有赖于洋货。这不但利权外溢，并且非常危险，万一世界发生战争，交通阻滞，洋货不能进口，或减少进口，那么我全国人的衣食住，岂不是要发生缺少供给或断绝供给的危险？

至于出口货品，也可以看出一国的经济情形，不可不加以分析。

一九二九年，豆及产品居出口货第一位，值二万万二千九百余万两，丝类值一万万六千五百余万两，蛋及产品值五千一百余万两，皮货、生皮、熟皮值四千五百余万两，茶值四千一百余万两，五金等值三千三百余万两，子仁、子饼值三千三百余万两，煤值三千余万两，棉花值二千九百余万两，粮食值二千六百余万两，桐油值二千三百余万两,发毛、毛羽、绒毛值二千二百余万两,绸缎值二千一百余万两。一九三〇年,豆及产品仍居第一位,丝类次之;蛋及产品仍居第三位,花生及产品,子仁、子饼、皮货、生皮、熟皮又次之。一九三一年,花生及产品跃居第三位。蛋及产品退居第四位,其余亦有些变动。

按上面所列十四种重要出口品中,属于饮食物及原料品者多,属于制造品者很少。

这些事实告诉我们:第一,出口货以原料食物占多数,制造品占少数,与进口货以制造品居多数者,刚成一对照。第二,原料食物的出口有增加的趋势,制造品有减少的趋势。原料是生货,制造品是熟货,"生货价廉,熟货价昂,以廉易昂,外人即借此以饱其私囊,而吾国经济漏卮,遂不堪闻问矣!"(聂云台氏语)

第八章　中西接触后经济上的变化（下）*

帝国主义逼出了中国的产业革命，却同时又给它以残忍的蹂躏，使它不能健全发展。于是中国经济的遭遇，更加惨痛，至今还没有出路。我们且看这种经济变化所发生的几种比较重要的影响。

（一）都市的发达

一座古老的城墙，带着淤塞的城壕，紧紧的围着丛密的矮屋，中间开着若干纵横而又窄小的街道。在北方，下起雨来街道泥泞，房屋霉湿，天晴起来，又是刮风刮土，灰尘飞扬。在南方，街道高低不平还是小事，阴湿垃圾，那才使人讨厌。街道的两旁，排立着各样各色的商店，由油盐杂货、绸缎布匹，以至于中伙安宿。有些商店不仅是发卖货品而已，而且是手工业品制造的所在，一面做，一面卖，一面还住家，这是很普通的现象。若是你在城中看见几所大房子，戒备森严，门口挂着什么"官署重地"，"闲人免入"，或对面墙上贴着许多布告，这大概就是行政官署所在。虽然省府县的都市大小不同，但这的确是城市的典型，现在还大体存在着，除了衙门的前面，虎头牌换了蓝底白字的标语以外。

在农业社会里面，这样的城好像是沙漠中的绿洲。它是商业的中心点，是手工业的中心点，同时也是政治的中心点。它没有现代都市的繁华、热闹、伟大，比较起来，一切都是小规模、简陋、寂寞。若没有外力的侵入，谁也不觉得要有什么变动。

但是中西接触之后，对外失败一次，便订一次条约，开一次商埠。商埠开放了，列强便有了经济侵略的根据，一面尽量把自己的工业品向中国输送进来，一面把中国的农业品尽量的吸收出去。这一来一往的贸易，由沿海或陆路边界向内地推移，一步一步的在那里建筑新都市的基础。对外贸易愈增加，这些商埠愈

---

* 本章原题《中西接触后的经济变化——不流血的革命》，刊《人文月刊》1932年第6—8期。

发展;反之,向来的旧都市,若是得不到对外贸易的惠顾,便要没落下去。例如上海,九十年前不是渔夫聚集之所吗?现在洋场十里,看不尽的豪华,俨然是中国第一个大都市,握着全国经济的动脉。又如湖南南部的郴州,历来是广东的手工业品与湖南的农产品互相交换的一个重要地方,所以在海禁未开以前异常繁盛。但自海禁打开以后,对外贸易一天一天的发达,洋货的进口一天一天的加多,每年由上海进口的洋货,大批的运到汉口,由汉口运到长沙,再由长沙分销到各县。中产以上人家,看见洋货可喜,于是手工业品逐渐减少销路,而以贩卖广东手工业品的郴州,便跟着零落下去,到如今,真有不堪回首之感!

我们原来的手工业,产额很小,范围有限,生意不大,所以都市就不十分发达。自从洋货输入以后,商品交换的程度加速,买卖的范围扩大,中国的都市乃循着两极端变化:旧的固然日就没落,新的更日趋繁荣。

但是新都市繁荣的原因,尚不止此,新工业的发展也极有关系的。不管它是中国资本办的也好,或外国资本办的也好,新工业总是促进都市发展的一个重要元素。第一,工厂制度的大批生产,需要许多工人聚集一处作工。手工业与农村崩溃之下的失业民众,只有成千成万的赶来都市找工作机会。第二,工厂大批的生产,自然要批发出去,于是工业所在的地方,同时大概也就是商业发达的地方。第三,工商业繁荣了,人口集中了,生活也就随之丰富了,机会也随之增加了。乡村没有都市那么多娱乐机会,无论是新戏、旧戏、电影、跳舞、音乐,都可在大都市里面看到、听到。乡村没有都市那么好的教育机会,各种学校或研究,只能在都市里面找着。生活的舒服与兴趣的多方面,无一不是都市引诱人们的地方。况且人又是好群的动物,要看热闹,自然不甘乡村的寂寞。往都市,运气好,穷汉忽然之间可以变做富翁。在乡村,穷想变富很难,富变为穷也不容易。因此,年富力强、勇于进取的人,一遇机会,便要离开生活单调的乡村,来到豪华活动的都市,好像飞蛾见着灯火一般,成千成万的奔赴着。

除此以外,交通也是与都市发展有密切的关系。诚然,都市所在地的选择,原来就离不开天然所赋予的交通便利的条件。如上海不在黄浦江畔、扬子江口,决不能成其为上海。如天津没有大沽河与海口的便利,也决不能成其为天津。其他如广州、汉口等埠,也莫不有好的天然地势。既有都市的资格,工商业又发展到相当程度,其势于是不能不有火车、轮船、马路等等的交通工具,以为输出输入之用。因此,凡是都市所在的地方,交通也必然比较便利,同时交通便利之后,人口比较容易集中,工商业比较容易活动,该地也必然愈趋发达。

现代都市发达的结果,已经把以前的自供自给的乡村经济打破了。大都市,尤其是上海,居于提纲挈领的地位；由大都市,而小都市,而城镇,而乡村,全国的经济现在一个系统内逐渐的连系起来了。各个地方决不能像以前那样可以在锁闭的状态中过活,犹之全国对外现在不能维持锁国经济一样。上海的金融一有变动,远在西陲的四川,马上就要发生反应。①

(二) 手工业的衰退

产业革命对于工业有两种显著的现象：一是机械工业代替手工工业；一是工厂工作代替家庭工作。机械工业愈发展,手工工业愈崩溃。在中国接触以前,中国的工业大体都在家庭手工业时代；中西接触以后,产业革命发生,家庭手工业便逐渐被外国的与本国的机器制造品所破坏。

譬如纺织,在从前,完全是一种家庭手工业,每家人家,男人在外面做事,女人便在家纺纱织布,出品虽然很少,全家差可自给。自门户打开,洋货输入之后,原来的家庭手工纺织业便受三方面的夹攻。

第一,是棉布棉纱的进口,逐年增加,在进口货中,占极重要的位置。一九二五年,棉布棉纱进口共值一万万千余万两,一九二六年,共值一万万九十余万两。国人用了这么多洋货,反面就是不用了这么多国货。所以这大批的进口货的生意,乃是从家庭手工纺织业夺来的。

第二,自从李鸿章、张之洞提倡仿效西法使用机械以后,新式的纺织工厂逐渐开设,至今日,已成为国内产业中最发展的工业。据最近调查,一九二八年,华商纱厂有七十,纱锭有二、一四五、三〇〇,布机有一五、六四二。由此,可见中国纱厂的发达；也由此,也可见中国家庭手工纺织业的崩溃。

第三,不但外国的机制品与本国的机制品压迫家庭手工纺织业,还有外人在中国办的工厂,也有同样的影响。自一八九五年中日之战结了《马关条约》以后,日商得自由设厂于上海,其他各国也援例要求。据一九二七年华商纱厂联合会调查,日本纱厂有四二,占国内纱厂总数百分之三五·三；纱锭有一、二九二、〇〇〇,占纱锭总数百分之三四·八；布机有九、六二五,占布机总数百份之三九·五。英商纱厂有四,占纱厂总数百分之三·三；纱锭有二〇五、〇〇〇,占纱锭总数百分之五·六；布机有二、三四八,占布机数百分之九·六。

---

① 此段文字较最初发表时有所删改。——编者

我们又从棉纱消费的情形,也可看出家庭手工纺织业崩溃的速度。一九一二年,本国纺出棉纱八〇〇、〇〇〇担,输入棉纱二、三〇〇、〇〇〇担,消费总额三、一〇〇、〇〇〇担。一九二一年,本国纺出棉纱四、五〇〇、〇〇〇担,输入一、二〇〇、〇〇〇担,消费总额五、七〇〇、〇〇〇担。这些数目,一面证明机制棉纱的需要逐年增加,一面反证手工纱的用途逐年减少。机制棉纱的需要增加,自然促进新式棉纱业的发达。手工棉纱的用途减少,自然促进旧式手工业的崩溃。

棉纱如此,其他可知。凡是新工业品所到的地方,即是手工业品要退让的地方。帆船遇见轮船,土车遇见火车,油灯遇见电灯,土布遇见洋布,旱烟遇见纸烟,没有不失败的。特别是因为中等以下的人家争用洋货的关系,手工业品更没有出路。中国的商业资本,在中西接触以前,始终在农业品与农业品、农业品与手工品,或手工品与手工品之间流动。它的功用不但不破坏手工业,并且扶助手工业,因为它的繁荣,很有赖于手工业的繁荣。到中西接触以后,中国商业资本便逐渐的抛开手工业的土货,来贩卖外国的机器制造品,代替帝国主义者来破坏中国的手工业,代替外国资本家来压迫中国的手工业者。于是手工业更不能不崩溃。

手工业一崩溃,于是凡从事于手工业的人,不能不渐随之失业。第一,是因为机器渐渐代替手工,可以减少若干倍的劳工。譬如以前在手工业制度之下,某都市以容纳一千人做成衣匠,现在因为利用机器,只可容两百人,那么就有八百人被迫失业。若是中国所消费的制造品,都在中国制造,那么虽然减少了八百人的劳动机会,工厂至少还可吸收两百人的劳工。不幸我们所消费的制造品,大半都是洋货,都是从外国运进来的。其制造,自然在外国。依上面所举的例,连那两百人的劳动机会,大半也要落在外国人手里。外人不但赚了我们的钱,并且夺了我们的劳动机会,给他们本国的工人。因此,我们的失业问题,比他国在产业革命期中的失业问题更加严重。外国进口货愈多,外国工厂生意愈好,结果外国工人劳动机会愈多,工价愈高。在我们方面,影响刚刚相反。外国进口货愈多,我们自己的工业农业愈崩溃,我们的劳动机会愈少,工资也愈低,失业数目也愈大。我们虽然有新兴的工厂,但因为不能与外国工业竞争,及受黑暗政治的影响的缘故,为数极少,势力极微,不能吸收手工业与农村所挤出来的浩大失业民众。此种惨劫,在西洋各国产业革命期中是没有这样惨的。因为他们的产业革命,没有外国货物垄断全国市场,劳动机会不至外溢,失业的人民,虽失之于手工业与农业之中,还有机会求之于工厂之前。

失业的人加多了,就全社会而论,则生之者寡,食之者众,经济日益穷困,生活日益艰难。就失业者而言,则人无恒产,便无恒心,生活所迫,无所不为。有些流为流氓,鱼肉乡民;有些流为土匪,打家劫舍;有些流为兵士,为军阀的刀俎;有些流为乞丐,沿门讨饭;有些流为娼妓,倚门卖笑。有此一大部分失业的游民,野心者可以随时乘机利用。于是中国从此多事,于是内乱轮回不已。每次战争,破坏许多产业,打破许多饭碗,增加许多游民。游民愈多,战争的材料愈多,战争的轮回也愈快。

(三) 农 村 的 崩 溃

我们已屡次的说过,中国本是一个农业国,在中西接触以前,大都取之于土地以自给,中西接触以后,这自给的农业经济就渐被破坏。原因是有经济、政治两方面:

经济方面可以分做几点来说。

(一) 赔款及外债的负担。从一八四〇年鸦片之战到如今,中国对帝国主义国家所认的赔款及向他们所借的外债,合计总在二十二亿以上,都是直接或间接取之于农民或由农民担负的。

(二) 洋货的侵入。农民所消费的东西,除了农产物与一部分的家具之外,其他服用物品有许多便是舶来的东西。我们应该还记得,二十年前在乡下穿洋布、点洋灯、用洋面盆及洋手巾的,只有上等人家;中等人家多是穿土布、点油盏、用木面盆及粗布手巾,顶多也不过用点洋火柴而已。但是近年情形却大不同了。中等人家用这类的洋货,那是很平常的事;就是佃农与雇农也要穿穿洋布衣裳,甚至乞丐身上也带有洋货的成分。洋货普遍,就是土货缩减;土货缩减,便是手工业破产。手工业破产的结果,农民只能拿农产物去换用帝国主义的商品。这类商品又是由洋商买办经手贩卖的,经过无数曲折,才运到穷乡僻壤附近的市场,到那时,价目已经是抬高许多了。农民拿农产物到市场去卖,只得到市价以下的价格,再拿出这样换来的金钱,去购用帝国主义的商品,一出一进,都要受中间人两重的剥削。这样一来,农民终年辛苦所得,除了吃点粗饭以外,其余都要变成金钱,直接或间接的送到帝国主义者的钱袋里。

(三) 农民副业的衰退。本来纺纱、织布、养蚕、采茶等项,都是农民的副业,很可以贴补农家的家用。但自洋货侵入,产业革命发动以后,农村妇女纺纱的工作差不多完全废止了,织布也改用洋纱。并且因为机器布倾销之故,妇女辛苦所织出来的布,不能与之竞争,这项副业也逐渐停止了。只有丝茶两项,还可维持,但是他们的光景也不大如前了。丝茶本为中国出口货的大宗,如茶一项,在光绪末年,出口常在二百万担以上,后来印度茶、锡兰茶、日本茶起而竞争,出口额便逐渐减少,近年以来,甚至有大批印度茶与锡兰茶的输入。其次如丝一项,在五六十年前,殆占全世界丝业之半额,但到后来,东则见夺于日本,西则见夺于意大利,生丝在出口贸易上的位置已远不及以前的重要。副业衰退,也是农村破落的原因。①

(四)农村生活的提高。近数十年来,农产物的价格,虽比前渐次加高,但加高的速度,远不如帝国主义的制造品。这两者的距离,在交通比较便利的大都市附近的农村还小,在穷乡僻壤的农村更大。农民拿低价的农产物换用高价的制造品,结果生活当然愈觉痛苦。

(五)农村金融的困难。农民每年要进贡大宗金钱给外国的及本国的资本家,农村金融当然困难。加以军阀官僚的剥削,土豪地主的榨取,农民哪能不入枯鱼之肆呢?

农村崩溃第二方面的原因在政治的黑暗。统治阶级的剥削,古来也是有的,但决没有像近几十年这样厉害。自从帝国主义侵入,中国屡战屡败之后,我们不得不承认帝国主义者所提出的赔款,不得不向帝国主义者借款。这赔款与借款是统治阶级开销的,却要农民来偿还。到了辛亥革命以后,君主政治虽已经推翻,但民主政治尚未成立,帝国主义者又从中搬弄,于是有军阀的统治与割据。各军阀为巩固及扩充势力起见,更不得不向农民加紧搜括。搜括的办法最要者有下列各种办法:

(一)苛捐杂税。各目繁多,不胜枚举,这些都是直接间接取之于农民的。②

(二)预征钱粮。有些省份,如四川,现已预征至民国六十年。最奇怪的,甲军阀预征钱粮之后,乙军阀如起而代之,他并不承认前任军阀预征的有效,必得从新征收起来,所以农民往往有一年缴纳钱粮两三次之多。

(三)勒种鸦片及抽鸦片税。军阀的势力,有好些是靠鸦片维持的,有些省份竟勒逼农民栽种鸦片。所谓烟苗捐、烟灯捐、吸户捐,种种奇怪的捐税,无不应

---

① 此段文字较最初发表时作了删改。——编者
② 此段文字较最初发表时作了删改。——编者

有尽有。好好的农田,不种五谷种鸦片,以致粮食缺乏,农民饱于鸦片而饿死于粮食,真是天下奇事。

(四)滥发纸币。发行军用票、省库券或银行券,甚至于公债,也是军阀筹款的妙法。这类纸币,没有基金,只是强迫人民使用,否则军法从事。军阀以之散布市面,商民以之流通乡村。

(五)战事的牺牲。军阀混战,连年不息,最受痛苦的,莫过于军阀括了钱之后,不知止足,还要扩张地盘,增加势力,与他军阀冲突,使农民受战事的牺牲。战区以内的农民,田园被践踏,屋宇被焚毁,男人被拉夫,妇女被奸淫,食物牲畜被抢掠,父母不相见,兄弟妻子离散。向日的平畴千里,顿成为吊古战场。每一次战争的损失,直接间接,无虑万万,而大部分都落在农民的肩上。

(六)土匪的掠夺。因为政治腐败,内乱时起,人民不能聊生,于是铤而走险,加入为匪者愈趋愈多。到如今,没有一省无土匪。崇山峻岭,穷乡僻壤,便是土匪最好的藏身所在。农村社会,人口不能集中,土匪一来,不能抵抗,结果只有被其蹂躏。军阀的军队本来就是没有纪律、没有训练的,与土匪并无什么差别。以之剿匪,幸而战胜,不过以暴易暴,设如不胜,徒遭兵祸。农民不死于军阀之手,便死于土匪之手,双方夹攻,痛苦益深。

(七)土豪劣绅的剥削。劣绅有许多是无业的上等流氓,有些本身兼有土豪的资格。他们勾结地方官长,鱼肉乡下老百姓。如政府有什么捐款要农民担负的时候,县官总是要他们去派捐,他们便可从中上下其手,掏入腰包。至于土豪,虽然也受统治阶级的榨取,但是他们的资产比较雄厚,还不至影响于他们的生存,而且他们更可以利用这些原因,来加紧对于农民的剥削,把那些负担转嫁到农民的身上。①

农民在重重剥削之下,每年的亏欠与赔累,乃是必然的结果,而尤以佃农为最苦。我们在乡下常常看见种过二三十亩田的人家,一到秋收之后,谷仓中差不多就不能剩下什么。他们大约从夏历十月的时候起,就要向富户借钱用,借米吃。借钱的月息,照例是百分之二三十,借米的月息还要多一点,有田的多半拿田契作抵押。到了春二三月,又要向富户借吃米、办谷种、办农具,利息比较更重。到了五六月青黄不接的时候,又要向富户借债米吃,这时候的利息,往往是对本对利。这样一来,等到秋收的时候,除了偿清积欠,自然没有饭吃了。自己

---

① 以下较最初发表时删除了一段文字。——编者

有田的自耕农或半自耕农,便不得不把田算给土豪地主。自己没有田的佃户,要想继续做佃户,恐怕只有卖儿女来还账的方法,否则溜之大吉,或做游民乞丐。

最后还有天灾。真是巧得很,"祸不单行",近数十年来,不知甚的,天灾人祸一齐降临。旱灾、水灾、蝗灾等等,相继而至。在太平时候,政府或许想方法去赈济,这年头,兵荒马乱,各人自救之不暇,谁还来援之以手?至于军阀官僚,他们是杀人不眨眼的"好汉",哪里还有什么同情心来顾这些事情。

以上是中国农村经济破产的主因。此外如农村文化的落后,耕种方法的不良,交通的阻碍等等,也是很有关系,但这些情形,不是中西接触以后才发生的,所以不去讨论。

有了这些崩溃的原因,于是有下列崩溃的现象。

第一是土地的兼并。农民因为剥削重重,生活艰难,不能保持自耕自食的地位,不得不把自己的田土卖给他人家。中农降为小农,小农降为佃农。在资本主义比较发达的地方,如江浙两省,因为土地投资的关系,这种趋势更是显著。①

第二是农业人口的减少。农民不能聊生的结果,有一部分跑往都市做工;有一部分将其肉血献于军阀,被募当兵,弃锄荷枪;有一部分流为土匪,打家劫舍;又有一很大部分,因为天灾人祸,不能生活,逐渐死亡。故农村的人口,自然只有一天一天减少。我们虽然没有什么可靠的统计可以证明,但若我们回到内地的家乡问问父老的情形,他们没有不缅怀昔日的繁荣,而叹惜于近来的凋落。更看那田园荒芜,更看那破垣残壁,更看那死的死,走的走,你能否认这种趋势吗?

第三是荒地面积的增加。农业人口减少,壮者散之四方,老弱转乎沟壑,田园自然要荒芜起来。近年因为共产与剿共的骚扰,内地更不能安居乐业。江西有些地方,简直是十室九空!②

第四是进口粮食的增加。据海关报告,一九二七年,米谷进口为一〇七三二三二四四两,小麦为七〇五五六六七两,面粉为二一三〇六三三八两。以农立国,竟输入这么多粮食,这非证明农村的崩溃如何?这类粮食的进口现正在速度的增加,这非证明农村还正在速度的崩溃如何?

(四)劳 资 的 离 异

在家庭手工业之下:

---

① 此段文字较最初发表时有所删改。——编者
② 此段文字较最初发表时作了删改。——编者

（一）雇主与雇工的关系是很密切的。雇主对于雇工，有如父兄对于子弟。资本很少，规模很小，工人不多，老板也常在一块工作，所以彼此之间没有什么隔膜，也没有什么显著的阶级区别。

（二）从前生活程度不高，工人的欲望容易满足，所以工资很低也不发生什么问题。

（三）手工业不用机器，没有什么危险，所以工人的生命颇为安全。

（四）至于勤俭能干的工人，如工作年数较久，稍有积蓄，便可独立营业，不必终身寄人篱下，作人家的雇工。

自从产业革命发生，工厂制度介绍进来之后，新式工人的情形便大不同了。

（一）雇主只供给资本，自己并不作工，雇工只出卖劳力，与雇主完全隔绝。而周旋于中间的，只有所谓工头者，于是劳资两方，渐相离异，而至于互相对峙。工人要加工资，厂主要减工资；工人要减少工作时间，厂主要增加工作时间；工人要改良待遇，厂主不愿改良待遇。两方利益，处处相反，冲突纠纷，时常发生，手工业下雇主与雇工间的谐和关系便完全没有了。

（二）现在生活程度比从前高了几倍，新式工人的工资虽较手工业时代为多，然生活仍不能维持，至于欲望之难满足，更不必说了。

（三）工人在厂内工作，天天与无情的机器相接触，生命没有以前安全。

（四）新式工业非大资本不办，所有资本都集中在少数资本家之手，一般工人无论如何勤俭能干，很少有出头希望，只有终日做人家的牛马。于是雇主与雇工间的隔绝，一天一天的悬殊，而阶级的观念，也愈演而愈烈。

因为中国境内有外国资本家与中国资本家，所以中国的工人所受的待遇，也格外惨痛。那班外国资本家，利用中国的便宜劳工，根据不平等条约所取得的权利，纷纷到中国来开办工厂，雇用中国工人，替他们创造剩余价值。他们对这班工人的待遇，完全使用宰割殖民地的法律与举动。其次，中国的工业资本家，因为刚刚出世，就碰到了外国资本家的竞争，不但得不着本国政府的援助，反要受苛捐杂税内战种种的打击。他们失之于此，便不能不加紧工人的剥削，以图得一点余利。因此在本国资本家之下作工的工人，劳动条件甚至反有不及在外国资本家之下作工的工人。

中国工人一面迫于生活的困难，不得不要求经济地位的改善；一面受了外国资本家的压迫，不能不从事反抗帝国主义的运动；再一面鉴于本国政治的腐败，及自身所受此种腐败政治的痛苦，不能不设法解除。因此，中国劳工运动的性质不但是经济的,并且是政治的。

中国的产业劳动者,自从满清末年,就已经随着产业革命而发生了。及到欧战发生,国内的新式产业特别发达,而此等产业劳动者也跟着增加起来。①

聚集这么许多人于工厂之中,同一样的环境,同一样的利害,自然容易组织起来。加以五四运动之后,内得思想的解放,外有共产主义的输入,于是工会的组织,有如雨后春笋。②

民国十五年国民党北伐,因为联俄容共两大政策的结果,凡国民党势力所到的地方,也是共产党势力所到的地方。那时候,全国各工会,差不多完全在赤色国际指导之下进行,声势浩大。民国十六年,国共分家之后凡带有赤色性质的工会,相继改组或取消,于是劳工运动不但改变了方向,并且暂且受了一下打击。③

---

① 以下较最初发表时删除了一张表格。——编者
② 以下较最初发表时删除了一段内容。——编者
③ 以下较最初发表时删除了四张表格。——编者

第九章　中西接触后社会上的变化[*]

（一）大家庭的崩溃

"国之本在家"，所以大家庭制度，无疑的是我们中国社会的柱石。大家庭制度一有变化，其他有关联的思想或制度，也不能不随之转变。

自中西接触以后，国际帝国主义逐渐的压倒了家庭手工业制度，冲破了农村自给经济，于是向来在家种田做工的人，因为受了经济的逼迫，不能不分途谋生。老大在家继承父业，老二或跑往甲城工厂做工，老三或在乙城里面一家公司内做一个职员。老大的家眷，因为种田的关系不消说，还须在祖宗三代的故乡居住。老二的事情，如果稳当，便须把家眷带出来。三嫂子的丈夫既然是公司的职员，自然可以跟着老三在城内成家立业。于是，数世同居的大家庭制度，便如此这般的逐渐起了分化作用。如果这家人家的老太爷或老太太还存在，那么他或她只见子女的外出，不见子女的归来。"倚门而望"，这时代的老人家们，不免怦怦心痛罢！

不但经济制度起了变化，旧思想也早已保不住了。维持大家庭制度的孔家学说、婚姻制度、贞操观念、丧葬礼节，受了西方文明的影响，失却了向来的权威。青年学生在都市的学校里面，受了新思潮的播动，首先树起家庭革命的旗子。父母之命、媒妁之言，替他订了婚约，他认为是旧式的婚姻，不能承认。他在外面看见许多年轻美貌的女学生，比较家乡的黄脸姑娘，多么迷人，自然是拥护自由恋爱的思想，与心爱的人儿实行恋爱。恋爱成熟的结果，进一步用新式结婚的仪节，成立小家庭，那是很自然的。新夫人不一定是同乡，而思想习惯又不免"摩登"，当然不能与家乡的父母兄嫂同居。如是大家庭制度只好一天一天的瓦解。

这种趋势特别在大都市，如上海、天津、北平、广州等处，最为明显。因为大都市是国际资本主义的主要根据地，工商业的中心点，交通便利，与西方文化最

---

[*] 本章原刊《东方杂志》第31卷第2号，1934年1月16日。

容易接触。因此，大都市里面，大家庭天天少，小家庭天天多。你不信，你看上海弄堂房子的建筑，便知小家庭制度的盛行了。

乡村里面，因为交通不便，难受外面的影响，同时因为耕地的关系，不能随便搬移，大家庭制度崩溃的速度，比较慢些。但是内乱频仍，军阀剥削，官吏贪污，天灾流行，农民无以聊生，只有散之四方。散之四方的结果，也只有促成大家庭制度的分化。

这种趋势已经是无可挽回的了，用不着我们去赞成，反对也是无益的，且让我们看这种变化的结果如何。

显而易见的，在政治方面，中国以前的政府，基础在于大家庭。社会之所以能够相安无事，共同生活，全靠这种家政府的维系，所谓"家齐而后国治"者在此。现在家庭的范围缩小了，家长无法约束他的子弟了，而同时现代国家的组织与政府的运用，又是外来的产物，不能一蹴而就。在此青黄不接时代，于是社会只有愈加纷乱了。

在道德方面，我们以前的标准，都是以大家庭为主要根据。现在大家庭制度既然站不住了，那么有关联的伦理道德，当然也要逐渐失掉作用。什么"三纲"，什么"五常"，在从前是天经地义，在现在是迂腐之谈。不但青年学生不受其约束，就是稍为受过新式教育的人们，也不能接受了。同时，西方社会的道德标准，如为公、爱国、互助、合作等等，又不能马上养成。旧的不要，新的未成，结果也只有增加社会的纷乱。

（二）阶级的变化①

我们以前的社会，分做士农工商。而其实，士是统治阶级——不事生产的阶级，农工商是被统治阶级——生产阶级。"万般皆下品，惟有读书高"，也就是因为士是统治阶级的缘故。

不过从中西接触以后，情形便慢慢的不同了。不但阶级的地位有转移，并且有新的阶级发生了。第一是在华的外国资本家。外国的经济侵略，不限于间接的方法而已，并且打进门来直接投资。有些经营大商业，在中国设立商店，将本国的剩余商品大批运来中国推销。有些经营大工业，挟其剩余的资本，利用中国

---

① 本节原题《今日中国的社会阶级层》，刊《自由言论》第 1 卷第 23 期，1934 年 1 月 1 日。文字较最初发表时略有不同。——编者

的劳工与原料,靠着不平等条约的保护,在中国设立工厂。有些拿大大小小的轮船,在中国内河沿海横行直撞,把中国的航业大部分抢了过去。有些在中国开办银行,操纵中国的金融。甚至于有些在中国办报、办航空事业等等。这些外国人在中国都是发大财的。你看上海、天津各大商埠,大多数坐汽车的是谁,穿华贵洋装的是谁,住好洋房的是谁,便可明白了。这些外国资本家,挟其雄厚的资本,本国政府的势力,在中国形成了一个太上统治阶级。中国的军阀官僚政客见到他们,也只有作揖打拱。

跟着洋大人而起的一个新兴阶段,便是买办阶级。因为洋大人(外国资本家)在中国有许多不便:第一是言语不通,第二是习惯不同,第三是对中国情形不熟悉,所以要榨取中国人,还非要中国人做中间人不可。这班人站在洋商与华商中间,以洋商的名义与华商交易而取得佣金。他们的利害是与洋商一致的,洋商赚钱愈多,他们的利益愈大。中西接触之后,外国资本家在中国的势力一天一天大,买办阶级的势力也随之一天一天大。他们现在是大都市里面华人中最阔的一个阶级。他们虽然仰洋大人的鼻息,以洋大人的利害为利害,但中国的工商界,甚而至于军阀政客,还要仰他们的鼻息呢。

在从前手工业时代,我们没有什么大资本家,就是有,势力也不大。自与外国通商之后,对外贸易一天一天的增加,外国制造品的输入与原料品的输出,一来一往,川流不息,于是促成了商业资本家的出现。他们贩卖洋货,不遗余力。大都市里面,各大公司商店,哪里看不见洋货?资本的雄厚,规模的宏大,自然非手工业时代的商人所可比拟。若你到上海的永安、先施两百货公司参观,便可见一斑了。不但商业上有这种重大变化,工业也复如此。帝国主义推动了中国工业革命的结果,新式工业渐渐发展,新式工厂年年增加,于是工业资本家也跟着多了起来,在纺织业,特别显著。这些工商资本家,都是中西接触以后的新兴阶级。在我们以前的社会,他们的地位是卑下的,在现在,他们却一天一天重要。可惜他们受外国资本家的压迫,不能自由发展,否则更有可观了。至于以资本投入银行或经营银行业的可称为财政资本家,他们一面勾结政府,一面剥削平民,其势力在近年以来有长足的进步,到现在可以支配工商业了。

这些资本家究竟是从哪里来的呢?大体说来(自然也有例外),不外是军阀、官僚、富商、地主四个成分。军阀官僚所搜刮的,与富商地主所榨取的汇成了资本,他们自己于是也做了某银行或某公司的董事长或董事——资本家。这些资本家与洋大人、买办及当权的军阀官僚统合,形成了今日中国社会的统治阶级。

谈到"士"的阶级,最可怜。以前"士"是统治阶级,为各阶级之首。自中西接触后,他们的地位渐渐丧失了。一方面,因为政治上的变化,形成了军阀政治,武人挤掉了文人的领导地位。另一方面,新式的资本家及买办阶级因为有钱的关系,在社会上很占势力。讲权势,既比不上军人;讲财力,又比不上资本家与买办,于是智识阶级(士)只有一部分依附军阀谋生,做官僚,做政客;一部分依附外国资本家谋生,做买办,做职员;还有一部分在各大中学混饭吃,过其"饿不死,吃不饱"的生活。其中有专门智识的,如律师,如会计师,如医生,在都市中,因为社会关系复杂、人事接触密切的结果,形成了所谓自由职业,既不属于资本阶级,也不属于劳动阶级。

工业革命的结果,不但产生了资本阶级,并且同时产生了劳工阶级。劳工的人数,随着新工业的发展而增加,新开一工厂,便新吸收一批工人。其中人数比较最多的工业部门,恐怕要算纱厂、铁路、航业、矿山等项。这些工人的地位,与以前手工业时代的工人不同。

(一)以前的工人与雇主接近,并且雇主也常在一块工作,阶级的界限不严,彼此常能保持亲密的关系。现在的工人,与资本家差不多见不到面,利害又是相反,阶级的对峙自然日益尖锐,更谈不到什么感情了。

(二)以前的工人,因为生活程度不高,欲望容易满足。现在,不但生活程度增加了几倍,欲望也因城市生活的复杂而难于满足。

(三)以前的工人,因为是手工业,用不着机器,没有什么危险。现在的工人,天天同机器在一块,稍不留心,你的手或足便会被切掉。至于工作的环境难合卫生,更不必说了。

(四)以前的工人,如果勤俭聪明,稍为有点积蓄,便可独自营业,不必终身做他人的雇工。现在的工人,在新式工业之下,因为工厂制度与机器制造需要巨大的资本,绝对没有希望升做雇主。这班工人天天被外国的或本国的资本家所榨取,除了出卖血汗、维持粗衣粗食的生计外,还能有什么打算?

然而工人还没有农民那样苦。农民的压迫是多层的:上面有土豪、劣绅、奸商,又上面有贪官污吏,再上面有军阀政客,更上面有帝国主义者。在都市,文化比较高点,消息比较灵通,团结比较容易,所以极恶毒的压迫还有反抗的余地,并且保护比较周密,生命比较安全。至于在内地,农民真是孤苦无告,只有任一切压迫阶级的宰割,到了内战更是被牺牲的羔羊。因此农村的荒凉,成了全国普遍的现象。

农村崩溃所驱出来的失业分子，城市的工厂不能完全容纳，为衣食所迫，于是有许多变做匪，有许多变做兵，还有许多变做娼妓、乞丐等等。

（三）教育制度的改革

西洋文化早已随着商人、教士及国旗而来。耶稣教徒明末先后来中国的不少，最著名的有意大利的利玛窦（Matteo Ricci），西班牙的庞迪我（Diego de Pantoja），日尔曼的汤若望（Joannes Adam Schall von Bell）等。他们输入的历算智识，种下了不少新教育的种子。我国学者如徐文定、李光庵等都受了他们很大的影响。特别自一八四二年《南京条约》以后，教士东来传教的更多。他们传教的手段，便是办教会学校。教会学校的功罪，我们姑置不论，然对于我们的教育，有不小的影响，那是无疑义的了。

后来因为屡次战败，交涉很多，利权外溢，为富国强兵着想，于是有同文馆、机器学堂、水师学堂、电报学堂、矿业工程学堂、军医学堂等等的设立，以造就各种专门实用人才。这些学堂，对于教育的改革当然也有密切关系。

到了中日战后，清廷大受刺激，变法维新运动因之而起。兴学校，废八股，遣学生出洋留学，变更科举制度，翻译外国书籍，广设报馆，都是所谓新政。但不久守旧派得势，一切改革都被推翻。等到酿成义和团之变与八国联军之役，慈禧太后痛定思痛，才知中国不能不效法西洋，毅然复下兴学之诏：

"上谕：人才为庶政之本，作育人才端在修明学术。……近日士子或空疏无用，或浮薄寡实。今欲痛除此弊，自非敬教劝学，无由感发兴起。除京师已设大学堂，应行切实整顿外，着将各省所有书院，于省城，均改设大学堂；各府厅直隶州，均改设中学堂；各州县均改设小学堂。并多设蒙养学堂。其教法当以"四书"、"五经"纲常大义为主；以历代史鉴及中外政治艺学为辅。务使心术端正，文行交修，博通时务，讲求实用。庶几植基立本，成德达材，方副朕图治作人之至意。……"

这是新式教育第一次的正式宣言。

日俄之战，日本胜利，归功于学校教育，我国当然更受感动，于是完全把科举制度废除，而留学之风大开，往东洋求学者多至两万人左右。新式教育，更根深蒂固矣。

此后数十年间的新式教育，其间虽有许多变化，要而言之，不外：

（一）学校制度代替了私塾教育；

(二) 由私立学校制趋向国立学校制；

(三) 自然科学与社会科学排斥了"四书"、"五经"；

(四) 由男女分校到男女同学。还有一点，就是在清末，所谓新教育的基本思想，是儒家传统的君主政治思想，而以西洋的实利主义为辅。到民国，基本思想是民主主义，同时也以实利主义为辅。迨至国民党专政，实行所谓党化教育，思想定于一尊，像以前尊孔一样，又必以三民主义为出发点，于是又是一个局面了。

我们的教育制度虽然与从前大不相同，但是并没有发生很大的良好影响。一部分的原因，自然要归咎于办学的人，但是大部分的原因，还是因为政治环境的黑暗。第一是军阀穷兵黩武，扩张地盘，把一切的收入，几乎完全用到培植自己的军力上去，不愿拿点出来做教育经费，以致教员不安心于教，学生不安心于学，维持原状还不可能，哪里能够谈到进步。第二是政治上的黑暗势力时常干涉教育：或是任用不学无术的私人做校长或教员；或是压迫学术的自由，不让教学的人自由研究；或是利用教员学生植党营私。于是学校里的卑污，不下于政治界的垃圾。这样的地方制造出来的学生，还有什么大的希望？

不仅如此，旧教育的遗毒还没有消灭。我们从前的教育，目的完全为做官的。子弟读书的志愿在此，父兄乡长的希望在此，政府科举取士的办法也在此。凡是读书的都是预备做官的；做不了官的，才去教书。所以从前读书人的出路只有两条，第一是考中科举之后做官；第二是考不中，或是考中了而没有做官，便去教书。没有第三条路可走。若要读书人去种田、经商或做工，他认为这是下贱的事业，等于女人失节，宁愿饿死，不愿干。

现在学校出来的学生，对于这种读书为做官的心理，还没有打破，尤以在内地为甚。由小学以至于大学，都是如此。他们以为小学毕业，便是以前的秀才；中学毕业，便是以前的举人；大学毕业，便是以前的进士；若是外国留过学，便是以前的进士翰林之类；得了博士，便自以为是洋状元了。社会之所公认，乡长之所期望，父兄之所指靠，自己之所志愿，都是做官。所以许多留学生回国，好像华侨在美国一样，只有两条出路，不是洗衣，便是开饭店。留学生回来，不是做官，便是当教员。做官是本来的目的，若是没有亲戚朋友的援引而做官不成，那么只有像以前的读书人去教私塾一样，去大学教书。当教员是不得已的退步办法，犹之以前的读书人把当私塾老师为退步的办法一样。若是官运亨通，于是马上脱离教书生活去做官发财，以实现原来的志愿。学校不过是一个旅馆，官场才是归宿之处!

我并不是绝对反对做官,其实为国家服务去做官,为做事去做官,为实现主张去做官,我不但不反对,而且绝对赞成。我所反对的,是普通一般为做官而做官的心理。

我并不是看轻教书事业,其实教书在目前还是比较清高的事业,神圣的责任。我所反对的,乃是把教书看做求官不到的退步办法。(现在也有一部分人宁愿教书,不愿做官,这是要声明的。)

我并不是把做官心理完全归罪在学生身上,其实青年总是心地最纯洁的。这是一方面由于过去社会的遗传,一方面由于现在社会的无出路。

(四) 留学运动与学生运动

在闭关时代,谁也想不到以我们这样一个文明古国,要去学东西洋那班后生小子的文物制度。但是优胜劣败,天演公例,自己不行,只有跟着别人家去跑。

中国第一个留学生是容闳。他于一八四七年往美,看见美国社会的进步,故于一八五四年回国之后,便首先提议派遣留美学生。因为曾国藩、丁汝昌的赞助,这个提议居然得到政府的许可,从一八七二年至一八七五年共计派了一百二十人留美。后来政府怕了这班青年完全洋化,便于一八八一年把他们撤回了。留学运动不免受一个很大的打击。

中日之战,日本战胜,日俄之战,日本又战胜。同时中国刚败于日本,又败于八国联军,自然不能不佩服西洋文明——至少西洋的物质文明。日本既然变法维新学西洋自强了,我们又难道不能以日本做个榜样?于是留学运动盛极一时,尤以留日学生为最多。其原因大概如下:

(一) 日本连战皆胜,是变法自强的好榜样;

(二) 日本距离不远,容易来往;

(三) 日本生活程度很低,留学比较容易;

(四) 日本的语言文字风俗习惯与我们比较接近,容易学习。

这么许多留学生聚集在日本,一面受了外国文明的刺激,一面脱离了家庭的牵缠,同时是血气方刚的青年,看见满清的腐败,哪有不气愤填胸的道理。所以当时民主革命与君主立宪两派都是以留日学生为基本材料。

后来(尤其是民国成立以后):

(一) 因为留日学生在社会上没有显著的成绩,西洋留学生的价值渐为社会所尊重；

（二）因为日本侵略中国太利害，一班青年因为厌恶日本，而不愿去留学；

（三）因为一班青年不满意间接从日本手里去研究西洋文明，想直接去学习；

（四）因为国内学校对于英语一科极为注重，留学英美在语言文字上有相当准备；

（五）因为美国退回庚子赔款一部分，创立清华学校，预备留美，每年都有一批送去。于是留学之风，转而趋向欧美。

这班青年受了西洋文明的洗礼，对于中国社会政治自然不满，回来以后又大半散布在各大学校里面教书。刚好采行新式教育的结果，聚了数十百千的学生在一块，在思想方面容易互相交换暗示，在行为方面容易组织起来，集中力量。于是学校有如火药库，学生有如火药，外国回来教书的留学生有如引子，只要星星之火，一经燃着，便可燎原。

辛亥革命主持其事者是留学生，附和赞助最烈者是国内学生。他们希望满清推翻，民国成立，中国马上可以富强起来。谁知国事愈闹愈糟，先则有袁世凯的称帝，继则有张勋的复辟，再则有军阀的混战，南与南争，北与北斗，纷纷扰扰，每况愈下，加上欧洲大战的刺激，日本《二十一条》的压迫，一般青年实在是烦闷已极，不免跃跃欲试。

刚好陈独秀、胡适之等起来提倡新文化运动，一面破坏旧的思想与制度，一面主张白话文学。青年的思想得到这种空前的解放，行动只待时机的来到。

学生运动爆发的先声，是纪念欧战停止的那一天。在一九一八年十一月的深秋天气，有两万多的男女学生集合在北平的天安门前开会纪念并大举游行，这是学生空前的运动，也是群众运动的萌芽。

我们热烈的纪念欧战停止，原以为公理战胜了强权，世界永久的和平能建立在人道与正义的基础上面；一切被压迫的民族或国家能根据威尔逊总统的宣言，解除帝国主义的束缚；而我国所受不平等条约的压迫，也得推翻。不料巴黎和会不顾公理，竟于四月三十日以德国前在山东的权利，转给了日本。消息传来，全国震动，埋伏已久的学生运动遂于五月四日爆发。北平学生在该日游行示威表示反对之后，并捣毁了曹汝霖的住宅，殴伤了驻日公使章宗祥。军警赶到拘捕了三十名左右的学生，政府想加以惩罚，各校学生便罢课表示反抗，各地团体也通电援助。政府看见舆论愤激，恐起大变，便将已捕的学生释放，同时明令奖慰曹、章、陆三人,敷衍面子,并暗中逼教育总长及北京大学校长辞职,以为釜底抽薪之计。讵料学生听见之下,更加愤慨,因为第一政府没有答应拒绝签约,第二对于卖国贼反而明令嘉奖,第三逼迫教育总长及北大校长辞职,第四不设法营救留日被捕学生,认为非罢课表示反对不可。于是北平各校相继取一致行动,并组织学生会以资团结。各地闻风而起,空气布满全国。学生罢课之后,或游街演讲,或散发传单,以与政府相抗。到六月三日,北京政府复行高压手段,拘捕演讲学生。谁知愈来愈多,拘不胜拘。加之外地风起援助,商界罢市抗议,结果政府不能不表示退让:一面释放被捕学生,一面罢免曹、章、陆三人,《凡尔赛和平条约》也没有签字。初期的学生运动便大告成功。

　　初期的学生运动,因为动机纯粹,目的简单,完全为爱国心所驱使,不但社会上表示同情,在步伐上也是一致。成功之后,发生了下列三种影响:

　　(一)在学生本身方面,认识了自己势力的伟大,以为政府都可慑服,何况其他,于是逐渐离开学生的本分,而积极从事于各种运动。自此以后,凡有外交问题发生,学生无不干预,即关于学校行政,也要求参加。以致风潮时起,权威扫地,一直至国民党专政为止。

　　(二)社会上看见学生的势力伟大,于是群起利用。小的利用去争校长教员的地位,大的利用学生去争取政权。国民党、共产党在"五四"以后,对于此事更特别注意,在各校里面且有党团之设立。自是以后,学生运动目标趋于纷歧,行动也不能一致。

　　(三)我们以前的政治活动,只是少数士大夫阶级玩的把戏,就是戊戌政变及辛亥革命,也没有大批"阿斗"的参加。五四运动表现了人民对于权威不客气的反抗。学生小子,乳臭未干,竟敢烧部长的房子,在部长头上动土。商人罢市,工人罢工,闹得全国天翻地覆,政府终于罢免曹、章、陆,这不能不说是一大变局。这种变局,指示了民众组织的可能,表现了民众参政的能力。后来国民党、共产党之所以能够组成大党,做各种民众运动,汇成一九二六年起的国民革命大潮流,把北洋军阀打得跑的跑,降的降,我们又不能不说是五四运动的影响。

(五)白话文学运动[①]

　　我们早先说过,中国文学的艰难,作文没有一定的文法,发音没有拼音的制

[①] 本节标题原为《新文化运动与白话文学》。文字较最初发表时有所删改。——编者

度，识字又没有字母，而且言文分开，非普通人所能了解。所以我们以前的教育，只有少数人能够享受。读书的人，一生精力都葬送在磨练几句文章上面。至于真实的智识，则不遑研究。

学过洋文的人，不管是英文、法文、德文或意大利文，一定觉得洋文比中文便利。第一个分别便是洋文言文相符，第二个分别便是洋文有拼音制度，第三个分别是洋文有字母，第四个分别便是洋文的内容充满人生的意义，不像中文的内容限于传统思想。

我们若不想抛弃我们的国文，我们没有方法采用字母制度。至于拼音，以前曾有人提倡注音字母，不过没有很大的成功。我们若是要改良中国文学，只有两方面可以下手：一是言文合一，一是充实内容。

胡适之、陈独秀都是留学生，对于西洋文学都有相当的认识，自然不满意中国文学。所以陈独秀办《新青年》的时候，便觉得中国文学有改革的必要。但是因为他比较对于西洋文学没有胡适之认识的清切，所以只知道打先锋，大声疾呼文学改革的需要。至于具体办法，他便没有多少研究。胡适之中英文学都有根底，而对于这个问题研究有素。所以文学革命的政策，只有他能够集其大成。

文学革命的内容，如我们所说，只有从两方面下手。从言文合一方面，他们主张抛弃文言，改用白话。从内容方面，他们主张：（一）不用典；（二）不用陈套语；（三）不讲对仗；（四）不用俗字俗语；（五）须讲文法（以上为形式的方面）；（六）不作无病之呻吟；（七）不模仿古人；（八）须言之有物（以上为内容的方面）。

在大家都感觉到中国文字艰难的时候，忽然有人出来提倡文学革命，自然是极受欢迎。并且那时正是新文化运动开始的时候，一般人的思想，都想解放，尽量发泄出来，若是中国文学不改革，不但有许多人不能应用文言去发表他们的意思，就是发表以后也很少人可以看懂。因此种种，白话运动自然风行。

白话运动的风行，还有一个最大原因，便是五四运动。五四运动一方面是受了新文化运动的影响，他方面普遍了白话运动及新文化运动。因为有了五四运动，学生阶级才觉悟过来，而从事各种运动，而得到白话给予以发表意见、宣传主张的利害工具。所以五四以后的出版物有如雨后春笋，不胜其数。这些出版物，都是用白话写的，因为白话比较容易。由是，白话运动随着学生运动与新文化运动进展。

白话运动的影响如何呢？

（一）因为打破了文言的权威，所以随着打破了文言所包含的传统思想制度的权威。我们以前说过，中国的文素来是载"道"用的，而所谓"道"，又不外乎传统思想。像蚌一样，文言好比蚌的壳，传统思想好比蚌的肉，若是你将蚌壳打破，你自然会连带打伤里面的肉。所以白话运动虽与新文化运动纯为二事，但是白话运动在破坏旧文化上面，的确给予新文化运动一个很大的帮助。

（二）因为白话运动给了我们一种比较容易传达思想的工具，所以解放了许多受文言压迫的人们。智识与思想的传播交换更广更快。我们看五四以后所出的杂志，数目惊人，便知白话的功用的浩大了。

（三）白话又给教育一个大的贡献。我们以前的教育因为文言的关系，教授非常繁难。现在有了白话，学生容易进益，读三四年书差不多便可写白话信，这是多么一个利具！因为发现这种利具，所以平民教育运动，得了一个很大刺激，而勇猛向前进展。

（六）社会标准的纷乱

新文化运动只注重消极方面的破坏，没有注重积极方面的建设。从事新文化运动的人，虽然对于旧的东西很勇敢的进攻；对于新文化的本身，却很少具体的贡献。其在思想上的意义，与辛亥革命在政治上的意义倒很相同。辛亥革命运动只知推翻满清，没有充分准备推翻以后的办法，所以满清一倒，民主政治并不能实现，中国的政治更趋于纷乱。新文化运动也是一样，虽摔碎了不少传统的思想与制度，但是对于新文化却缺乏有系统的建设。结果，社会失却旧日所赖以维系的东西，解放了的民族精力，无处归宿，而发生很大的纷乱，不能收拾。

不消说，旧伦理旧道德标准范围我们不住了。忠君则无君可忠，孝父母则于小家庭的实行有碍。讲贞操，则不能自由恋爱。诸如此类，都可以证明旧的标准已经不能维系人心。

在风俗习惯日用起居上，更可看出显明的变化。大菜在通商口埠是流行了，洋装在城市到处可以看见，有钱的人非住洋房不可，有马路当然要有汽车相配。电影、留声机、无线电、跑狗、跑马，都是新的把戏，成了时髦的嗜好。所谓女人的美，如曲线、如烫发、如画眉、如染指、如长统丝袜、如高跟底鞋，都不是原来我们的标准。结婚丧葬，中乐锣鼓之外，加入西乐，也是中西参合的结果。外面穿马褂长袍，里面穿西式衬衣及洋裤皮鞋，也是应有的现象。至于冰结凌、巧格糖、咖啡、红茶、牛乳之属，不与西洋交通，我们也不知享受。火车、轮船、飞机、电话、电报、电灯,以至于抽水马桶,无一不是西洋文明之赐。

于是,我们的嗜好慢慢变了,我们的风俗习惯也慢慢变了,我们的观念与标准又安得而不变?以前我们坐红木椅子,现在我们要坐沙发。以前我们没有什么耶稣圣诞,现在有一部分人每年到十二月二十四日要照例热闹一番。以前谁高兴去看赛球,现在却有成千成万的球迷。以前以多生子女为荣幸,现在的青年却要夫人保持容貌的美为第一义。以前弟子认老师神圣不可侵犯,现在学生对先生普遍不打招呼。

如果完全的洋化,未始没有一定的标准。但是几千年的文化,哪里这么容易完全取消。旧的东西虽然在动摇,在崩溃,却仍然挣扎着。在没有产出一种新文化以前,只有成功现在这种不中不西、又中又西、中西混杂的现象。穿西装的先生,可以扶乩,摩登的太太可以在观音娘娘面前跪拜求子,连号称革命之前辈,可以发起时轮金刚法会。那么研究无线电的人信鬼,也是势所必然的了。

这样的一个社会,安得而不矛盾?安得而不纷乱?

第十章　中西接触后思想上的变化*

在中西没有接触以前，中国人的思想总不外受孔、老、佛三教的支配，尤以正统派的孔教为甚。中西接触以后，受了西方文明的影响，于是发生剧烈的变化。这种变化，经过下列几个时期：第一是轻视西方文明的时期，第二是中学为体、西学为用的时期，第三是维新革命的时期，第四是新文化运动的时期，第五是讲主义的时期，第六是变化莫测的时期。

（一）轻视西洋文明

当西洋人初来中国的时候，我们以为又是什么蛮夷民族来向我们归顺称藩。他们派代表来要求通商，我们便认为他们不能制造好的东西，要向我们购买。他们的使臣带些东西来做进见礼物，我们便要他们插上"朝贡"的旗子。如果他们的使臣要觐见我们的皇帝，还非叩头不可。最能代表我们当初轻视西洋国家的态度的，要算一七九三年乾隆皇帝交英使马加特尼带回去给英王的那一个敕谕。

那个敕谕说得好：你佩服我们天国的文明，想要来学一点，但是我们的文物制度，与你们相差太多，即使你派来的人能够学会，也不能移植到你英国去。……你的使臣也知道我们什么都有，无论你英国制的东西如何新奇巧妙，我们并不需要。因此，我对于你要求派遣使臣驻京一事，认为有违我们的常法，并且于你国也无益处。我已经向你派来的使臣详细说明，叫他好好回国。你英王须尊重我的意思，并且永久对我要忠诚，那么可享太平之福。

这是多么神气！天朝的皇帝！中国的声威！

第二个回文更利害，乾隆皇帝对乔治第三的苦求通商，简直像大人教训小孩子一般。原文这样说道：

---

* 本章原题《思想的转变——中西接触以后》，刊《自由言论》第1卷第11期，1933年7月1日。收入此书时第六节有删节。

"……以上所谕各条,原因尔使臣之妄说,尔国王或未深悉天朝礼制,并非有意妄干。朕于入贡诸邦,诚心向化者,无不加之体恤,用示怀柔,如有恳求之事,若于体制无妨,无不由从所请,况尔国王僻处重洋,输诚纳贡,朕之锡予优嘉,倍于他国。今尔使臣所恳各条,不但于天朝之法则攸关,即为尔国王谋,亦俱为无益难行之事。兹再明白晓谕,尔国王当仰体朕心,永远遵奉,共享太平之福。若经此次详谕后,尔国王或误听臣下之言,任从夷商将货船驶至浙江、天津地方,欲求上岸交易,天朝法制森严,各处守土文武,各遵功令,尔船只到彼,未免使尔国夷商往返徒劳,勿谓言之不预也。其懔遵毋违,特此再谕。"

上面那两个敕谕,很可以代表我们当初对于西洋的态度:一是认为自己是世界上最文明的国家;二是看不起西洋各国,以为他们还是蛮夷之属。

(二) 中学为体西学为用

因为我们轻视西洋人,所以对于他们的东来,没有明了其意义的严重,丝毫不知准备,以至一八四〇年鸦片一战,我们败了,才惊奇他们的利害,非普通蛮夷可比。但是冤孽初次见面,我们究竟不明了西洋文化的底细怎样;并且鸦片之战,我们并没有倾全国之力与英国拼命。所以一方面我们虽然减少了轻视西洋的心理,然同时我们还没有失掉自骄自满的信念。

事实是不可避免的,我们中国想要关起门来,也是不可能的。由鸦片之战,经一八五八年至一八六〇年英法两次联军之战、一八八五年中法之战,我们战无不败,败无不丧权辱国,相形之下,于是由惊奇的心理,到认识西洋枪炮兵舰的利害。当时在政治上最有力量、社会上最有声望的人物,像曾国藩、李鸿章、左宗棠等,便努力提倡所谓"洋务"。而"洋务"中最重要的是:

一八六一年　北京设同文馆,附属于总理各国事务衙门,聘西人为教习,教授英、法、德、俄四国语言文字,分天文、化学、算术、格致、医学各科目。

一八六三年　设外国语言文字学馆于上海。

一八六五年　设江南机器制造局于上海。

一八六六年　奏设轮船制造厂于福建。

一八六七年　江南机器制造局内添设翻译馆。

一八七〇年　设机器制造局于天津。

一八七二年　挑选第一批学生,派容闳指导赴美留学;请开煤铁矿,设招商轮船局。

一八七三年　筹建铁甲兵舰；请设洋学局于各省，分格致、化学、电学、炮法、兵法、火轮、机器、舆图、测算诸门；派通晓时务大员主持，并于考试功令，稍加变通，另开洋务进取一格。

一八七六年　派武弁赴德学习水陆军械技术；又派福建船政生出洋留学。

一八八〇年　购置铁甲兵舰，设水师学堂于天津；设南北洋电报局；奏请建设铁路。

一八八一年　设开平矿务商局。

一八八二年　筑旅顺军港船坞；设商办织布局于上海。

一八八五年　设武备学堂于天津。

这些"洋务"，都是曾、左、李三人所创办，尤以李创办的为最多，他如郭嵩焘、曾纪泽、薛福成诸人，也是鼓吹"洋务"有力的分子。他们都认定西洋所长的是物质科学，所以当时翻译的书也是偏重在这方面。这种崇拜西洋物质文明的心理，至中日之战以后，更加利害。

但是这班人受中国传统思想的毒极深，他们脑筋里面充满了古先圣王之道，不能洗脱，因此对于中国文化的本体，毫不怀疑，仍以为最高无上。为调和这种思想上的冲突起见，张之洞于是提出了"中学为体，西学为用"的口号。他于一八九八年在他的《劝学篇》序里面痛切说道：

"图救时者言新学，虑害者守旧学，莫衷于一。旧者因噎而食废，新者多歧而羊亡；旧者不知通，新者不知本。不知通，则无应敌制变之术；不知本，则有菲薄名教之心。夫如是，则旧者愈病新，新者愈厌旧，交相为瘉，而恢诡倾危，乱名改作之流，遂杂出其说，以荡众心。学者摇摇，中无所主，邪说暴行，横流天下。敌既至，无与战；敌未至，无与安。吾恐中国之祸，不在四海之外，而在九州之内矣。"

然则他的办法又是怎样？他在《劝学篇》下设学第三论学堂之五要时，首先便曰："新旧兼学。'四书五经'、中国史学、政书地图为旧学，西政、西艺、西史为新学。旧学为体，新学为用，不使偏废。"

（三）政治改造之路——维新与革命

其实西学之所以能用，自有其根本精神，张之洞只知枝枝节节去学人家的皮毛，而不知物质文明与精神文明是一物的两面，不能分开。没有物质文明，精神文明无所寄托；没有精神文明，物质文明无由产生。自曾国藩至张之洞，都没有了解西洋文明的根本，只看见人家的坚甲利兵，于是以为可以不改变中国文明的基础，而可以把"西学为用"。好像一个腐败官僚，穿上一套洋装，自以为革新了一样的可笑。无怪梁启超批评李鸿章所谓"洋务"道：

"知有兵事而不知有民政，知有外交而不知有内治，知有朝廷而不知有国民，知有洋务而不知有国务……以为吾中国之政教风俗，无一不优于他国，所不及者，惟枪耳、炮耳、船耳、机器耳，吾但学此，而洋务之能事毕矣。"

因此，办洋务及中学为体、西学为用的结果，还免不了中日战争的惨败，败于变法维新的小日本。这是多么大的一个教训！于是先知先觉之士，认识徒学西洋的枪炮兵船，而不改变中国的腐败政治，不足以有为，乃进一步而采用西洋的政治制度与思想，来改造中国的局面。西洋的民主政治潮流，也早已源源随着商人、教士、国旗来了。

虽然同是走上了政治改造之路，但是这其间因为各人的见解不同，于是有君主立宪的康有为、梁启超派，及民主革命的孙中山派。戊戌政变便是君主立宪的运动。一八九八年六月至八月，革新的诏书不下有数十百起，最重要的，如废八股取士之制，改试时务策论，开办京师大学堂及各种学堂，奖励著书制器及捐款兴学，变更兵制，学习洋操，裁汰冗兵，整顿水师，开办银行，设立矿务铁路等局，振兴农工商诸实业，设立农工商局商会，删改各衙门例则，裁汰冗员，诰诫因循，广开言路等等。先后如放联珠炮，把顽固的守旧派吓住了。他们看见新政的设施，不但与他们的传统思想冲突，并且于他们的地位不利，于是有的借端设词，多方阻挠；有的虚与委蛇，表面搪塞；有的冷眼观察，不加批评；更有的阿附慈禧，以"变乱祖制"、"用夷变夏"的罪状来反攻。结果，德宗被幽于瀛台了，六君子被杀了，康梁新党都跑了，慈禧又垂帘听政了，戊戌政变于是昙花一现。

君主立宪派的失败，证明利用虚君的和平方法已经此路不通，只有用武力去推翻满清帝制。民主革命的运动，于是继长增高，到辛亥毕竟把爱新觉罗的统治打倒了。

从事民主革命运动的人，以为民国一成立，什么问题都解决了。谁知"真命天子"推倒之后，政治一天一天纷乱，人民一天一天痛苦，政治改造之路越走入牛角里越走不出来，于是思想上又不能不起一个大的波澜。

（四）新文化运动与思想纷乱

辛亥革命虽然在政治上没有成功，在思想上的确是一个很大的刺激。君主制度在中国有几千年的历史,是我们全个社会组织的象征,一旦我们把这种象征打倒了,所有旧社会的思想与制度,都失却以前那种权威。我们逐渐的减少对于他们的尊严,以前大家认为神圣不可侵犯的,现在多要怀疑起来。这是新文化运动的第一个原因。

民国成立以来,军阀专权,政客捣乱,兼之一九一四年欧战爆发,接着日本向我提出《二十一条》亡国条件,接着又是洪宪运动,接着又是云南起义,接着又是张勋复辟,接着又是解散国会,接着又是西南护法,接着又是南与南战、北与北争,无处不使我们失望,也无处不使我们神经深受刺激。一般人原来希望君主立宪成功,效法英日,使中国能跻于富强之域,但是不幸失败了。一般人又以为只要民主革命成功,一切都可以迎刃而解,然而不幸又失败了。政治的黑暗与人民的痛苦,较之前清,有过无不及。在这种情形之下,人民对于政治改造之路失却了信心,大家对于政治便发生了一种厌恶的观念。一部分智识阶级领袖,受了这种环境的暗示,认为政治改造乃是上层的解决,若是根本问题不能解决,上层运动必无成功,按之戊戌政变与辛亥革命的故事,可以明白。于是他们改变一个方向,从改造社会、革新思想入手。这是新文化运动的第二个原因。

前清派遣的留学生,一来因为人数不多,二来因为受传统思想的毒太深,所以严复诸人的思想,还是守旧,不能打开新的局面。到了前清末年、民国初年的时候,因为政府的提倡与维新的空气,留学之风盛极一时。先是流往日本,因为日本很近,并且有同种同文的关系。后来欧风美雨,愈来愈急,为寻本探源,直接追求西洋文明计,不能不留学西洋。这些西洋留学生,年纪轻轻,受传统思想的毒较浅,对于西洋文化容易接受。他们亲眼看见西洋社会的进步与其文化的高深,回到国内,相形之下,中国文化未免见绌,于是改造之心油然而生。这是新文化运动的第三个原因。

这种新文化运动,到了一九一七年便渐露头角。《新青年》等杂志一出,便风行一时。一般社会的心理,因为上面各种关系,早就想另找出路,自然趋之若鹜。不过当时新思潮所影响的范围,限于学生阶级,对于全个社会,还不能掀动。欧战告终,五四运动爆发,势如燎原,蔓延全国,挟新文化运动以俱驰,开我国历史上一新纪元。

上面已经说过,我们的思想,已经由轻视西洋文明的时期,到"中学为体西学为用"的时期,新文化运动,把我们更推上前一步,对于中国的传统文化,根本发生怀疑。胡适之反对用文艺复兴,主张用重新估价去形容这种运动,的确比较适当。这种运动最重要的意义,便是把我们固有的思想与制度加以重新估价:凡是不合现代生活的,便施行攻击。因为我们中国的传统思想与制度,都是封建时代所遗留的产物,所以这种运动差不多完全用力在破坏方面。攻击孔教,攻击礼教,攻击文言文学,攻击家庭制度,攻击婚姻制度,攻击丧葬制度,攻击男女不平等的关系,举凡我们中国以前社会的基础,无不加以摇动,于是旧的伦理、道德、制度、思想逐渐崩溃。

新文化运动的人物,虽然对于旧的思想与制度深怀不满,一致进攻,但是对于新文化并没有具体的系统的贡献。他们偏重在消极的破坏,没有注意积极的建设。他们知道旧的思想与制度不适合现代生活,但是不知道(至少不充分的知道)拿什么新文化去代替。这种运动,与其谓之为新文化运动,不如谓之为破坏旧文化运动。新文化的产生,还有待于今后的创造。

因为这种运动,只有破坏的事实,没有建设的成绩,其意义与辛亥革命在政治上相差不多。辛亥革命破坏了君主政权,但没有建立民主政治。当时民主革命派,也只知道推翻满清,至于推翻以后如何建设民主国家的具体计划,他们并没有充分准备。所以满清一倒,政治日趋纷乱。新文化运动确是摔碎了许多传统的思想与制度,但是没有新的去代替,结果社会失掉旧日所赖以维持的东西,日趋于纷乱,思想更是五花八门,复杂万分。从旧思想与制度里面解放出来的精力,有如青春时候,万物争荣,其现象正如春秋战国时代。在那时,你可看见无数的学会,无数的杂志,无数的译著,好不热闹!虽然大家的目的在改造社会,反抗旧势力,但是思潮的路线,却极不一致。有的谈社会主义,如陈独秀、李守常等;有的谈无政府主义,如张继、吴稚晖等;有的谈新村运动,如周作人等;有的谈哲学,如胡适的实验哲学,梁漱溟的印度哲学;有的谈人生观,如张君劢与丁在君的论战;有的谈宗教,如屠孝实、梁漱溟等的演讲。真是无奇不有。不过这个时代有两个根本出发点,几乎是各种新思想所不争的事实:一是德谟克拉西(民主),一是赛恩斯(科学)。如果全个新文化运动有内容,这两位德赛先生便是它的内容;如果新文化运动破坏了中国的旧文化,这两位德赛先生便是它的工具。

(五) 主 义 时 代

都是要改造社会,但是怎样去改造,各种零乱的思想,并不曾提出系统的主张,及其实现的方法。而政治更加纷乱,军阀更加混战,人民的生活愈觉不安,遇着这种现实,不能不在政治上找解决。如果政治问题不能解决,零零碎碎的千法是不会成功的。你去办教育,你的学校或者要被军队驻扎,你的经费或者要被军阀拿去,你的思想或者要被长官干涉。你若去办实业,苛捐杂税,已经使你不能支持,一受内战打击,那能不马上倒闭。因此,站在时代前面的人,又不能不回过头来拿出主义来做政治运动。

《新青年》原来以陈独秀、胡适两人为中坚,因为谈到政治运动,两人的思想便不同了。陈独秀一派走入共产主义之路,与李守常等发行《向导周报》,组织共产党,从阶级的观点出发,主张阶级革命、阶级专政。胡适一派,主张好人政府,发行《努力周报》,打算加入实际政治活动,去谋改良。

少年中国学会是专门以上学校的有为青年所组织的,原来目的在改造社会,因为谈到政治运动,也分裂为两派:一派加入共产党,信奉共产主义;一派信仰国家主义,组织青年党,发行《醒狮周报》,从国家的观点出发,主张"内除国贼,外抗强权"。

国民党呢?孙中山经过累次的失败,一面看见俄国革命的成功,一面受了新文化运动的刺激,便决心改组国民党,完成三民主义的理论系统。

国民党改组,决定联俄容共两大政策,于是三民主义便与共产主义难分难解,孙中山自己也说"民生主义即共产主义"。到一九二五年五卅惨案发生,这两种汇合的潮流,更加随着反帝运动随处奔放。接着又是孙中山之死,接着又是北京"三一八"之变,革命的高潮已经是沛然来到。一九二六年国民革命军便乘这高潮北伐起来,把北洋军阀打得落花流水。国共的势力于是由珠江流域伸到长江流域。

在这个时期,思想界非常显明,各有立场,"不入于杨,则入于墨",不是读孙中山的遗嘱,便是马克思、列宁的信徒,或是喊着"内除外抗"的国家主义者。这是主义时代、口号时代、标语时代。

(六)中国何处去

"九一八"日本在沈阳一炮,把中国的历史又划分了一个时期,思想改变了方向,派别正在重新划分门户。

日本进攻,进攻,继续不断的进攻,占南满、占北满、打上海、取热河,深入,深入到平津附近。一年半载,失掉国土十分之一,人口四千多万,丧权辱国,古今中外所绝无而仅有。

《上海停战协定》签字以后,民气潜默了,沉毅了,闷郁了,思想急变了,变到

"莫可测"的道上去。

"是最好的时候,是最坏的时候,是智慧的时候,是愚蠢的时候,是信仰的时候,是怀疑的时候,是光明的时候,是黑暗的时候,是希望的时候,是失望的时候,什么东西都在我们面前,没有一点东西在我们前面,我们是走向天堂,我们是走向地狱,——总而言之,像现在这个时代……"(译 Charles Dickens, *A Tale of Two Cities* 开首数语)。

荒谬集

目　录

自序 …………………………………………………………… 133
救亡两大政策 ………………………………………………… 134
对于训政与宪政的意见
　　——批评汪精卫、于右任二氏的言论 ………………… 148
我为什么主张实行宪政 ……………………………………… 153
国民党怎么办？ ……………………………………………… 159
这样的国民！ ………………………………………………… 165
对国家的认识
　　——我的自供 …………………………………………… 168
复兴新文化运动 ……………………………………………… 172
怎样打倒贪污？ ……………………………………………… 176
安内必先攘外
　　——为政府进一忠告 …………………………………… 183
自由之战争
　　——民权保障运动 ……………………………………… 188
战的政策 ……………………………………………………… 195
领袖的条件 …………………………………………………… 199
对内的平等 …………………………………………………… 202
近东病夫给远东病夫的教训 ………………………………… 206
怎样复兴农村？ ……………………………………………… 211
五月十日的主张 ……………………………………………… 214
学生的出路 …………………………………………………… 219

泛论爱国的功罪 …………………………………………… 223
异哉所谓外交之转变 ……………………………………… 230
实行统制经济的先决问题 ………………………………… 234
恢复民族的自信力 ………………………………………… 238
假使远东大战 ……………………………………………… 242
为闽变忠告当局 …………………………………………… 247
倒车开到读经 ……………………………………………… 251
附录——我们的根本主张 ………………………………… 255

自　序

九一八是中国历史上空前的一个事变。因为受了这种不可言喻的刺激,我才开始我的政论。起初是出了一本小册子,后来是在报上发表文字,又其后是先后办了《主张与批评》及《自由言论》两种刊物。而结果是:刊物被禁了,书也教不成。一年多以来,只好守缄默。

守缄默,据我个人的经验看来,也有好处:对于环境或许你认识更清楚些;你的思想或许因此更得到一个切实的基础。

无论如何,自一九三一年九月十八日起至一九三三年十二月三十日止,这期间我所发表的文字可以代表我的思想的一个阶段,所以我要把他们收集起来作为纪念。

为什么叫做《荒谬集》呢?因为我在言论上所得到的罪名是"言论荒谬"。其实内容是否"荒谬",只有请读者来判决。在我个人看来,则认为这种言论或许过于"正经",或许太不"荒谬"。不知读者诸君以为如何?

一九三五年四月一日

救亡两大政策[*]

一

一个日本浪人中村，没有中国政府的护照，私到东北内地旅行，忽然宣告失踪，日本便咬定为我国驻军所害，不待交涉手续完结，乘我不备，动用暴力，强占我东北，惨杀我同胞，破坏我交通，窃据我机关，掠夺我财货，封闭我银行。这就是这次日本武力占据东北的由来。

然而根本原因，还别有所在。

（一）日本国土狭小，财源枯竭，人口激增，及工业革命的结果，为谋过剩人口的出路，市场的获得，原料的供给，及投资的机会起见，事实上不能不取我满蒙。第一，数十年来，日本实行军国主义，及鼓励生育的结果，人口每年增加由四十万至五十万，再进至六十万，又进至七十万，更进至八十万。据一九二六年日本统计局的调查，则竟达九十四万至百万之多。反之，据一九二七、一九二八两年计算，日本国内所产米谷，只能供给消费总额百分之五十七八，其余不足之数，须由朝鲜、台湾及我东三省供给。第二，日本对满蒙输出有棉丝、棉织物、麦粉、食料品、机械、器具等等东西，占输入中国货品总额一大部分。以昭和五年对中国的输入计算，总共为三亿九千九百万圆，而输入满蒙的，却占了一亿二千二百万圆，占输入中国日货百分之三一。可见满蒙是日本的一个大市场，日本绝对不能放松。第三，满蒙是日本的原料供给地，其中以铁、石灰、肥料、大豆等为最重要，占中国输入日本全额一重要位置。以昭和五年中国对日本的输入计算，总共为二亿七千八百万圆，满蒙方面却占了一亿六千三百万圆，占全额百分之五八。第四，查日本对外投资二十二亿中，在中国投资有十八亿，占全额百分之八一而强，但是在满投资便占了十三亿，居日本在中国投资总额百分之七二而强，居日本对外投资总额百分之六十。由此可知满洲是日本对外投资的一个最大市场。因此

---

[*] 本文曾由新月书店1931年10月出版发行。

日本朝野上下，莫不视我东北为其唯一的经济出路。且看田中满蒙的折奏，便知其用心之所在。他说：

"所谓满蒙者，乃奉天、吉林、黑龙江及内外蒙古是也。广袤七万四千方里，人口二千八百万人，较我日本帝国国土（朝鲜及台湾除外）大逾三倍。其人口止有我国三分之一。不惟地广人稀，令人羡慕，农矿森林等物之丰，当世无其匹敌。我国因欲开拓其富源，以培养帝国恒久之荣华，特设南满洲铁道会社，借日支共存共荣之美名，而投资于其地之铁道、海运、矿山、森林、钢铁、农业、畜产等业，达四亿四千余万元！此诚我国企业中最雄大之组织也！支那人民反如洪水流入，每年移往东三省，势如万马奔腾，数约百万人左右，甚至威迫我满蒙之既得权，使我国每年剩余之八十万民，无处安身。此为我人口及食料之调节政策计，诚不胜遗憾者也。"

（二）日本除经济侵略以外，还有政治与领土的野心。他不但想独霸远东，并且想称雄世界。先吞满蒙，次及本部，然后再逐鹿世界，这是田中预定的步骤。不信，请看：

"将来欲制支那，必以打倒美国势力为先决问题，与日俄战争之意，大同小异。惟欲征服支那，必先征服满蒙。如欲征服世界，必先征服支那。倘支那完全可被我国征服，其他如小中亚细亚及印度南洋等异服之民族，必畏我，敬我，而降于我。使世界知东亚为我国之东亚，永不敢向我侵犯。此乃明治大帝之遗策，是亦我日本帝国之存立上必要之事也。我对满蒙之权利如可真实的到我手，则以满蒙为根据，以贸易之假面具，而风靡支那四百余州；再以满蒙之权利为司令塔，而攫取全支那之利源。以支那之富源，而作征服印度及南洋各岛以及中小亚细亚及欧罗巴之用。我大和民族之欲步武于亚细亚大陆者，握执满蒙权利，乃其第一大关键也。"

据此，则知日本这次占领东北，不仅是经济的侵略，而且是政治的侵略。更据此，则知日本的目的，不仅在吞并满蒙，而且在灭亡我全个中国。所谓明治大帝的遗策，第一期在征服台湾，第二期在征服朝鲜，皆已实现。"唯第三期之灭亡满蒙以便征服支那全土，使异服之南洋及亚细亚洲全带，无不畏我，服我，而仰我鼻息云云，尚未实现。"

因为"尚未实现"，因为早已"处心积虑"，所以只待时机的来到。

刚好西洋各国大闹经济恐慌。英国工党政府甚至牺牲自己的地位，而与保守、自由两党合组国家紧急政府，以对付此严重的经济难关。列强在此时会，都是忙着整理内部,没有全力来监督日本的行动。

我国自己更是不幸。共产党的暴动,政府派三十万大军而不能剿灭。接着又是空前大水灾,范围及于十七省,灾民超过五千万。我们正在葬死救生之不暇,谁知国民党中又闹派别,使中央"同志"与两广"同志",不能不出于火并。

国际形势如彼,我国内乱如此,这正是日本亡我的绝好机会。日本虎视已久,哪肯轻易放过?

二

于是日本乘机骤然占据了我东北,成为一个"已成的事实"。但是我们要问,这种军事占领是永久的?还是有条件的?我们知道,现在帝国主义者吞并别国的方法,没有以前那样愚笨。他们只要我们在事实上答应亡国的条件,便毋须作永久的占领。永久占领,不但容易引起中国国民的愤慨,别国的干涉,并且经济上也不合算。所以这次日本的行动,事前不向我国提出要求条件,也不发出什么哀的米敦书,却秘密训令南满日军先行强占我国辽吉两省,并捣毁东北一切政治、军备、交通、金融、工商种种机关,使一切建设事业完全归于破坏;一切抵抗能力完全归于消灭。这样,一面日本可诿为南满驻军冲突的局部事件,非战争行为,使国际联盟与《非战公约》签字国不能出来积极干涉。同时不侵入别国势力范围,极力避免与别国在华利益发生冲突,使第三国也不便起来强硬干涉。然后根据山中所定下来的"锦囊妙计",以《二十一条》为基础,另提苛刻的条件,迫中国为"城下之盟"。

左手执着条件,右手拿着枪炮子弹,足下踏着满洲土地,日人或先胁迫我地方当局承认,不但不愿国际上第三者出来干涉,并且不愿我中央当局出来过问。曹汝霖、章宗祥之奉张学良电召,日使重光之秘密到平,都是地方交涉的布置。

如果与地方当局交涉不成,才会与中央当局谈判。

如果与中央当局交涉不能达到目的,或者要施用吞并高丽的方法,拉出前清的遗孽,失势的军阀,无聊的政客,作为傀儡,将三民主义中的民族自决原则,封住国民党的口。先组织满蒙独立国家,使其脱离中国关系,然后再去实行合并。现在熙洽、袁金铠等的活动,便是日本的满蒙独立政策的先声。

日本一面宣言是"地方事件",便是要避免问题的扩大,认占领东北为局部的冲突，以便与地方军阀私相授受；一面声明反对第三者出来干涉，使国际机关或第三国不能置喙，以便可以向孤立无援的中国予取予求。

三

因为日本侵略满洲的野心不自今日始，所以日本侵略满洲的准备，也不自今日始。他们在国际上早就有系统、有组织的宣传。到如今，欧美人心目中的满洲，并不完全是中国的领土，而是中日两国竞争的场所。有许多西文地图甚至把满洲绘成与中国不同的颜色。

去年美国记者团游历东亚，自出发之日起，即被日人百方包围，指导引诱，无微不至。该团受片面宣传的结果，回国以后，果然发为怪论，说中国政府无力统驭满蒙，须借日俄两国的力量以谋建设。从此一端，可见日人用心的毒辣、计虑的周详。

我们中国当局，平时一天到晚，只知勾心斗角，阴谋百出，争权争利，相打相杀，甚至急不暇择，勾结敌人，引狼入室，哪有功夫去调查事实，做国际宣传的工作。就是驻美、驻德、驻法三国的公使，到现在还是付诸阙如。外交上布置如此，天天还要贴"革命外交"的标语，喊"革命外交"的口号，"其谁欺，欺天乎"？等到敌人压境，才手忙足乱，丑态毕露，不是效"秦庭之哭"，乞怜于国际联盟之门；便有"如丧家之犬"，哀鸣于《非战公约》之前。无奈西人性格不同，懦夫素所不齿，看见我们不自助而求助于人，最多也不过说一声"讨厌的中国人真可怜"而已。有谁愿替中国人出死力打倒不平者？

这次英国的态度很明显，对于日本的暴动，并无若何反感。不但国会里面没有什么讨论，就是一般舆论的对于日本，也没有什么非难。这固然由于国内经济问题的严重，及英美两国冲突的尖锐化，英国不愿开罪于日本，以孤自己的奥援，但是日本宣传的力量与外交的手腕，也够使我们惊倒了。

美国虽对日本素来不大放心，并且是发起《非战公约》的国家，但若希望他为中国的事情与日本打一死仗，而我们自己却"抱无抵抗主义到底"，天下断无此理。他已向双方劝告和平解决，已做了他可以做到的一步。劝告不听，请问美国又有什么办法？一九二八年，关于中东铁路问题，苏俄进兵北满，与中国军队冲突，美国也发出一种劝告，苏俄不但不听，并且讥笑美国，美国后来也没有进一步积极干涉。何况美国现在失业问题也很严重，与英国关系又非常紧张，此时对于日本，实在不能不稍为放松。

苏俄两年前也与现在日本一样,以武力侵入中国,不过没有日本这次利害罢了。那时苏俄进攻北满,日本没有出兵干涉。这次日本占领南满,若不妨害俄国势力范围,俄国又何必与日本为难。况且苏俄正在实行"五年计划",如非万不得已,必不愿意与人家起衅,以至"功亏一篑"。日本驻俄公使,既然早已与加拉罕在那里接洽,他们或可以得到相当的谅解:一沿南满铁路,一沿中东铁路,以平分全满秋色。

至于其他的国家,在远东并没有切身的利害关系。他们站在旁观的地位或者对于我们表示相当的同情,但最多也不过长叹一声"中国又在受欺负"罢了。老实说,国际关系,完全是以国家的利害为前提的,就是人家出来干涉,也是为自身利害打算。国际上所谓"公理",所谓"正义",所谓"人道",是强者的"口头禅",弱者的"乞怜语",我们不可指靠,我们更不可拿来掩饰自己的怯弱。我们要认清,现在还是一个"弱肉强食"、"适者生存"的世界。我们须有力量反抗强权,才有公理。我们须有勇气打倒横暴,才有正义。我们须有决心抵抗野蛮,才有人道。若是我们平常不自振作,一天到晚同室操戈,一旦外侮发生,便束手无策,任人宰割,坐以待毙,只知向各国要求公理,呼吁正义,祈求人道,这是卑怯的心理!这是奴才的性质!只配做亡国奴!

四

自从这次事情发生以后,中央政府到现在除抗议三次以外,只表示两种态度:(一)是对外乞怜于国际联盟、《非战公约》;(二)是对内要国民"忍痛含愤,暂时逆来顺受"。

先说抗议。抗议是外交上照例的文章,没有什么了不得。但是我们抗议的内容如何,到现在我们还没有看见原文,难道措词之间有不可为外人道者吗?若是如此,我们更要请政府负责发表出来。否则,政府将我们卖了,我们还不知道是什么回事。

三次抗议以后,日本有无答复,如有答复,答复如何,这也不能不请政府明白告诉我们国民。

老实说,抗议不过是照例文章,不会发生什么效力。日本要干就不怕抗议,怕抗议就不干了。若是政府当局,只知做抗议文章,没有别的有效方法,那是缺乏常识的外交。

政府当局或者要说,我们除了抗议以外,已经诉诸国际联盟。但是我们要知道，国际联盟虽然是以"公理"、"和平"为标榜，但这些不过是欺骗弱者的糖果。不但它本身没有什么权力，而且它全个组织也为少数列强所把持。过去的事实告诉我们，若是两个小国相争，它还可以派出一个调查团去调查真相，然后压迫他们接受调查团的报告。一九二五年，希腊与保加利亚的争端，便是这样解决的。

一九二五年十月十九日下午两点钟，一个站岗的希腊兵士越过保加利亚的边界，被一个保加利亚的兵士打死。于是两国的兵士便互相冲突起来，各有死伤。到了二十二日，秩序已经恢复。但是希腊政府激于民气，竟派了大批的军队侵入保加利亚国境。保加利亚一面采取守势，不与交锋；一面诉诸国际联盟，请求解决。国际联盟行政院在英法代表指导之下，于是派了一个调查团去调查真相。结果行政院根据调查团的报告，令希腊赔偿三千万里拉了事。在保加利亚方面固然乐意接受，在希腊方面为列强所迫，也不敢不从。所以国际联盟对于解决小国间的争端是有效力的。

至于强国与弱国间的争端，国际联盟便毫无办法。不但对这次日本侵略东北事件是如此，以前也有过这种经验。我们且举柯夫事件为证。

一九二二年意人载林尼将军(General Tellini)正在领着一个委员会，在那里勘查阿尔巴尼亚与希腊两国的边界。希腊人认为载林尼有意偏袒阿尔巴尼亚，不胜忿怒。于是竟有激烈分子数人，于一九二三年八月二十七日，把载林尼以下四个意大利人及一个阿尔巴尼亚人(担任翻译)杀于途中，逃匿无踪。事出之后，意大利全国震怒。墨梭里尼政府旋于八月二十九日向希腊提出七项要求，其中有下列三项希腊不能立即答应：(一)彻查此次犯罪原委，并须允许意大利驻希公使馆的侍从武官参加；(二)犯罪者一律处以死刑；(三)五日之内，赔偿五千万里拉。意大利政府便于八月卅一日不顾一切派出海军，将柯夫岛实行占领。次日希腊诉诸国际联盟，意大利代表声明这与意大利国体有关，国联不应干涉。国联竟无可奈何，结果乃由法英日意四国公使会议出来解决。

从此可见国际联盟对于强国与弱国间的争端，是无法拘束强国的行动的。所以这次日本于九月十八日占领东北，我们于九月十九日便请求国际联盟立派调查团到满洲去调查真相，日本代表一反对，国际联盟便不敢有何决议。到九月二十二日，为敷衍中国起见，国联才发出要求两国立即撤兵的滑稽通告。明知满洲是中国领土，日本是喧宾夺主，不单叫日本撤兵，而叫两国撤兵，已经是不通的办法；何况它明知中国军队已一撤再撤，撤而不及，且被日人缴械枪杀。试问就是中国军队要撤,又撤到何处为止？我们当局不察,以为这是外交胜利,大肆宣传,要我们一班国民"镇静","静待国际联盟的处置",真是"挫自己的志气,长他人的威风"。

现在好了,国际联盟的大会与行政院都已闭会了,我们的要求都被拒绝了,就是行政院再开会也没有什么用处了,我们倚赖国际联盟的好梦可以醒了！

但是我们的政府还在指靠《非战公约》。什么是《非战公约》？该约有下列两条：

（一）各缔约国,各以其代表之民族的名义,郑重宣言,不诉诸战争以解决国际纠纷,并在彼此关系间,废止战争以作国家政策的工具。

（二）各缔约国,承认各国一切纠纷或冲突,无论其性质若何,原因若何,均当用和平方法解决之。

《非战公约》表面看来,未尝不冠冕堂皇,然而实际不过是一纸不着实际的空文。第一,所谓须用"和平方法"解决纠纷,"和平方法"究竟是什么,该约并无交代。是不是直接谈判？斡旋？调停？裁判？和解委员会强制仲裁？抑非强制仲裁？都没有提到,那么所谓"和平方法"不过是一句空话。第二,如果有人不用"和平方法"去解决国际纠纷,仍用战争作国家政策的工具,试问有什么制裁？有什么机关制裁？国内社会有警察用武力去制止纠纷,谁犯了罪便捉谁到衙门里面去,所以能够维持秩序。试问国际的警察在哪里？武力制裁的机关在哪里？就是有人故意破坏《非战公约》,大家也只好望着。所以《非战公约》的效力还远不如国际联盟。第三,所谓"废止战争以作国家政策的工具",并没有废止战争以作防御的工具。换句话说,该约文字上所废止的是"侵略的战争",不是"防御的战争"。但是什么叫做"侵略的战争",什么叫做"防御的战争",那是没有标准的。就是开始欧战的德国,也说他是为自卫而战。我想世界上决不会有自己承认是侵略人家的国家的。这次日本侵占东北,他也是说出于自卫,并且没有对中国"宣战",所以没有破坏《非战公约》。一九二八年,俄国进攻中东铁路,也是一样的说法。试问《非战公约》还有什么价值？若有价值,恐怕大家以后都是用"战而不宣"的办法,及自卫的名义。

美国国务卿史汀生谈话："此次日本行动,尚无违背《非战公约》之处,故签字国家尚不能据此发言云云。"可见我们诉诸《非战公约》,毫无用处。然而我们被学生殴伤的外交部长,在九月廿四日向新闻记者还说："现在此事,既提出国联,应视国联及《非战公约》各国进行如何。……故此案只有静听国联办理。"国际联盟结果如彼,《非战公约》结果如此,这是"倚赖外交"应得的教训！我们不应该怨天,不应该怨人,应该怪自己奴性太深！

因为政府只希望国际第三者出来干涉,不知自救;因为中央"深信公理尚未泯灭,强权必受裁判",所以一则曰"必须坚定沉着",再则曰"加倍刻苦"。所谓"沉着",所谓"刻苦",即是不愿有民气的表现。因为我们的领袖"相信凡国际联盟之参加国及《非战公约》之签字国,对于日本破坏条约之暴行,必有适当的裁判",所以一则曰"以公理对强权,以和平对野蛮,忍痛含愤,暂取逆来顺受之态度,以待国际公理之判断";再则曰"此时务须民众服从政府,尊重纪律,勿做轨外之妄动"。所谓"以待国际公理之判断",即完全倚赖外人的态度;所谓"勿做轨外之妄动",即是叫人民取不抵抗主义。"镇静"其名,"待毙"其实,我不知当局是何居心？

怕民众运动监督外交吗？那么国事到了这种地步,国民实在不能不问。不问,即是放弃国民应尽的天职。站在国民的立场,我们不管是"革命的"政府也好,"不革命的"政府也好,如果政府做的事不错,我们自然应该赞助,政府做的事不对,我们自然应该批评。这就是监督的意思,这也就是做公民的责任。孙中山先生以前对于北京政府的外交,时常勉励国民去监督,那么我们现在起来监督南京政府,当然不是违背总理的遗教。

怕民众运动有反政府的趋向吗？若政府事事公开,不违反民意,全国民众在此危急存亡之秋,同心协力拥护之不暇,稍有天良,何敢与政府为难？试看现在全国各界,莫不主张一致对外。所不能一致对外者,倒不是我们一般国民,而是一班领袖同志。反对政府者,也不是我们一般国民,而是一班"真实同志"。可知我们一般国民没有什么不一致,没有什么不统一,更没有什么反对政府。更可知我们的爱国运动,是完全激于天良,此心无他。若政府一面要国民"镇静",一面预备断送国权,将来丧权辱国,群情愤慨,相激相荡,其祸更不知伊于胡底！

怕"反动"分子利用机会吗？则爱国为国民天职,人人有参加义务,只要其不出范围,又何必因噎废食。否则,过事压迫,民情郁结,"反动"分子倒易利用,其危险当数百倍于公开自由的运动。现在政府当局只知防范爱国运动,不知防范卖国运动;只知怕"反动"分子利用爱国,不知怕"反动"分子利用卖国,这于自己的地位多么危险啊！

时至今日,国家以人民的血汗养兵数百万,只能用于同室操戈,而不能用于对外作战;只能用于压迫人民,而不能用于反抗日本,天下痛心之事,孰有过于此者?据日本政府宣言,此次日军进占满洲,总共不过一万四百人,而中国在满军队,则有二十万之众。以二十倍之军队,竟至毫无抵抗,被枪杀,被缴械,懦弱丑态,暴露无余。东省当局负有捍卫国土的责任,不待中央的调令,竟下令取"无抵抗主义"。在昔帝王时代,官吏还知以身殉国,到了今日"党国"时代,一国副座倒以"无抵抗"三字断送满洲。天下奇辱大耻,还有甚于此者吗?

回想鸦片之战,英法联军之战,中法之战,中日之战,八国联军之战,我们虽战战俱败,但是我们还有应战的勇气。丁汝昌到了北洋舰队实在无可为的时候,还知以身报国。到了今日,不料服膺三民主义的"武装同志",拥了数百万大军,只知勇于私斗,而不知指戈向外。人心至此,还不让民气充分自由表示出来,那么请问政府当局,又何所恃而不恐?

五

抗议没有效力,诉诸国际联盟没有结果,诉诸《非战公约》无人理会,国际上没有第三者出来援助我们。事到如今,不是我们对政府发牢骚的时候,更不是我们闹党见的时候。我们现在应该以国家的利益为前提,找出根本有效的政策,来反抗狼心狗胆的日本。我痛定思痛,我毫无偏见,我敢负责大声疾呼下列两事于我全国同胞之前:

对外准备殊死战争,与日拼命到底,促成日本革命。

对内取消一党专政,集中全国人才,组织国防政府。

我为什么主张准备对日宣战?有下列理由:

(一)我认为这次对日,到了这种实逼处此的环境底下,只有两路可走:一是接受日本的条件,是为屈服,是为卖国,是为亡国;一是拒绝日本的条件,便非准备对日战争不可。除此以外,别无他路。国际联盟不能积极干涉,《非战公约》不能给我保护,如果不愿任人宰割,只有与日拼命。事无两全,义无两可。日本"欲征服支那,必先征服满蒙",我们"欲保存中国,必先夺回满蒙"。怎样夺回满蒙?事实摆在我们的眼前,非用武力不可。满蒙已在日本掌握之中,不战已失去满蒙,就是战也不过失去满蒙。与其毫无抵抗的断送,不如痛痛快快的给他割去。何况战争的结果,不一定是我们失败。我们为夺回满洲不能不战,我们为保存中国本部,更不能不战。

(二)我认为内战不如外战,同室操戈不如一致御侮。若是我们不乘此机会,化除党见,同仇敌忾,与日拼命,三数月后,事过境迁,党派争权争利,又将斯杀起来。证诸往事,历历可数。国家养兵原为卫国,现在国家已被人侵占,此时不用,更待何时?

（三）我认为与日战争,可以促成国家统一。凡是四分五裂的国家,往往利用对外战争的机会,团结全国国民,消灭一切内乱,同仇敌忾,一致对外,胜固可以马上实现统一,败也可以种下统一的基础。我们知道,普鲁士的统一德意志,不能不归功于三次对外战争:第一,为一八六四年对丹麦之战;第二,为一八六六年对奥国之战;第三,为一八七〇年对法国之战。我们也知道,撒丁尼亚的统一意大利,也经过两次对外战争:第一,是一八五六年加入英法对俄之战;第二,是一八五九年联法对奥之战。就是土耳其的复兴,也是一九二一年对希腊战争的结果。现在我们中国,名义上虽有一个中央政府,而事实上两广已经独立,其余各省也等于割据。我们若能对日宣战,则大家为爱国心所激动,全国国民所逼迫,当可牺牲一切意见,抛弃个人地位,把军队统一起来,与日周旋。假使侥幸而胜,国家统一,当然不成问题。即使完全失败,全国国民更加会团结起来,以推翻日本的压迫,再不会在亡国情形之下,自相残杀。

（四）我认为与日本作战,我们固然势在必败,须受极大牺牲,但我们若能与日本拼命到底,则日本也须受极大损失。我们知道现在日本经济已有危机,政局也不稳固,战争若迁延过久,社会必起革命。一九一四年的德国,较之今日的日本,富强何啻数倍,但困战四年,民怨沸腾,结果革命爆发之日,便是德军溃败之时。

（五）我认为与日本作殊死战,才能引起国际干涉,外人同情。若像现在日本进一步,我们退二步,毫无抵抗,自然谈不上战争。战争是要两方面发生冲突的,现在没有冲突,当然没有战争,也当然没有破坏世界和平。国际上第三者,就是想要出来干涉,也不便干涉,也无从干涉。况且西洋人素来是看不起奴隶成性、倚赖人家的懦夫。所谓"公理",所谓"正义",在他们心目中,不是对这种人讲的。所以如果我们自己不起来反抗,外人决不会与我们表示同情。在日本方面,自然愿意把"大事化小",看做"地方问题",以避免国际的干涉。在我们方面,应该把这事扩大,变成国际上的重大问题,使列强共同加入干涉。但如何能扩大范围,便非与日本战争不可。只有与日本战争,才能危害各国商业与世界和平;也只有危害各国商业与世界和平,才能使各国感到切身的利害,出来积极干涉。我们被压迫到这种地步,还有什么顾虑,还怕什么损失。我要大声疾呼,告诉大家:我们唯一的出路,现在只有与日本拼命!我们现在唯一的损失,只有日人加在我们身上的足链手铐!

（六）我认为与日战争,即使完全失败,在远久看来,仍是成功。因为这种反抗的精神,不但可以寒帝国主义者之胆,并且可以激起牺牲奋斗的精神、急公好义的美德,而为全个民族奠下复兴的基础。一千九百年义和团之乱,虽是一种盲目的排外运动,但自是以后,外人瓜分中国的观念,不能不稍为敛迹。并且中国社会到了这种黑暗地步,没有绝大的刺激,不会觉悟,没有绝大的牺牲,不会惊醒。我们现在应利用对外战争的机会,来洗除自私自利的观念,排去猜疑阴谋的心理,打破倚赖怯懦的性质,唤起民族的精神,团结全民的意志。我们今日对日战争,乃自卫之战,死里求生之战。战而后能苏已死的人心! 战而后能振已颓的民气! 战而后能恢复将灭未灭的民族精神! 战虽必败,必丧师,必失地,必流血,必受极大的惨痛,然我民族精神,得赖以不死,我中华民国终不至于灭亡!

（七）我认为争民族的人格起见,也非与日本死战不可。一个个人,须有廉耻,才能齿于人类。一个民族,须有廉耻,才有颜立于世界。现在日本占领我土地,杀戮我人民,捣毁我财产,以奴隶待我,以犬马视我,我们如果没有丝毫抵抗,只知苟且偷安,那真不知人间有羞耻事! 这种民族,亡绝灭绝,有何足惜。一九一四年欧战发生,比利时何尝不知敌不过德国,然而因为要保守中立的地位,国家的尊严,国民的人格,不惜与德国肉血相搏,牺牲一切,在所不顾。虽被德国暂时征服,仍占最后胜利。这种忠烈的国民,将永为人类敬佩;这种反抗的精神,将永为公理的保障。今日本的实力远不如德国,而我们的实力又超过于比利时。比利时为一借路问题尚且不惜拼命,现在我们为全个东北问题,还不敢与日本开战。这种懦弱民族,试问有何面目生存于今日的世界?

"士可杀,不可辱";"国可破,不可屈"。我们为争民族的人格,人类的尊严,决不可拿"镇静"来掩饰"怯懦",更不可拿"忍耐"来苟延残喘。我们现在应该"杀身成仁",我们现在应该"舍生取义"。我们爱和平,我们更爱正义,但是我们决不怕强权。这才是伟大民族的伟大精神!

（八）我认为与日战争,可以保存国民党的领袖地位。国民党的势力,自癸丑革命以后,因为袁世凯的压迫,一蹶不振。其所以能够复兴起来,把北洋军阀打倒,取得政权,不能不说由于在五四、五卅两种爱国运动里面,国民党能站在民众前面,与帝国主义作英勇的奋斗。若这次日本空前的侵略,国民党大权在手,没有坚决的表示,甚至于反而压迫救国运动,那么"水可载舟,亦可覆舟",国民党终必被人打倒无疑。

这是我的主战论。此而决定，我们才能谈到"准备"的重要方针。

第一，我们要"停止一切内战"。"兄弟阋于墙，外御其侮"，我们现在要不许耗费一粒子弹，去对付同胞。我们要把我们的枪、炮、大刀的目标，一齐指向我们的敌人。如今南京与广东的和议有告成的希望，便是国民党团结起来的好现象。如今共产党有停止暴动、一致对外的消息，更是全国国民团结起来的福音。我们现在应该抛开党派的立场，大家以国家的利益为前提来奋斗。这是我们痛哭流泪忏悔的机会，这是我们举国一致合作的机会。国民党当局诸公代理我四万万同胞处理国政，若以三四老同志的纠纷，而继续内乱，而延长外侮，而断送国家，试问于心何忍？我国民本统一，我当局不统一；我当局不统一，我国民必促其和平统一。惟有统一的国家与统一的政府，才能一致对外，一致御侮。

第二，我们要全民军事训练。大学生固然要赶快受军事教育，其他各阶级也须受军事教育。全国民众武装起来，须使于最短时间以内，办到工人一出工厂，商人一出店门，学生一出学校，便可直接跑去疆场效命。人人是兵，个个是兵，以四万万的民族对六千万的日人，哪里没有办法？

第三，我们要集中兵力财力。把所有个人的军队，变成国家的军队，不许分什么奉军、粤军等等名目，都直接归中央政府指挥。至于经济，则消极方面，须根本铲除贪污，积极方面，必须把全国经济力量全盘计算，定出一个战时财政的计划。

第四，我们要确定外交方针。积极方面，第一须以对日为标准，去联络列强，打倒这个"第二德意志帝国"；第二，须与日本断绝国交，以表示我们不甘屈服的坚决态度。消极方面，第一，我们要反对地方交涉，谨防张学良为保存私人地位，牺牲一切利权；第二，我们要反对满蒙的独立运动，打破日人吞并的阴谋。

凡此种种大政方针，能否上下一致，万众一心，去努力实现，还要看第二个根本主张，能否办到。即是：

"对内取消一党专政，集中全国人才，组织国防政府。"

据九月廿五日报载，立法监察两院联席会议，通过"征集全国人才，组织贤能政府"，可见政府当局，也有觉悟。但是如何可以"征集全国人才"，如何可以"组织贤能政府"，便不能不进一步取消一党专政。有了一党专政，党外人才便难与国民党合作，便无法集中全国人才，便无从实现贤能政府。两院委员诸公，想明知之，特不敢言耳。我们谨以下列理由，贡献于国民党之前，知我罪我，在所不顾。

（一）取消一党专政，可以伸张民气。今日中国民气消沉已极，回顾五四、五卅，相去不知几千万倍。推其原因，一党专政，不能不负责任。在一党专政之下，问其名曰民国，究其实为党国。所谓党国，即是党的国家，而非人民的国家。人民对于国事既无权过问，当然对于国家观念也就日形淡薄。大家以为国家为党所有，一切国事有党负责，我们小民尽可得过且过。就是有少数急公好义的爱国志士，也因言论行动，不能自由。稍有动作，不是被认为"反动"，便被指为"反革命"，干涉拘捕，无所不至。在这种空气之下，当然只有官办的民众运动，没有自动的民众运动。党部监视，名为"指导"；政府钳制，名为"镇静"。国民慑于威压，人心变成麻木，国事如此，民气如此，尚可问乎？

（二）取消一党专政，可以团结全国国民。在一党专政之下，党高于国，国属于党，党员构成统治阶级，国民构成被治奴隶。一班国民，平常既无参加国事的权利，今遇这种外交问题，若仍不开放党禁，使其参加政治，而欲其与国民党合作，万众一心，以听政府的指挥，在理论上讲不过去，事实上也不可能。于是一般国民，不是趋于消极，不管国事；即是趋于"反动"，与政府为难。两者都非"党国"之福。

（三）取消一党专政，可以集中全国人才。今日国民党人才不足，当局诸公已扬言不讳。以现今国民党的力量，对付内政，还不能令人满意；以之单独对付这次日本侵略，当然只有失败。英国劳工党政府，因经济问题的严重，还牺牲自己的地位，而与保守、自由两党组织国家紧急政府。今日本占领东北，较之英国经济问题，其严重不知几千万万。时至今日，若还不开放党禁，集中人才，那么"以党亡国"之祸，恐怕"虽不中不远矣"。

（四）取消一党专政，可以减轻国民党的责任。此次对日外交，责任何等重大。国家的前途，民族的生死，与夫东北的存亡，都在此一举。若国民党仍不让国民共参国政，还要继续包办下去，如李烈钧先生等所言"国体号称共和，政治无殊专制……刑戮在口，爵赏由心，人民集会、结社、出版、言论等自由权剥夺以尽，报纸舆论束缚无遗"，那么万一外交失败，则"以党亡国"之罪，万无逃于全国国民之口。

（五）取消一党专政，对外才能理直气壮。若国民党在国内形成一特殊阶级，把持政权，不肯放松，以自己为刀俎，以人民为鱼肉，强权就是公理，武力就是法律，试问这种统治与日本的压迫，除了国界以外，有多少分别？站在做人的立场，试问做国内的奴隶与做国外的奴隶，又有多少分别？我们要向国际要求公理,我们自己要先讲公理。我们要向国际呼吁正义,我们自己要先讲正义。我们要向国际祈求人道,我们自己要先讲人道。现在当局诸公只知委曲求全,谋南京与广东两方同志的合作,心目中好像绝对没有看见我们一般国民的存在。党内尽可以相争相打,国民连言论也失掉自由。我为公理、正义、人道起见,也不能不致郑重的抗议。

顾维钧先生在北平对记者说,"现在有何党之可言",是痛心的话,也是一针见血的话。须知就是在西洋党治最严的国家,一遇国家紧急问题发生,莫不牺牲党见,集中全国人才,一致对外。一八七〇年,普兵进逼巴黎,法国乃有国民会议的召集,网罗各党,同舟共济。一九一四年欧战发生,英法都马上成立混合政府,集中各党人才,以与德意志战。今我国除非愿意俯首听日人的宰割则已,如欲同心同德,群策群力,准备与日本作殊死战争,则对内非取消一党专政,集中全国人才,组织国防政府不可。换句话说,也就是李烈钧先生等九月二十日通电所言,"全国同胞,咸参国事,庶能集天下智能,应兹巨艰"。

时至今日,国民党当政诸公,须知"取消训政,取消党治,已喧腾一般人之口,而一般智识阶级,与夫社会中坚分子,接近民众者,对于政府目笑腹诽,已成为公开之秘密"。我国民党同志"其知之否耶?"(见十月九日《申报》郑洪年致戴季陶电)

附注 至于取消一党专政以后如何组织国防政府,我想等国民党对于这种呼声,有接受的表示后,当作长文讨论。不过现在政府马上应该决定的:(一)开放言论自由,使一般国民能起来督察当局,不至于"逼上梁山",去做反政府的革命运动。(二)解放民众运动,使全国一盘散沙的人民,能在最短期内自由组织起来,做外交的后盾。

一九三一年十月十日

对于训政与宪政的意见
——批评汪精卫、于右任二氏的言论

　　自从有一部分被邀的国难会员,提出结束党治、实施民治的主张以后,于是训政与宪政问题,渐引起社会上深切的注意。国民党领袖,如汪精卫、胡汉民、孙科、于右任诸氏,都有意见发表。汪、于两氏是反对结束训政的,孙氏是赞成结束训政的,胡氏则态度很欠明了。我是研究政治并且是主张结束训政实行宪政的人,对于这个重要问题,不能不贡献一点愚见。

　　按汪、于两氏反对结束训政的理由,分析出来有四:(一)认为中国人民程度太低,非经过国民党的训政,不能运用民主政治,实行宪政;(二)认为没有国民党,便没有中华民国,而破坏训政,便是破坏国民党,破坏国民党,便是破坏中华民国;(三)过去的宪政,成绩不好,所以现在不应实行宪政;(四)现在主张宪政的人,有些是从前的"官僚政客",他们不配谈宪政。

　　先就反对结束训政的第一个理由来讨论,认为中国人民程度太低,非经过国民党的训政,不能运用民主政治实行宪政。这个理由,至少须建筑在下列几个基础上,才能自圆其说:(一)国民党本身健全;(二)国民党的党员是全国的优秀分子;(三)国民党过去训政很有成绩。若是国民党本身四分五裂,没有整个党的组织、党的意志、党的方针,试问怎样去"训"?若是国民党本身充满了新旧官僚政客军阀,不但不是全国的优秀,并且有许多是社会的败类,试问又何以为"训"?若是训政五年,"训"到丧权辱国,内乱不已,土匪到处如麻,贪官遍国都是,国家濒亡,民不聊生,试问再要这样"训"下去,如何得了?这些都是客观的事实,不容讳言,也不能讳言的。国民党能否训政,应否继续训政,就看他是否具备上列三个条件。否则,国民党就不配讲训政,就应该结束训政。本来训政的根本理论,是从"贤人政治"出发,应该由"贤"去训"不肖",由少数人去统治多数人。

＊ 本文原载《申报》、《新闻报》、《时事新报》,1932年5月13日、14日。

但是哪些少数人是"贤者"？哪些多数人是"不肖"？这是过去拥护贵族政体,今日主张训政制度者,所不能答复的问题。贵族政体的理论失败在此,训政政体的理论失败也在此。贵族政体是少数人操有政权,而大多数国民没有参政机会的政治。所以今日国民党的训政,也可以说是贵族政体之一种方式。主张贵族政体的人,有些根据于血统,说应该由少数世袭的贵族,去统治多数的平民。但是贵族家里的子弟,多是不懂世故的少爷公子。有些根据于财富,说应该由少数有资产的人,去统治多数无钱的人。但是富豪并不一定有政治能力。有些根据于智识,说应该由少数受过高等教育的人,去统治多数没有智识的人。但是智识阶级,有许多是书呆子。现在请问国民党训政式的贵族政体,是根据什么来的？既不是根据于血统,又不是根据于财富,也不是根据于教育,乃是名则根据于党籍,实则附庸于军阀。若说凡是国民党员,便是贤者,便是全国优秀,便是先知先觉,便应做统治阶级。若说凡不是国民党员,便是不肖,便是后知后觉,便应做被治奴隶。这种"贵族"标准,未免太不合理。何况事实告诉我们,现在的国民党员,有许多在人格、学问、才能各方面都不高明呢。

上面是说国民党不能"训",不配"训"的理由。就是假定国民党能"训",配"训",政治的历史告诉我们,既讲训政,决不能讲民主政治。第一是理论上的不通。有了"训"的统治阶级,及"被训"的被统治阶级,汪氏还要说能"培养民权","人民的权力,在时间上,是一天一天的增加,在空间上,是一天一天的扩大",这是骗人的话。民权的发展,是要自动的。若是"被训"出来的,便不是民权了。翻开世界各国历史,请问哪国的民主政治是统治者"训"出来的？请问哪一国的民主政治,不是人民争得来的？第二是事实上的不通。凡是拿到政权,居于统治地位的个人或团体,总是不愿意放手。这是人类普遍的天性,各国的政治历史都可证明。训政学说希望训政的统治阶级,训练一般人民去夺取他们独占的政权,由训政到宪政,那也是欺人之谈。过去国民党的训政是怎样,将来国民党的训政大概也是怎样。不说别个,汪、于两氏便是第一个拿到政权不放手的。所以讲训政,就不能讲民主政治。

反对结束训政的第二个理由是说,没有国民党,便没有中华民国;而破坏训政,便是破坏国民党;破坏国民党,便是破坏中华民国。这不但是不通的逻辑,并且有意侮辱我全国人民。现在且分开来说,先讨论是否没有国民党便没有中华民国。中华民国的产生,是有许多原因促成的,如西洋文化的侵入,外患的压迫,清廷的腐败,工业革命的影响,这都是革命的根本原因。即就推翻满清的统治而言,国民党外,还有许多个人或团体都有功劳。现在汪、于两氏一笔抹煞,不是出于无知,便是故意夸大。何况革满清的命,不仅是国民党一个团体在那里做,更不是现在的国民党员在那里做。倒袁之役,主要的力量不是国民党。并且进一步来讲,中华民国现在之濒于危亡,现在的国民党员应负很大的责任。事到如今,强倭入室,执政的国民党领袖,如汪、于两氏,不向我全国国民告罪,还要在那里说没有国民党便没有中华民国,这真岂有此理!

至于破坏训政,是否就是破坏国民党,若是放眼看看民主国的政党政治,便不难解答了。政党并不一定要训政,取消训政并非取消训政的党。国民党以前没有训政,固然是党;即使现在结束训政,仍然是党。我们之所以主张结束训政,不过想取消国民党垄断政权的特殊地位而已。从一方面看来,不但不是破坏国民党,并且是想保全国民党的政治生命,免得被人家革命。

说到破坏国民党就是破坏中华民国,那更是笑话!中华民国不是国民党的寄生物;反之,国民党倒是中华民国的寄生物。国民党消灭,中华民国不一定消灭。中华民国消灭,国民党必然消灭。所谓"皮之不存,毛将焉附"。并且像国民党近几年来的干法,对外丧权辱国,对内压迫人民,党高于国,有党无国,即使到了万不得已的时候,推翻国民党的政权,也未始不是拥护中华民国之一办法。

反对结束训政的第三个理由,说过去的宪政,成绩不好,所以实在不应实行宪政。其实过去何尝真正实行过宪政?汪氏自己也说袁世凯及北洋军阀、官僚、政客们破坏了宪政。那么"成绩不好",乃是没有实行宪政的结果。如果实行宪政,又何至有袁世凯的称帝,国会的被解散,军阀的互相火并,以至于孙中山在广东做非常总统。这些事实,正是证明宪政的必要,与破坏及反对宪政者的罪恶。汪、于两氏既痛骂破坏宪政的官僚政客于前,又为何自己做反对实行宪政的官僚政客于后?

反对结束训政的第四个理由,说现在有些主张宪政的人,是从前的官僚政客,他们不配谈宪政。中国现在应否结束训政实行宪政是一事,从前的官僚政客配谈与否又是一事。如果中国应实行宪政,那么无论哪个谈,都应实行的;不能"以人废言",更不能"因噎废食"。对事对人,应该分开。何况从前的官僚政客,未必坏于现在的官僚政客呢?

上面所驳反对结束训政的理由,都是汪、于两氏共同的意见,不过汪氏更说得明显有条理罢了。此外汪、于两氏还有些话,有分别纠正的必要。

譬如汪精卫氏说:"……当时的临时约法宪法,都是国民党党员制造出来制裁袁世凯和巩固民国的基础的,所以他们要打倒国民党,便要破坏宪政。"这样看来,国民党及汪氏自己原来是主张宪政的,并且认为破坏宪政的人是不对的。那么现在汪氏又为什么要反对宪政,痛骂主张宪政的人?难道现在一般国民的程度,反不如民国初年的时候吗?抑是因为以前国民党没有拿到政权,所以"制造临时约法宪法出来,制裁袁世凯"。现在因为政权已经到手,所以痛骂主张宪政来制裁一党专政和巩固民国的人。

又譬如汪氏说:"……中国至今还没宪政,但这是什么原故呢,这是自从民国以来,宪政都被他们一次、二次、三次破坏尽了。"北京政府时代,宪政之不能实行,从前的官僚政客,固不能不负一部分责任,但是最大的阻力还是袁世凯及其遗留的北洋军阀。这是汪氏要认清楚的。而自从国民党执政权以来,完全不要宪政,改民国为党国,又是谁之过呢?从前的官僚政客,充其量不过是破坏宪政,现在的官僚政客,根本就不要宪政。汪氏何以"明于责人,而暗于责己"?

再譬如汪氏说:"由民国十七年或十八年训政开始起,至今只有三年的时期。如果没有内部的一切纠纷,当然可以做得比较好些。但是以中国之大,其范围之辽阔,情形之复杂,若谓以一二年便可以将中国完全做好,这是谁也做不到的。"其实自国民党专政以来,至今已有六年。"以中国之大",我们当然不应希望"将中国完全做好",但是国民党既以"革命党"自居,以"训政"为名,至少总要比北京政府时代做得好一点,才有资格骂人,才有资格训政。但是,请问外交内政,哪处能够比得上从前?只有贪污的程度,内乱的迅速,及卖国的手段,比从前利害罢了。汪氏没有上台的时候,攻击南京政府没有成绩,比任何人都凶。现在汪氏上台了,拥护南京政府,也比任何人都凶。何前后矛盾若是?其实,"国民党做得不好","有事实可以证明的",汪氏自己何尝不明白?就是所谓"内部的一切纠纷",都是你们国民党文武同志自己闹出来的,都是以训政自居的"先知先觉"闹出来的。汪氏自己的翻来覆去,特别要负严重责任。这又与我们小民何干?汪氏不但不承认国民党及他自己有丝毫的过错,并且好像还要把罪状搁在我们一般国民的头上,这又是岂有此理!

至于于右任氏的话,更有许多莫明其妙。兹简单指出其错误之大者:(一)诚如孙哲生氏所言,于先生最大错误,就是不能承认本党(国民党)以往的过失,以为本党还是一个健全的革命党,因此他便有"本党之能领导中国国民革命,自是基于客观事实之决定"。其实国民党现在为军阀官僚政客所盘踞,不但不能领导革命,并且事实上日趋于被革命之列。(二)"本党所求之宪政,乃革命之宪政,宪法乃革命之宪法,而惟有革命之人民乃克受之行之耳"。读遍政治学书籍,查尽各国字典,恐找不出"革命之宪政"一名词。稍有政治常识者,即知宪政与革命,不能相容。宪政之下,不容革命;革命之下,不顾宪政。至于"革命之人民",更不要什么宪法宪政。今我们之所以主张结束训政,实行宪政,正是不革命之人民,要求不革命之宪政耳。我们若是真革起命来,何暇谈什么宪政宪法。到了那时,就是国民党像满清末年匆匆预备立宪,我们也必如先总理所行,置之不理。至于"受之行之",更是谈不到。(三)"在此国难时期间,使国人监督政治,导国人参加政治,实为天经地义之事"。若国人参政为天经地义,则应结束训政,实施民治。但于氏一面说人民参政是天经地义,一面又说国民党训政是天经地义。到底哪个是天经地义?请于氏有以语我来!其实有一党专政,便没有民主政治;有民主政治,便没有一党专政,两者同时不能做天经地义。(四)"党以民主集权之形式治党治政,犹虞散漫不给,顾何取于泛民主之虚名,而受无组织之实祸乎"。就此点看来,于氏根本上就不相信民主政治,认为民主组织散漫,有害无益。党用之,"犹虞不给";国用之,将受"实祸"。由此推论,于氏的思想,不但要主张国民党专政,并且要主张个人独裁,以至于君主专制。(五)于氏认为结束训政,实行宪政,乃是共产党与国家主义派之主张。其实共产党根本就不管什么训政与宪政。他的手段,老实不客气,是要革国民党的命的。国家主义派虽然比较缓和,但是也不很热心于此,因为他们也在准备革命的武力。只有像我们这种手无寸铁的教书匠,及态度温和的人,才来向国民党谈什么训政与宪政。(六)于氏反对资产阶级的民主政治,但是什么叫做资产阶级的民主政治,什么是非资产阶级的民主政治,于氏并没有交待一句。照国民党现在的训法,根据于氏的脑筋,恐怕我们连求资产阶级的民主政治也不可得。(七)于氏痛毁民元之约法与曹锟的宪法,但是一九三一年国民党御用的国民会议所通过的《国民约法》,请于氏回顾一回顾又何如乎?口口声声骂他人为"军阀",为"官僚",为"此时代之遗骸"、"革命之尘滓",于氏其反躬自视,并视今日的国民党又是什么乎?旧官僚政客今日起来主张宪政,诚如于氏所言,未必有"席政权"之理,但其为"出墟墓",返人魂,我不敢拒绝。所怕者,今日之"军阀"、"官僚"、"此时代之遗骸"、"革命之尘滓",还想假训政,"席政权","入墟墓"耳。可不悲哉!

一九三二年五月八日

我为什么主张实行宪政[*]

前次我在各报发表《对于训政与宪政的意见》一文，侧重在批评训政的理由，没有详细说到为什么要实行宪政。该文既然引起不少的注意，我似乎有进一步来申述我的主张的必要。

什么叫做宪政？简单答复：根据宪法而行的政治，便叫做宪政。那么又什么叫做宪法？宪法可说是国家的根本组织法。这种根本组织法，大概包括两种重要成分：第一是国家最重要机关的结构、职权，及其彼此相互的关系；第二是人民的基本权利与义务。惟其因为宪法是规定国家根本组织的法律，所以它的效力高于普通法律。并且惟其因为宪法的效力高于普通法律，所以宪法比普通法律更加重要。宪法可以拘束普通法律，普通法律不能抵触宪法。因此，宪法的制定，往往有特别的机关与手续，以表示其尊严。宪法的修改，往往有特别的机关与手续，以表示其慎重。

依照上面我们的解释，须根据宪法而行的政治，才能叫做宪政。那么实行宪政，必须先有宪法；有了宪法，还须实际施行。没有宪法，固不成其为宪政；只有宪法，而不实行，也不成其为宪政。现在中国没有宪法，自然谈不上宪政；曹锟时代，有了宪法，而不能运用，也谈不上宪政。宪政既是根据国家根本组织的法律而行的政治，所以它第一个特点是法治而不是人治。

宪法的成立，不管它是人民直接或间接制定的也好，统治者与被统治者两方协定的也好，统治者单方所颁布的也好，大概都是经过人民一番奋斗得来的。没有经过奋斗得来的宪法，人民对它没有相当认识，不知宝贵，结果恐怕只有具文，没有实质；只见宪法，不见宪政。惟其因为宪政大概是人民奋斗得来的，所以实行宪政的国家，至少总有一部分人民参加政治。因此宪政的第二个特点，是人民参加的政治，不是统治者独裁的政治。

---

[*] 本文原载《时事新报》1932年6月19日。

明乎上面那些要义，我们可以开始讨论为什么中国应实行宪政。

大凡一国政治的改变，不外两个路径：一是改良，一是革命。改良不用武力，革命非用武力不可。在实行宪政的国家，因为政治的争斗有轨道可循，无论哪党哪派，如想取得政权，实行主张，可以去竞争选举。选举的结果，谁占优势，谁便在朝，谁归失败，谁便在野。这种办法，第一是各党各派有公开平等的机会；第二是政治斗争的方式不用枪杆子，而用选举票；第三是最后的裁判者是人民，而不是出于竞争者自己的意志。全个政治组织，都根据于宪法；全国各种势力，都归纳于轨道，循序改进，用不着革命。

反之在寡头专制政体的国家，很容易发生革命。其原因有二：一是起于寡头政体之内，一是起于寡头政体之外。前者是因为寡头政体的内讧而发生；后者是因为人民的反抗而酿成。前者的意义比较小，后者的意义比较大。

所谓寡头政体，不管它表面上采什么形式，其要义不外是少数包办全国的政权，使大多数人民没有参政的机会。至于其所赖以维持寡头政府的工具，分析起来，最后无一不是靠赤裸裸的武力。站在寡头政体上的辩士，无论用什么冠冕堂皇的理由来替它掩饰，然而这两个根本原则是无法可以否认的。

寡头政体既然建筑在武力的上面，那么这种武力究竟可靠不可靠呢？若是可靠，那么寡头政体还是一种安定的统治，否则，便要时常发生革命。据我们从历史上看来，寡头政体的武力是靠不住的，随时有叛变的危险。原因是所谓军队，大家为着饭碗而来，其所以服从某个长官，并不是出于公民服务国家的忠诚，乃是为生活所迫，不得不干。这种军队，没有正当的爱国观念为其行动的标准，乃是个人的军队，派系的军队，不是国家的军队。谁能给它饭吃，它就可以跟着谁走；哪派能给它利益，它就可以听从哪派的指挥。今天可以拥戴某甲，明天便可反过头来拥戴某乙。今天可以赞成这种运动，明天便可以跳过去赞成那种运动。这样的武力，乃是变乱的材料，各方所争的工具。只要寡头政体发生内讧，统治阶级争权夺利起来，其中有一个领袖或一个派系能运动军队，那么便可发生革命的事实。

而寡头政体的内讧，又是我们常见的事实。因为它的权威，完全是以强权为基础，并不向较高的公共意志负责。谁有势力，谁就可以发号施令，那么谁又不愿去发号施令呢？因此，寡头政体之下，总有不断的阴谋发生。少数的统治阶级，一日到晚，总在那里钩心斗角，争权夺利。张三可以利用武力去打倒李四，夺取政权；又安知王五不利用武力去打倒张三，取而代之。颠来覆去，无非是一套老把戏。

　　以不可靠的武力,遇到了寡头政体的内讧,结果于是往往发生革命。不过这种革命,乃是起于寡头政体之内,只牵动少数的统治阶级,及其所附属的武力,所以影响比较还小。革来革去,还是革在少数统治阶级的手内,与全民不发生密切的关系。

　　还有一种革命,是起于寡头政体之外的。在寡头政体之下,全国的政权既然被极少数的人所把持包办,不让一般人民去参预,结果社会上便要发生两个阶级:一方面是极少数所形成的统治阶级;他方面是极多数所构成的被统治阶级。统治阶级有种种的特殊权利,而非其余的人所能享受;被统治阶级有种种的义务,而无相当的权利。这种不平等的关系,于是渐渐把全国的意志分做两个壁垒,中间好像隔了一条深而且阔的鸿沟。大多数被统治的人们,起初只是愤恨不平,其后乃想运动打破这种局面。但是少数统治阶级,享惯了特殊权力,过惯了势耀生活,哪里愿意降为平民。所以他们一发现有反抗他们的运动,只知道用更严厉的压迫手段对付,或是剥夺言论出版自由,或是禁止集会结社权利,或是监禁,或是枪毙。这都是寡头政体所惯用的方法,因为武力是它本来的基础,强权是它本来的面目。

　　但是怨懑之气若深入人民的心坎,那决非威吓所能了事的。并且你越是压迫,越要激起反抗。两方面的感情,越闹越坏,人民实在到了忍无可忍的时候,只要时机一到,革命便要爆发起来。这种起自寡头政体外的革命,比前面所说起自寡头政体内的革命,意义与影响更加严重。因为牵动了全民,因为它是一种长期压迫的结果,从一方面看来,它是革得彻底,能把政权从少数人手中移到大多数国民手中,不至如寡头政体内的革命,革来革去,还是革在统治阶级里面。但是从他一方面看来,它是革得很痛苦,不但少数的统治阶级,因为罪恶贯盈的缘故,要被革命势力杀的杀,砍的砍,如法国革命与俄国革命中的贵族一样,就是全国的人民,也须经过一种彻底翻腾的纷乱。这是多么一个不得已的悲剧!这又是多么一个无可逃避的罪恶!

　　中国现在是寡头政体,无可讳言。寡头政体时起内讧,又是事实。全国人民不满意于现状,那更是不可否认的现象。老实说,到现在,国民党的统治已经到了日暮途穷、非变不可的局面了。而变的方法,根据我们上面的看法,只有两条路可走:一是结束训政,实行宪政,使各党各派有公开平等竞争的机会,使政治争斗的方式用口笔去代替枪炮,使一般国民来做各党各派最后的仲裁者。还有一条路,是用武力去推翻现状,建立新政权,这就是革命。在今日强寇已经入室,人民无以聊生的时候,理性告诉我们,最好用和平的、改良的方法解决。在过去,我们已经杀来杀去,革来革去,有廿年,人是无数千万的死了,血是像沟渠般的流了,田庐是毁了,财产是尽了,到如今,还是落得个田园荒芜,国破家亡!何况东北沦亡,已经九月;淞沪碧血,还没有干。山海关已经变色,义勇军犹在孤斗。日本且有于最近的将来席卷平津,进吞我全国的阴谋。环顾国际形势,目击亡国惨祸,我们如有天良,实在不容许我们闭着眼睛,横着心肠,来自己互相残杀了。而且遍国疮痍,十室九空,民有饥色,野有饿莩,若再要这样闹下去,那简直有灭种的危险!

在此惨痛的情形底下,全国上下,应如何万众一心,共赴国难,树立建国的大计,驱逐无理的暴日。政治上,若有别的方法改善,我是不赞成武力革命的。在日本蹂躏之下,我们再来演斗蟋蟀的故事,我认为这是野蛮!这是无耻!

因此,我对于现在所谓废止内乱运动的动机,表示相当的同情,不过这种运动,没有认清内战的原因与防止的方法。内战不是无故发生的,若不使各种政治势力有发泄的机会,若不把政治的运用纳之于轨道,那是缘木求鱼的办法。一方面统治阶级仍是专制,仍是腐败,仍是黑暗,同时一方面要一般受现状压迫的社会势力,不要起来反抗,这是万万不可能的。缘木求鱼,虽不得,无后灾。这种盲目的废止内战运动,不但无效,还有后灾。第一是间接的赞助了腐败的统治阶级或个人,去稳固黑暗的现状,使官家可以放火,百姓不能点灯;第二是无形中否认了被现状压迫蹂躏的人民最后的革命权利。不去设法改良现状,单叫人民不起来反抗,这种无条件的废止内战运动,我认为是违反正义的,实在不敢苟同。我虽然不赞成马上用武力革命,但是我认为现状非改变不可。我是主张先用和平方法改良的,如果和平方法可以走通,我是反对革命的。如果和平方法不能走通,我是没有理由可以反对革命的。

我所谓的和平方法,便是实行宪政。

中国国家土地这么大,人口这么多,利害这么复杂,意见这么纷歧,党派是绝对无法避免的。国民党内部如此乱七八糟,统治如此昏天黑地,若想要"党外无党,党内无派",统一所有不同的意志,抹煞一切的争端,这是永远不成功的。惟一的文明办法,就是承认各种意见与利益的存在,建立他们斗争的规则,让他们用选举票来代替枪杆子。他们要取得政权,要实行主张,要争得权利,他们到选举场去决斗,他们到议会去决斗。一次失败了,下次再来。用不着杀人,用不着放火,用不着蹂躏人民,用不着破坏秩序。他们都有公平的机会,他们听国民最后的裁判。这是宪政,这是民主政治的宪政。

英国自从克林威尔专政结束以来,有两百七十余年了;美国自从南北战争以来,有六十余年了;法国自从第三共和成立以后,也六十余年了;日本自明治维新实行宪政以来,也五十余年了,都没有发生过内乱。并且将来发生内战的机会,总比较没有实行宪政的国家少。只有那些落后的国家或民族,因为没有宪政的轨道可循,或不能运用宪政,还时常在互相砍杀的内乱状态里面。

政治好比球戏,宪法好比规则,宪政好比有规则的球戏。若比赛足球,而没有规则,或有规则而不遵守,那么结果只有踢得头破血流。政治势力的争斗,若没有根本大法,或有宪法而大家不行,结果也只有打得落花流水。

还有一层,宪政不但可以避免革命与内乱,并且我们要知道,还是立国的根本大计。就是根据国民党的理论,也是不能否认的。民国廿一年以来,政局之所以不安,内战之所以迭起,大家不能不承认这是政治没有上轨道的表现。但若要政治上轨道,那么非先有轨道可上不可,换言之,非实行宪政不可。现在我们的轨道在哪里?"上无道揆,下无法守",此所以举国彷徨,无路可走如今日者!

且宪政是法治的根本,法治又是民治的基础。根本大法不立,普通法律无所根据。一切个人与个人的关系,个人与国家的关系,团体与个人的关系,团体与团体的关系,以及团体与国家的关系,都没有法律的根据与保障,任凭有力者的支配。谁有武力,谁就可以作威作福。结果,只有个人政治,军阀政治。此所以辛亥革命以来,虽挂了民国的招牌,到如今,还是黑漆一团的局面。我们今后如果不行民主共和政体则已,否则,只有实行宪政,以法治去代替人治。

生在这种无法无天的国家,不说我们没有权参加政治,连我们说话也不自由,出版也不自由,集会也不自由,结社也不自由,信仰也不自由。我们的生命,随时可以被人家陷害;我们的财产,随便可以被贪官充公;我们的住家,随时可以被人家搜查;我们的名誉,随时可以被人家毁谤。我们不能安全的耕种,不能安全的作工,不能安全的经商,甚至于不能安全的教书。一切的一切,都是纷乱、黑暗、不安。我们有的是无限的义务与剥削;我们无的是任何的权利与保障。这种社会,充满了恐怖、猜疑、阴谋。这是鬼的世界,不是人的世界。我们若要脱离鬼的世界,超度到人的世界,便须要求我们做人的根本权利。现在各国宪法,大概都有保障个人基本权利的规定,消极方面,如人身自由、言论自由、出版自由、信仰自由、集会自由、结社自由、居住自由等等;积极方面,如受教育的权利、作工的权利等等。实行宪政,能给我们相当的保障。现在党治,只有继续我们非人的生活。

总而言之,我为什么主张实行宪政,因为有下列理由:

(一)我认为国民党的统治已到了非变不可的局面,而变的路径,只有实行宪政与实行革命。在此国破家亡的时候,我们应该上下一致,共赴国难。因此我主张实行宪政,避免革命,废止内战。(但是和平方法不能成功,我觉得没有理由否认人民革命的权利)

(二)宪政是国家长治久安的大计。

(三)实行宪政,是法治的基础,民治的条件。

(四)为保障人民的基本权利起见,也非实行宪政不可。

一九三二年六月十九日

国民党怎么办？*

一

日本侵占三省，已经一年有余，请问当权的国民党，怎么办？

依赖国联的结果，日本占北满，轰锦州，炸热河，捣天津，攻上海，国联丝毫没办法，到如今，调查团反给我们一个丧权辱国的报告，实权给人，空名给我，日本还不答应，国联还无下落。请问当权的国民党，怎么办？

山东韩刘之战，至今又是一月余，只看见中央代表来来往往，各方函电纷纷。然而两方交锋，照样进行；掖县炮战，愈演愈烈。请问当权的国民党，怎么办？

四川二刘之战，也已爆发，顺庆一役，死伤千人。中央的电令无效，人民的呼吁无闻。磨牙以待，川乱未已。请问当权的国民党，怎么办？

福建十九路军与民防军的冲突，日趋明显。前者的目的在整顿地方，后者的用意在保存地盘。同属中央政府，同是国家官吏，请问当权的国民党，怎么办？

贵州毛光翔反对主席王家烈，两方都有武力，不久又要冲突。请问当权的国民党，怎么办？

政治上，最高机关为中央政治会议。常务委员蒋介石氏在汉口，汪精卫氏在上海，胡汉民氏在香港，各有怀抱，不能合作，中枢久悬，负责无人。请问当权的国民党，怎么办？

党务上，党内有派，毋庸讳言，党的意志不统一，党的组织不健全，互相倾轧，甚于寇雠。以如此的党，"负国家之重"，请问当权的国民党，怎么办？

全国破产，已入绝境，民有饥色，野有饿殍。政府的财政，至于公卖鸦片；官吏的贪污，甚于猛虎吃人。请问当权的国民党，怎么办？

义勇军转战东北，于今一年。前有强敌，后无援兵，黑山白水，暴骨流血。现在日本将取积极政策，必尽歼灭而后已。请问当权的国民党，怎么办？

---

* 本文原载《主张与批评》第1期，1932年11月1日。

满洲群丑宣言,将于最近期内,先图热河,后入关内,占据华北,恢复清室。并谓北方已有接洽,成功当不在远。请问当权的国民党,怎么办?

远东风云,日趋紧急,各国军备正在加紧扩张,日本更在准备厮杀。"山雨欲来风满楼",世界已至第二次大战的"前夕"。将做战场的中国,当此空前的局面,其存其亡,系于此举。请问当权的国民党,怎么办?

因为我们快要做亡国奴,不能不问一声,"国民党,怎么办?"因为国民党训政,对于国事,单独负责,所以不能不再问一声,"国民党,怎么办?"因为送东北,不抵抗的,是国民党同志;因为争城争地,不惜内战的,是国民党同志;因为不能合作,陷全国于无政府的是国民党同志,所以我更不能不问一声,"国民党,怎么办?"

人之将死也,其言也善;国之将亡也,其言也哀。态度公平的国民党党员,或许可以原谅我这一声问"怎么办"罢?

二

怎么办?

去年"九一八"事变后,我即提出对日武力抵抗,取消一党专政两大救亡政策,大声疾呼于全国同胞之前。到如今,经过一年的教训,老实说,还只有这两条出路。

一年的教训,证明我们同日本是绝无外交可言。你看他"对我沪淞为空前的蹂躏"。你看他"对我东北袭用亡韩之故智"。你看他到处横行霸道。你看他一切毫无顾忌。请问对他还有什么道理可讲?

一年的教训,又证明国际联盟是绝不可靠。日本屡次破坏撤兵的决议,日本建立傀儡组织,国联没有办法;日本公然予以承认,国联也没有办法。倒是对于谁个不知,那个不晓的日本侵略事实,国联偏要郑重其事,像煞有介事的遣派调查团,以拖延时日。调查结果:

"其关于最重要之责任问题,竟至绝无正面的解答,反以由暴日侵略而引起之中国经济绝交运动,责难我方。其混淆真相,颠倒因果,隐为日寇卸责,已昭然若见。九十两章,对于解决中日争端之建议,一则曰,满洲须成立特别宪兵下之无军备区;再则曰,满洲须设立范围广泛之自治政府……此外如顾问会议之设立,日本权利之积极扩大与保障,在在均使我国处于危亡地位。此种违背正义与公理之解决方案,不啻使我国于日寇侵略之外,再受国际共管之束缚。"(见十月

十日《申报》沪中委冯玉祥李烈钧等通电）

信赖国联如此下场,请问有什么希望?

一年的教训,再证明国际上各种和平条约是绝对无用。《国联盟约》既如上述,《非战公约》与《九国条约》也是等于废纸。难道日本的行动还不够构成战争么?难道日本的侵略还不够破坏中国的主权么?请问,《非战公约》所非者何事?《九国条约》所为者又为何事?

一年的教训,更证明依靠外国是绝对没有出息。各国都为自己利害打算,哪肯为中国牺牲。苏俄不但不抗议日本侵入北满,并且还与"满洲国"勾结。英国自始至终没有一句公道话。法国向来偏袒日本。至于美国,虽常对日本表示一点异议,也毫无与日本决裂的意向。那么我们希望外国出来帮忙,请问,又有什么结果?

因此,就对外而言,一年的教训,只有武力才是唯一的解决。国民党宁愿卖国则已,否则只有同日本武力解决。日本占据东北,国联不能为力,怎么办?武力解决!日本唆使"满洲伪国",出兵进关,怎么办?武力解决!过去国民党"实行不抵抗主义,举全华民族之前途而付诸国联",所以一误再误。

现在有一年多的教训了,国民党似有觉悟,所以中央执行委员会《九一八纪念告国人书》,也知"国未有不能自存,而赖人以存者"。不过认为"于国际环境正届剧变之时,沉着以待国联之决议与行动;……有理可讲,则讲理;无理可讲,则角力。力竭矣,则宁为玉碎,不为瓦之全"(见九月十八日《申报》)。

事到如今,请问,"有理可讲"乎?"无理可讲"乎?如"无理可讲","则角力"之时至矣!即以"沉着以待"的调查团报告,其不讲理,早有定评。然则,国民党如果"敢矢天日",便应"角力","宁为玉碎,不为瓦之全",才是"竭忠尽能,努力事实",才有"矢与国共存亡之至诚!"

国民党不这么办,请问,怎么办?

三

"武装同志"互相内战,"长衫同志"互相排挤,这是中国不统一的原因,怎么办?

六年的训政告诉我们,国民党本身是绝对不能统一的。武有武的地盘,文有文的系统。党内有派,自昔已然,于今尤烈。这是事实,无可讳言。过去数年的内战,固然是同志打同志;现在各处已发将发的内战,又何尝不是同志打同志。

天灾的奇重,不能使他们"精神团结";日本占据沈阳,不能使他们"精神团结";日本统一东北,不能使他们"精神团结";日本屠焚沪淞,不能使他们"精神团结";日本现在要"满洲国"吞并热河,进兵平津,还不能使他们"精神团结"。那么,还有什么可以使他们"精神团结"?事实胜于雄辩,事实证明国民党本身是绝对不能统一的。

六年的训政又告诉我们,中国在不统一的国民党专政之下,是绝对不能统一的。国民党的党争,若像在民主国里面纯是内部的纠纷,不与我们国民相干,那么他们统一也好,决裂也好,改组也好,西山也好,向左也好,向右也好,抱头痛哭也好,手枪决斗也好,张三领袖也好,李四称头也好,只要他们的行为只影响于党,不牵连到国,我们国民可以不必过问,也没有权过问。但是这不足以语今日之中国。今日之中国,是国民党的天下,党事就是国事,国事也就是党事。因此没有统一的党,自然没有统一的国。六年以来,国民党层出不穷的内讧,文武同志,忽左,忽右,忽联共,忽反共,忽西山,忽改组,忽同志,忽叛逆,忽通缉,忽欢迎,忽打仗,忽讲和,闹来闹去,他们仍不失为"党国要人",只可怜我中国闹得河山破碎,只可怜我国民闹得家破人亡。其实,我中国何尝不统一,只因武装同志要割据。我国民何尝不统一,只因长衫同志要捣乱。呜呼,国民党不统一,不但是国民党本身之不幸,也是中国之不幸,更是人民之不幸。我们始终希望国民党之统一,无奈国民党终不能统一何!

国民党既不能统一,国民党不统一的专政既使中国也不能统一,然则,怎么办?惟有"结束训政,实行宪政"。

结束训政,让国民有言论自由,让国民有出版自由,让国民有政治结社自由。有政治结社自由,国民才能组织起来;有组织,才有力量;有力量,才能制止军阀混战。有言论出版自由,社会才能产生舆论;有舆论,才有是非;有是非,才能监督政客捣乱。老实说,国民党的招牌压不住了,惟有信仰人民的力量,养成人民的力量,发挥人民的力量,才有希望镇压一班好乱成性、狼心狗肺的军阀政客。除此以外,别无生路。

实行宪政,各党各派可以公开竞争,以法治代替人治,以选举票代替机关枪,政治势力有地方发泄,有正路可走,党外各派不必去革命,党内各派不必去捣乱。有本事、有主张的,尽管堂堂正正去组织,去号召,不必在党内排斥离间,兴风作浪。一切的一切,最后让我们国民来裁判。

如是,民主势力扩张,就是军阀势力消灭。一般军人,在那里为国服务的空气下,在人民有组织的监督下,在政治上有宪政的轨道下,不但不敢割据,不敢内战,并且会变成卫国保民的势力。同是军人,在民主国家里面,军人为什么不干政,不割据,不内战,在中国便成为阀?这由于民主的势力使然,这由于宪政的轨道使然,并不是因为中国军人特别少了两个眼睛、一颗心。

内政上有了出路,然后政府与人民能够合作,全国军人,能够指枪向外,长期抵抗才有意义。关于此点,国民党似乎也有觉悟,所以《九一八告国人书》开头沉重的说道:

"本党际艰危之时,负国家之重,欲不为亡国之罪人,欲不堕总理之遗绪,欲持公理与国力,以守此疆土,保此主权,舍适应民意,集中民力,刻骨痛心,以与强暴周旋外,义无他顾。"

换句话说,就是国民党愿意服从民意,与全国同胞合作,一致对外,除此,别无生路。这是何等的光明磊落!这是何等的公忠为国!凡我国民,听了这话,对于国民党的怨恨,应该一笔勾销,共同携手,以救危亡。"国未有政府与人民不相亲相爱,相助相守,而可济大难者。"(见《告国人书》)我国民其听诸!我国民其听诸!

国民党不但愿与人民合作,并且愿意容忍其他政团的存在,相与为国,"求国家的生存"。故曰:

"国人今日政治见解之不同,政治集团之庞杂,无可讳言,是犹指臂之有长短也,嗜好之异咸酸,遇饥渴,则无不后言味,以先求生者。今之国势,如大海孤舟,狂风迭袭,舟人于此协力共济之不暇,更何忍以全局之安危,徇彼此之意气。故本党今日愿忍一切,以求国家之生存。"(见《告国人书》)

准此,则国民党已承认党外的政治意见;准此,国民党又已承认党外的政治集团。不但承认之,并且愿与各派"协力共济";不但愿与党外各派合作,并且愿破除意气,忍受一切。国民党的为国求全者若此,那么党外各派复有何求,我们国民更有何求?

所虑者,就是恐怕国民党发宣言的时候,是"声与泪俱并,言与心俱尽"(见《告国人书》),事过之后,又是对外不抵抗,对内要压迫。

为证明"本党今后之责任,在竭忠尽能,努力事实,不待于多言"(见《告国人书》),请国民党政府立即实行下列各项:

(一)确保人民的言论、出版、集会、结社各自由;凡限制上述各自由的党部决议,及一切法令,除普通刑事及警察法规外,均废止之。

(二) 承认各政党,并得以自由活动,移党费去做援助义勇军的军费。

(三) 集中全国人才,组织国防政府,武力收复失地。

(四) 筹备宪政,限八个月内召集国民大会,制定民治、民享、民有的宪法。

那么不但"本党愿与我全国同胞,一致迈进,勿自矜,勿自馁,于九死之中,求必生之道"(见《告国人书》),我全国同胞,也愿与我贤明的国民党,一致迈进,勿自矜,勿自馁,于九死之中,求必生之道。

呜呼!"辽吉黑三省沦陷,于今一年,全国同胞锥心裂眦,誓共存亡!"(见《告国人书》)我当权的国民党,怎么办?

一九三二年十月二十五日

这样的国民！*

有这样的国民，便有这样的政府，这样的国家。

我们不要单骂日本，让我们来骂自己。我们不要单骂政府，让我们来骂国民。我们也不要单骂军阀、官僚、政客，让我们来骂工业家、商人、大学教授、学生，及一般民众。

"暴日"、"矮寇"、"丑类"，我们都咒过了。但是，日本虽"暴"，为什么不向美国去"暴"，俄国去"暴"，英国去"暴"，法国去"暴"，而独向中国来"暴"？日本人虽"矮"，为什么短脚鬼不"寇"西北利亚，不"寇"加尼福尼亚，不"寇"澳大利亚，而独"寇"东三省？大和民族虽"丑"，总不像我们神黄华胄这样的受人家欺负、压迫、屈辱；总不像我们中华民族这样的乞哀、求怜、丢丑。

"人必自侮，而后人侮之；国必自伐，而后人伐之。"算了，我们不必骂日本罢。现在的政府，该骂不该骂？该骂。但是我们国民，该骂不该骂？也该骂。

组织政府的还是人，不是天上下凡的神仙，也不是三头六臂的怪物。他们是本地风光，两个眼睛，一个鼻子的个人。他们是当时此地社会之一员，他们脱不了这个社会的影响，离不了这个社会的罪恶。他们要特别坏，总不会因为人民特别好。如果人民特别好，为什么不起来纠正、监督、改造？为什么要让少数人把持、操纵、干坏事？人民没有能力，没有勇气，没有公德，来纠正、监督、改造坏政府，那么便可证明一般人民比政府人员并不见得好到什么地方去。

政府人员不是瞎了眼睛，不看情形的。他们愈是要维持地位，愈是要注意人民的意见。如果人民有能力，有勇气，有公德，政府决不敢胆大妄为。若是人民都是奴才，或奴才的奴才，他们当然是不客气了。

我们攻击政府丧权辱国，是事实，不能否认。但是我们的商人为什么要贩卖日货？我们的北平教育界为什么要把北平改为"文化城"？我们的资本家，为什

---

* 本文原载《主张与批评》第2期，1932年11月15日。

么对外不敢作强硬的主张？胆怯的国民，才有胆怯的政府；胆怯的政府，才是长期不抵抗。

我们反对军阀的跋扈与混战。军阀的跋扈与混战，是事实，不能否认。但是接济军饷的是谁？是不是我们的资本家？运筹帷幄的是谁？是不是我们的读书人？替他们奔走的是谁？是不是我们的士大夫？替他们办交涉的是谁？是不是我们的留学生？替他们做电报的是谁？是不是我们的智识阶级？一般人民不敢起来制裁，甘做奴才，连声势赫赫的废除内战同盟，也不敢说一句公道话，提出较为有力的办法。那么，这样的国民，只配做军阀的羔羊。

我们痛骂政府的贪污。政府贪污，是事实，不能否认。但是请问我们的社会生活是不是充满了贪污的空气？做经理的，要揩股东的油；做帮伙的，要揩老板的油；做厨子的，要揩主人的油；卖电车票的，要揩公司的油。中国社会哪处不揩油？哪处不贪污？你不贪污，人家说你是傻子。你大揩其油，人家说你有本事。贪污的社会，产生廉洁的政府，是例外。揩油的人民，产生括地皮的政府，是当然。

我们反对政府的专制。政府的专制，是事实，不能否认。但是我们的社会，又何尝有互相尊敬的美德？谁有权势，谁占便宜；谁无权势，谁该倒霉。大虫吃小虫，小虫吃毛虫。层层相压，唯力是视。社会无正义，无平等，又何怪政府作威作福。

我们攻击政府引用私人。政府引用私人，是事实，不能否认。但是，引用私人的机关，不只是政府。学校请教员，不是因为他有学问，而是因为他与学校当局有亲戚朋友的关系。教员在校中所得薪水的多少，与任期的长短，要看他与当局的感情。清高的教育机关如此，其他有何话说。你不信，你去看，公司的职员，商店的伙计，以至于轮船上的茶房，何处不能发现亲戚、同乡、朋友的关系。

我们攻击政府欺骗人民。政府欺骗人民，是事实，不能否认。但是中国根本是一种互相欺骗的社会。表面上说得好听，实际上并不是这么回事。对着你，花言巧语。背着你，百般谋害。找不着，赤心好汉；看见的，无非滑头。譬如商铺卖东西，没有定价，骗得你一个钱就算一个。有时就是挂着真不二价的招牌，其实还是做童叟有欺的买卖。言行不一，既不是"知难行易"，也不是"知易行难"。上下互相欺骗，"而国危矣"。

我们攻击军阀内乱，是事实，不能否认。但是民众团体，有几个不内乱？一个团体，分成几派，互相争利。客气点，互相谩骂；不客气点，互相纠打。我们中国人不能维持三人以上的团体,怎样能希望军阀合作?

我们骂官僚政客的无耻。官僚政客无耻,是事实,不能否认。但是我们一般人民,有多少知耻的？拿智识阶级来说,有多少在那里主持正义,守正不阿？有多少不趋炎附势,见利忘义？所谓帝国主义的工具,军阀的走狗,政客的附庸,有多少不是智识阶级中人？

人民好,政府不敢不好,政府坏,因为人民坏。好人民,不容坏政府,坏政府,因为好人民太少。今日我们所受的痛苦,一方面不能不责备并且监督政府使其改善；他方面尤要努力改良我们的万恶社会。我们要自怨自艾,我们要彻底觉悟。我不是替政府辩护,我更不是替军阀、官僚、政客卸责。我是希望我们国民,不要放过了自己。

这样的人民,才有这样的政府,这样的国家。

要有别样的政府,别样的国家,须有别样的人民。

一九三二年十一月十日

对国家的认识
——我的自供

一

我在《新月月刊》发表过几篇文字,有人便说我是新月派。

去年九一八后,我主张取消一党专政,对日反抗到底,许多人便认我是国家主义派的重要人物。

今年春天,我一面反对《上海停战协定》,一面反对国难会议限制讨论范围,于是上海公安局所得到的秘密报告,所谓共产党领袖的名单中,据说竟有王造时其人。

五月十六日,英文《人民论坛》又说我是中国法西斯运动的领袖。

九月十八日忽然接到青衫除奸团九月十五日发的一封信,要我开除青年党内的"汉奸",并限于三月以内,在《申》、《新》两报声明,否则,以炸弹相赠。这又显然误把我当做青年党的负责人员。

最近,朋友告诉我,江苏省政府通令各县,说奉到中央密令,说我同别两位先生又在组织什么社会劳动党,简称"宣劳",将以《生活日报》为吸收党员的工具,须得严查。

以外恐怕还有不少的谣传与误会。在这些谣传与误会当中,自然以国家主义派的头衔为最普遍,对于这点,我想做点口供。

二

我是一个主张要国家的人,所以我对于中国的存在,自然要拥护。我不否认我是爱国者,但是我爱中国,我提倡国家观念,请原谅我,因为我有我的理由。

现在还不是大同的世界,全世界都以国家为单位,民族的生存,还得要国家

---

* 本文原载《主张与批评》第2期,1932年11月15日。

的保障。哪个民族没有健全的国家组织,哪个民族便须受人家的压迫,以终至于淘汰。近代一部历史,从横的方面去看,固然是一部阶级斗争史;从纵的方面去看,也是一部国家争斗史。这是铁一般的事实,我们不能否认。如果中国人要在这个世界讨生活,便不能不拥护国家的存在。

若是中国已经是一个强大的国家,或者用不着我们深切的爱护。在那时,若是我们再去提倡国家观念,或者要铸成很大的错误,走到帝国主义一条路上去。但是今日之中国,不足以语此。一面误于传统的天下观念,一面误于血统的家族主义,全个社会只有天下观念,没有国家观念;只有家族意识,没有民族意识。郑孝胥、赵欣伯等之所以甘做日本的傀儡,其故坐在前者;引用亲戚同乡,而不顾国家社会的利益,其故坐在后者。中国之病,病在于不成国家,不是病在于国家的组织过于发达。中国人之病,病在于不知爱国,不是病在于过于爱国。中国的问题,是在救亡,不是在侵略。所以在今日中国,而言爱国,而言救国,并不是落伍,更不是高调,乃是我们应有的责任。

就是要走到国际主义之路,也非先有健全的国家组织不可。没有国,如何能谈到国际。根据人类发展的历史,将来世界的组织,大概第一步先须有健全的国家,然后才能实行世界联邦制度;世界联邦制度完全成熟之后,世界观念才能慢慢的代替国家观念。犹之美国联邦,当初是以十三个独立的邦为单位,到现在各邦人民才融化为一。若是我们现在便要打破国界,高谈大同,不但为人家所耻笑,并且是缘木求鱼的办法。

将来世界的统一,决不是空洞的大同主义所能成功的,同时也决不是帝国主义所能成功的。以一个帝国主义的国家,要以武力为后盾,去消灭各种各样的国家,去统治各种各色的民族,不但是理论上讲不过,就是事实上也行不通。大不列颠还须给自治领地以独立国家的地位,谁能说秦始皇式的办法能吞并全个世界?大同主义,说起来似乎好听,实际上等于镜花水月,空无所有。未来的世界,根据各联邦国家的历史,我深信,只有建筑在联邦的制度上面,而世界联邦又必须以国家为基础。

不过,我爱国,我拥护国家的存在,并不以国家本身为目的,乃是认它为手段,为人民谋幸福的手段。国家不是神圣,犹之人类各种团体不能看做神圣一样。如果将来世界各国都取消,到那时,当然我也赞成把中国取消。如果各国要保存,那么我要问中国为什么不要保存?人家以国家的力量来谋我,我只有以国家的力量去反抗。人家以机关枪打过来,我只有用机关枪打过去。

国家的目的，不仅在防御外来的压迫，尤重在增进国民一般的福利。在个人主义极盛的时候，国家的功用很简单，不过防止外侮，维持国内的和平与秩序而已。十八世纪末期一般政治思想家小视国家与政府的功用，主张放任政策的见解，已不适于现代社会的生活。十九世纪工业革命的结果，经济原因的重要，劳资两方的对峙，与一般社会关系的密切，在在需要国家权力的干涉。国家的职务，已由消极的警察作用，进而担任各种重要企业，规定各种社会生活。换句话说，已由个人主义的国家观，进而至于社会主义的国家观。国家已不复是个人主义者所谓"必要的恶"（necessary evil），已成为"积极的善"（positive good）。

在君主专制政体之下，我们不能否认国家大概为少数贵族阶级所操纵。但一七八九年的法国大革命，已确立了政治平等的原则。所谓国家，不是君主贵族的国家，乃是全国国民的国家。在资本主义发达之下，我们也不能否认国家大概为少数资本阶级所操纵。但一九一七年的俄国大革命已确立了经济平等的原则。所谓国家，不是资本阶级榨取劳工阶级的工具，乃是全国国民共存共荣的团体。国家的性质，可随时代而进化；国家的制度，尚无消灭的可能。

苏俄在理论上或者要高唱工人无祖国，苏俄在事实上，却成为国家组织最发达、国家功用最广阔、国家观念最深厚的国家。苏俄的"五年计划"，不是有很复杂的国家组织，哪能实行？苏俄的人民没有爱护苏俄的观念，哪能如此牺牲？我们尽管反对资本主义，我们不必反对国家的存在。

怕了中国变为帝国主义的人们，不惜反对国家观念的提倡。其实中国到了这步田地，还有什么做帝国主义的资格。老实说罢，五十年之内，中国的问题是救国，是建国，不是帝国不帝国。今日之事，乃是人家侵略我，压迫我的问题，不是侵略人，压迫人的问题。若怕了将来侵略人家，而反对自强，而愿受压迫，这是因噎废食，这是丧心病狂。况且帝国主义的重要原因，不在人民的国家观念，而在经济的组织与文化的性质等等。我们要预防中国帝国主义的发生，自然有别的途径，不必从毁灭自己下手。

我提倡国家观念，因为它有积极的价值。它可以团结全国人民的意志，抵抗外国的侵略，保持自己的统一。它尤其是被压迫国家求解放的利器，被压迫民族求解放的工具。弱小的国家，由它而强大。分裂的国家，由它而统一。亡了的国家，由它而复兴。无组织的民族，由它而建国。我们看历史，意大利、德意志之所以统一，法国所以屡次危而复安，波兰之所以复国，日本之所以强大，土耳其之所以崛起，谁说不是国家观念所推动？十九路军的苦战东南，义勇军的流血东北，谁说不是国家观念所激发？

　　国家观念的伟大，尚不止此。它实在无形中可以澄清及增进我们的生活。公共事业，有它在里面推动，可以积极的发展；政府机关，有它在上面监督，可以养成廉洁的政治。反而言之，一个国家若无国家观念为之基础，精神必至涣散，道路坏了，没人理；古迹倒了，没人修。伟大的城市，让它毁灭；长久的历史，让它忘去。做官吏的，只知搜括地皮；做人民的，只知自私自利。总而言之，国家的群体生活，必自趋于腐败堕落而不自知。你不见希腊时的雅典与司巴达吗？他们的公共生活极高尚极兴盛的时候，也就是他们的爱国心最发达的时候。你不见今日的中国吗？人民没有国家观念，所以国事至此，军阀不惜混战，贪官不惜搜括，奸商不惜贩卖日货，东北群丑不惜傀儡登台。

　　老实说，我不否认我是一个爱国者，我是一个拥护中国的存在者，我有上面的理由。但我不认国家本身是目的，我坚决的反对国家被一个人或少数人所操纵。我不管操纵的是皇帝也好，贵族也好，军阀也好，资本阶级也好，地主阶级也好，外国人也好。谁要包办国家，以个人或少数的利益，牺牲大多数人民的利益，我就反对谁。我要国家，我爱国家，我要的是政治平等的国家，我爱的是经济平等的国家，我现在的力量虽小，但是我要为我的理想奋斗。抱如是的国家观，"人呼我为牛，则应之为牛；呼我为马，则应之为马"。

一九三二年十一月十五日

复兴新文化运动[*]

一

现在真是一个"反动"时期,一个"反革命"时期。

一九一八年以后,一九二三年前,新文化运动盛行的时候,只看见许多人在那里打"孔家店",现在"孔家店"不但是没有被打倒的危险,并且"党国要人"要大兴土木,广修孔庙,拜倒于"至圣先师孔子神位"之前了。

以前张君劢先生说了几句关于人生观的话,便有丁文江先生一大群人去打"玄学鬼"。今年由考试院院长戴季陶先生等所发起的时轮金刚法会在北平举行(国府津贴——注意),在丁文江、胡适之先生等脚下,大演法宝,闹得轰轰烈烈,"文化城"中,倒没有人去喇嘛庙里"打鬼"。

曹、章、陆因为山东问题,在五四被学生打得头破血流,魂不附体,罢免之后,至今翻不过身来(只有曹汝霖同段执政到过时轮金刚法会)。现在偌大的东三省送掉,误国卖国的人,仍然是高官厚爵,一点也没有危险。有人问学生到哪里去了,有人回答说恋爱去了,有人回答说看电影去了,还有人回答说领津贴去了。

以前谁也不敢反对"德谟克拉西",得罪"赛恩斯",连段总理或执政,都得回避。现在训政把"德谟克拉西"先生训走了,独裁把他裁去了。就是"赛恩斯"先生不是被"党化教育"所"化"掉了,便是被尊禹学会,或什么"法会"所吓死了。

白话文学呢?慢慢的消沉死去。文言文学,经湖南省政府主席何键先生的提倡,"死"了又在复活。再过几年,恐怕"活的文学"死了,"死的文学"倒活了。你不看国民党的宣言的演变吗?由白话而浅近的文言,由浅近的文言,而成为可摇头摆尾朗诵的古文了。

戴院长的念佛、讲经、修庙,吴玉帅的扶乩、卫道、救国,以及前几个月静安寺的浴佛大会,最近北平的时轮金刚法会,都是今日党国的香火盛事。

---

[*] 本文原载《主张与批评》第3期,1932年12月1日。

时代变了,狗也变了,人安得而不变?

新文化运动的保护者蔡元培先生已经是党国元老了,新文化运动的领导者胡适之先生已经是国际名流了,就是新潮社的几位摇旗呐喊的学生,他们已经是"党国次要"了。吴稚晖先生以前那样捧"赛恩斯"先生,打"玄学鬼"的精神,现用在读《遗嘱》,朗诵《三民主义》上去了。胡汉民先生现在妙高台上咬住党治还不肯放,再也不会去办《建设杂志》了。戴季陶先生除了上面所说念佛、讲经、修庙,发起法会及尊禹学会等等以外,还有考试院的事情,哪里还记得以前的《星期评论》? 至于叶楚伧先生在《民国日报》,及邵力子先生在《觉悟》栏内说的话,在做秘书长或主席的时候,谁能记得那么许多?

因此,新文化运动的影子没有了。又是一朝江山! 又是一朝君臣! 又是一个时代!

谁是"反动"? 谁是"反革命"? 让时代先生去判决罢!

二

一九一七年发生的新文化运动,的确有它的价值。

我们以前的政治活动,只是少数士大夫阶级玩的把戏。就是戊戌政变,及辛亥革命,也没有大批的"阿斗"参加。新文化运动的确是一大解放,使旧社会的思想与制度都失却了尊严。五四运动,就是表现人民对于权威不客气的反抗。学生小子,乳臭未干,竟敢烧部长的房子,在部长头上动土;商人见义忘利,居然罢市;工人虽然又穷又愚,也知道罢工。闹得全国天翻地覆,政府终于罢免曹、章、陆,挽留蔡元培,这不能不说是"三千年来一大变局"。这种变局,指示了民众组织的可能,表现了民众参政的能力。后来共产党、国民党之所以能够组成大党,做各种民众运动,汇成一九二六年起的国民革命大潮流,把北洋军阀打得跑的跑,降的降,我们不能不说新文化运动有很大的贡献。所以难怪胡适之先生在国民党北伐的时候,也要认为自己有功了!

辛亥革命虽然把"真命天子"赶走,但政治上并没有什么成功。军阀的专横,人民的痛苦,一天一天来得利害。兼之一九一四年欧战爆发,接着就是一九一五年日本向我提出《廿一条》,又接着是袁世凯的洪宪运动,再接着是张勋复辟,解散国会,南北分裂,各处混战。我们原来希望民国成立,五族共和,"风调雨顺,国泰民安"。谁知"真命天子"去,"假命天子"来,中原逐鹿,天下纷纷,人民的痛苦与不安,较之前清,还要利害。于是人民对于政治改革的信念完全失掉了。刚在这个时候,新文化运动辟开新的途径,告诉我们到社会上去,到民间去,从根本问题着手,从思想革命着手,这的确替新式政治运动展开了一条广阔的道路,打下了深厚的基础。摧毁旧思想,推翻旧制度,谁说不是在那里摇动旧政治?

新文化运动并不是文艺复兴,乃是对于传统的思想与制度重新估价的一种运动。没有价值的,便施以攻击。因为我们中国的传统思想与制度,大体都不适于现代生活,所以这种运动差不多完全用力在攻击旧势力方面,攻击孔教,攻击礼教,攻击文言文学,攻击家庭制度,攻击婚姻制度,攻击丧葬制度,攻击以前的教育制度,攻击男女不平等的关系。所有旧的伦理、道德、制度、思想,在新文化运动中,真是四面楚歌,都渐被摇动起来。旧的不去,新的不来,这又是新文化运动不可磨灭的功绩。

新文化运动同时促成了文学革命。文学革命主要的目标是打倒文言,建立白话。文言是载"道"的,"道"是我们的传统思想。所以革文言的命,也间接就是革传统思想的命。革的结果,白话给了我们一种比较容易传达思想的工具,解放了许多受文言压迫的人们。智识的传播,思想的交换,更来得广,更来得快,我们看五四以后所出的杂志,有如雨后春笋,便知白话功用的浩大了。

经过新文化运动,民族精力的解放,真是有如春雷发动,万物齐萌。什么思想的系统都有,什么改良的运动都有,五花八门,构成今古奇观,在中国历史上放一异彩。除了春秋战国时代,哪个时候有这样的文化高潮?只见无数的学会、无数的团体、无数的杂志,真是好一个活泼的气象!

三

党国以后,训政以来,什么都完了。新文化运动的结果,只剩得标语、口号、纪念周、静默三分钟。政治黑暗,外患危险,人民痛苦,历史的巨轮,似乎又回到一九一八年左右了。有人说:"恐怕还不止此罢。"

旧思想正在运动复辟,旧制度正在卷土重来,旧人物正在借尸还魂,到处在露出狐尾巴的原形。中国似乎又在"开倒车",回到尧、舜、禹、汤、文、武、周公、孔子、孟轲的那条路上去了。民族的前程,已发生阻碍,不将反动的思想与制度,给以彻底"肃清",恐怕"齐天大圣"真要显神,中国又要倒退若干年代。

因此,我觉得现在有恢复新文化运动的必要,喊出后期新文化运动的口号。

后期新文化运动,第一须将不合理的思想、制度、势力、风俗、习惯等等,彻底的加以扫除。换言之,应该继续前期新文化运动的破坏工作。以前有许多地方,简直没有攻击到,或攻击而没有致要害。因此"野草烧不尽,春风吹又生",我们现在若不拆尽旧房子,新房子无从建起。

前期的新文化运动,只注重消极方面的破坏,没有注重积极方面的建设。从事前期新文化运动的人,虽然对于旧的东西很勇敢的进攻,对于新文化本身,却很少具体的贡献。其在思想上的意义,与辛亥革命在政治上的意义倒很相同。辛亥革命运动只知道推翻满清,没有充分准备推翻以后的办法,所以满清一倒,民主政治并不能实现,中国的政治更趋于纷乱。前期新文化运动也是一样,虽摔碎了不少传统的思想与制度,但是对于新文化却缺乏有系统的建设。结果,社会失却旧日所赖以维系的东西,解放的民族精力无处归宿,而发生很大的纷乱,不能收拾。所以我觉得后期的新文化运动,除了继续破坏旧东西而外,还须提出有系统的主张,作公开热烈的讨论,以期得到新社会生活的方式。

前期的新文化运动,范围还不够大,有许多问题根本上就没有讨论,有许多问题,讨论了而没有到底。我们主张后期的新文化运动,应该包括社会生活的各方面,把一切旧的东西都倾箱倒箧找出来,一一加以检讨,重新估定他们的价值。如文字、文学、娱乐、美术、宗教、教育、人口、家庭、婚姻、犯罪、迷信、饮食、衣服、男女,种种切切,无一不应该给以彻底翻腾的讨论。在我们心目中,无所谓神圣不可侵犯的思想、制度及势力。我们的唯一目的,在创造适合现代社会生活的新文化。

不过,我们须记得,文化运动本来就是收效很慢的,需时很长的,须经过很大的努力,才有相当的效果。若操之过急,那是不会成熟的。前期新文化运动之所以没有很大的成功,才数年便归于没落,便是因为运动经过的时间太少,用的力量不多,我们认为后期的新文化运动应该有一个较长的时间去充分检查各种思想与制度,以期得到成熟的结果。"欲速则不达",我们倒不希望一年半载有什么惊人的成绩。

中国是一个破落户,躲不了雨,避不了风,何不让我们把一切粪土之墙及不可雕的朽木,都拆毁下来。同时打好模样,如工程师一样,一步一步的努力去建造一所新的大厦。

全个民族似乎没有路可走了,情形似乎在那里"反动",在那里"反革命"。往前面跑为民族运命拉纤的人们,你们觉得有复兴新文化运动的必要吗?若是我们大家都觉得,何不让我们大声疾呼:

"前期新文化运动尚未成功,后期新文化运动仍须努力。"

一九三二年十一月二十日

怎样打倒贪污？*

一

我在英国听见一个无政府主义者说："政府就是有组织的强盗机关。"这句话虽然有点过分，不能概括一切的政府，但是贪污的政府，榨取人民血汗而不能为人民谋幸福的政府，凭我们的良心说，我们不能否认。

私人做强盗，不过几个人偷偷摸摸，怀着手枪，拦路行劫，或闯入人家，卷取些金银财物而已。被军警捉住之后，不是永远监禁，便是枪毙砍头。若官吏要做强盗，那就不同了。他们有军警做工具，有法律做护符，上有头目，下有喽啰，全个政府变成强盗机关。他们的掠夺，是有组织的；他们的榨取，是有系统的；他们的势力，是笼罩全国的。你要反抗，他们有的是子弹给你吃，有的是监狱给你坐。他们要割你就割你，要宰你就宰你，抽筋就抽筋，剥皮就剥皮，所抢的数目，又何止数十百千万！

在中国历史上，恐怕任何一个时代找不出这么多的贪官污吏，在世界各国政府里面，更恐怕再找不出像我们这样贪污的政治。大官可以大发财，小官可以小发财，自上至下，彻头彻尾，差不多都进行升官发财！（当然也有例外）

贪官污吏简直是一群屠夫，一天到晚，在那里谋财害命，今天要割我们小百姓的肉，明天要吸我们小百姓的血，后天甚至于要送我们小百姓的命。他们把我们小百姓当做告朔的饩羊，何曾认识我们是他们的主人。这种情形，若不改变，什么主义都谈不上，什么主张都行不通。我们国民不起来打倒贪污，恐怕没有安生的机会。政府自己不设法肃清贪污，恐怕政治生命真要"寿终正寝"。

二

不过，贪污有贪污的原因，须找出贪污的原因，然后才可以提出打倒贪污的

---

* 本文原载《主张与批评》第4期，1932年12月15日。

办法。

现在一般官吏贪污的原因,第一就是因为任期没有保障。大家都存着"五日京兆"之心,今天不知道明天的事。长官一换,底下的人都跟着要跑。好不容易找到饭碗,得到以后,又无日不在动摇。这个穷年头,若不乘做官的机会,大刮一次,充满荷包,一旦饭碗打破,岂非将来要坐以待毙?臭虫饿了许久,忽然爬上了活人的肉体,哪有不大吸一顿血的道理。现在做官的人,大半都是些饿了好久的臭虫,自然要大吸一顿民脂民膏,以为下台以后打算。"十年不做官,做官吃一生。"所以官吏的任期,如果没有保障,贪污的风气,便难铲除。

不过官吏也有两种:一是政务官,一是事务官。政务官是党派的领袖,最高行政的当局。他们的进退,要看所隶党派势力的消长。在民主国家里面,这种势力的消长,完全根据民意的趋向,选举投票便是表现民意趋向的方式。选举结果,哪党胜利,哪党的领袖便去组织负责的政府。政务官的性质是政治的,他们的职能是决定政策,并督察其执行的。他们的任期是没有一定,须看政治势力的推移的。至于事务官,则为实际执行法律与政策的人。在现代各文明国家里面,他们的地位是与政务官完全不同的。他们不参加党派的活动,无论对于哪党哪派所组织的政府,都同样的忠心服务。他们的出身,乃由于考试,不是由于权要的引用。他们的任期,都有保障,不是随意可以去职。

我所谓任期的保障,乃是指事务官而言的。政务官居极少数,在英国,还不满百数;永久的文官,总数却在三十万以上。关于政务官的贪污,我们有别的方法可以解决,暂置不论。关于事务官的任期,我们主张须采取终身制;既经任命以后,除了死亡或辞职之外,只有犯了过失,才能免职;只有到了法定年岁,才能退职。如果这点办到,做文官的人,便不必奔走于权势之门,逢迎上司,以保地位;也不必大刮百姓之皮,预备下台以后的生活费用。大可以奉公守法,一心一意为国家服务。

现在的官吏,不但任期没有保障,并且薪俸实在太少。一个部长,每月只有七八百元,次长只有五六百元,司长只有四五百元,科长只有二三百元,科员等职只有数十元至百余元。以外还要欠薪,几个月不发。以外还要减薪,每月只有几成。以外还要抽薪,按月抽所得税多少,去办党部,送党员出洋留学。以外还要应酬:上司的父母逝世发讣闻来,要送礼;上司的儿女成婚,发喜帖来,要送礼;上司自己做寿,当然要送礼;上司自己讨太太(或姨太太),当然更要送礼。这样一来,区区薪水,若不贪污,哪里够用?

所以要打倒贪污，必须提高官吏的薪俸。其实，只要他们不贪污，就是给他们几倍于现在的薪水，也是值得的。譬如现在部长们每月得八百元的薪金，如果他们不鬻官卖爵，借款回扣，贿赂公行，我们给他们两千元一月，也不为多。至于事务官，如果任期有了保障，同时他们不能作政治活动，没有特别发财的机会，并且又不能随时离职他就，那么就是多给他们点薪俸，使青年有为的人才能够乐意为国家服务，也是应该的。

并且薪俸须逐年增加，或每几年增加若干，到一最高额而止。年老退职之后，还应该有养老金的办法，使一般官吏生活安定，有恃无恐，一心一意为国家做事，没有衣食之忧。这样一来，贪污最大的动机自然打消，贪污的风气自然可以大减。

关于事务官的待遇，还有一点须说到。在现在各文明国内，文官升迁的标准不外两个：一是服务的年限，一是服务的成绩。有以服务至一定年限，或五年十年调升一级者；有以良好成绩的表现，即加升拔者。大概凡责任较重，须运用识见决断的职位，其升迁以成绩为标准。凡按部就班、性近机械的职位，其升迁以年限为标准。在现在我们的政府里面，宦海的浮沉，既不是根据于成绩，也不是根据于年限，完全要看他与权要有没有亲戚、朋友、同乡种种的私人关系。有关系的人，可以忽然做大官，享厚禄；没有关系的人，不但是没有升迁的机会，并且连吃不饱的饭碗都要打破。于是做官的人，不在成绩上做工夫，而在逢迎上司上做工夫。愈是贪污，愈是有钱来买权要的欢心；愈是廉洁，愈是没有维持及增进自己地位的希望。因此，我们若要打倒贪污官吏，升调也应该根据服务的成绩及服务的年限。

三

假定官吏的任期有保障，升迁有标准，薪俸很丰富，而对于官吏的录用没有公平的办法，岂不是把政府变为现在一般来历不明的糊涂官的养老院吗？

现在政府用人，毫无标准，完全要看与要人的关系。不学无术，善于逢迎的人，倒可大做其官。怀抱奇才、人格高洁的人，不是视宦途为龌龊，不愿进去，便是屈居人下，不蒙升拔。如是做官的，多不是好人，多数的好人，不愿做官。国家在这班人手里，还有救药吗？

因此，关于官吏的任用，必须找出一个客观的办法。少数政务官，因为是代表党派决定政策的，所以应该由人民选举。至于最大多数的事务官，其任用，非经过公平的考试不可。

现在我们虽然有一个考试院,但是并没有什么成绩。在过去,好像也举行过考试,但是考试及格的人,并没有录用。如果我们真要拔取真才,"天下为公",肃清贪污,现在这种敷衍死人的考试办法,实在有彻底改变的必要,至少有三个根本原则必须做到。

(一) 考试应归独立的、超党派的机关主理,不受政治影响,不受各方干涉。

英国的文官制度是办得最好的。在英国,主管考试的机关为考试委员会。该会系独立性质,与各部并行,不相统属。委员三人,为终身职,都是枢密院资格,由内阁总理呈请英皇特任,声望隆重,公正廉洁。委员会与政党没有关系,不受政治势力的牵制,完全好像是一个法庭的公平机关。委员的责任,为举行考试、录取文官,及发给及格证书。委员可聘当代学者及各校教授为典试,助理其事,分任命题、监督、阅卷、给分等事。没有委员会的证书,各部不能正式任用。

(二) 考试须绝对公开竞争。

凡学力充裕、年龄身体合格者,不论党派、阀阅、贫富、贵贱、男女,应该都可以报名与试,以真才实学相角逐。考取的,不是非分,失败的,并不冤枉,一秉至公,铁面无私。政府可以得到有用的人才,全国学生及其他有为的青年,有相当的一条出路。有权势的,不能引用私人,想在政府做事的,不必丧尽人格,各处钻营。人尽其才,才尽其用,贤者在职,才有办法。

(三) 各部院、各机关,用人非用得有考试及格的证书者不可。

若像现在的考试一样,考试及格并不一定录用,各机关用人更不必经过考试,那么请问考试有何用处? 徒然是欺骗国民,枉费与试者的精力、时间、金钱。于政府,多一个月散机关;于人民,多一种用费的负担。因此,我们没有诚意采用考试制度则已,否则,须严格规定,一切文官,非考试出身,不能任用。如是,考试才有意义,引用私人的恶习,才能打破。

四

现在,贪污并没有什么惩罚,不贪污也没有什么奖励。全国制度,好像在那里奖励贪污。你不贪污,你是傻子,应该穷困。虽然一切官吏就职的时候,要向总理行三鞠躬礼,要朗诵总理《遗嘱》,要静默三分钟,要举起右手宣誓:"……余决不雇用无用人员,不营私舞弊,及授受贿赂,如违背誓言,愿受本党最严厉的处罚。"但是右手放下来之后,两手便要开始大刮特刮,数十百千万不等。在外国银行立存折,在租界上买地皮、造洋房,或寄往外国买股票。这都是应有尽有的事情。大有大的作法,小有小的打算。

到了本人的靠山一倒,又翻过身来,倒向反对派系的方面,又可做官,又可发财。就是最不得志,也可以在租界上做寓公,享清福,或是到外国去游历游历,美其名曰"考察"、"留学"、"养病"。从来没有看见杀过几个贪官,枪毙几个污吏,甚至于因为贪污而下令通缉,也是少见。街头刑场所砍的脑袋,都是衣服褴褛,没有饭吃,而不能不抢的强盗,或是什么危害党国的"反动派"。牢里所关的,也大都是这班可怜的朋友。

这个年头,这个情形,谁还愿意做好人?大家乐得同流合污,过过舒服生活,讲什么廉耻,讲什么正直。天下老鸦都是一般黑,白老鸦到哪里去找?

老实说,要改变这种空气,非赏罚分明不可。廉洁勤能的官吏,应该有种种的奖励,给予奖章,及向社会宣扬。至于罚的方面,我认为非严刑峻法,不能移风易俗。我们应该与苏俄一样,认为贪污是最大的罪恶。依我主张,马上实行下列三条法律:

第一,凡贪污在百元以上者,监禁十年。

第二,凡贪污在千元以上者,监禁终身。

第三,凡贪污在两千元以上者,杀无赦。

如果现在政府马上杀十个大贪官,黑暗的政治马上会现出一线光明;杀五十个大贪官,风气自然会大变;杀一百个大贪官,底下的小官,谁不怕死。这个办法,比杀几千几万共产党、土匪、绑匪、强盗及其他,对于党国的巩固是有效得多。

五

社会的舆论,也有关系。

每个社会,都有善恶美丑的标准。人是社会的动物,对于社会所谓善的、美的,不敢不趋从,因为趋从,可以得到社会的赞扬;对于社会所谓恶的、丑的,不敢不避免,因为不避免,须受社会的责骂。法律是有形的,舆论是无形的,惟其为无形的,故能防患于未然,使人不知不觉迁善改过。法律的后盾,是强力的制裁;舆论的后盾,是道德的感化。舆论虽然看不见,但其影响则不下于法律。

因此,良好的政治,须有健全的舆论。今日中国政治的贪污,一般社会也要负一部分责任。社会上对于贪污的行为,并不怎么指责,甚至视为当然。在私人谈话当中,我们时常谈到某人如何刮地皮,谈的人固然津津有味,听的人也觉得与恋爱故事一样,大家都没有表示丝毫愤慨,并不认为这是罪大恶极的行为。以这种社会的空气,怎样可以养成廉洁的政治。

若是我们能养成一种舆论,对于任何一种贪污行为,群起而攻,不是笔诛,就是口伐。对于贪官污吏,认为是化外的强盗,不把他当人看,如旧道德中对于男子做贼、女子偷人的态度一样,一般官吏自然会有所顾忌。因为发现之后,不齿于乡里,不齿于家族,不齿于朋友,不齿于普通社会,就是刮到几个冤枉钱,又有什么意思?

"百善孝为首,万恶淫为先",这是过去最有力的舆论。在现在,公共生活黑暗、卑鄙、龌龊到了极点的时候,我们应该造成这种舆论:

"百善廉为首,万恶贪为先。"

六

不过归根到底,最重要的方法,是实现民主政治,设立民意机关。因为事务官的廉洁,主要的保障,要靠文官制度。文官制度是否采行,又要看最高当局者的态度。若是最高当局者本身没有民意机关的监督,不向国民负责,那么,就是他们不许下级官吏贪污,谁又去禁止他们自己贪污?

我们要知道,权力是最危险的东西,没有监督,必至滥用。在各文明国内,事务官由于考试,政务官出于选举,全个行政系统,都须受代表人民的国会的监督。在内阁制度之下,如英国,议会第一可以提出质问,第二可以提出不信任案,第三可以通过法律限制行政机关的行为,第四可以否决行政方面所提出的议案,以表示反对。在上面的行政长官,如果直接不能得到国会的信任,间接不能得到全国国民的信任,便须辞职,让反对党的领袖来组织政府。在美国总统制之下,行政长官虽然是向总统负责的,不是向国会负责的,但是如果行政长官就是高至于总统,有非法行为,众议院可以提出弹劾,参议院可以公开审判。

中国在今日党治之下,没有人民代议机关,一般官吏可以作威作福,放僻邪耻,毫无忌惮。全国一年数万万的收入,用到哪里去了,我们不知道。借款公开要回扣,苛捐杂税大部分要充贪官污吏的私囊。人民没有过问的权利,也没有过问的机关,当然没有过问的机会。所以闹到现在,无法无天,黑暗到了极点!我们如果要打破这种局面,使官吏有所顾忌,不敢贪污,非使政府向我们国民负责不可,换句话说,非有民意机关不可。有了民意机关,人民的意见才能集中起来,

组织起来,表现出来。有了集中的与组织的民意表现出来,才能监督一般官吏。否则,结果是:

"窃钩者诛,窃国者侯。"

一九三二年十二月十日

安内必先攘外[*]
——为政府进一忠告

日本打到关内来了！山海关失了！九门口失了！热河眼见又要失了！前线的士兵与敌人已经交锋了！敌人的大军已经压境了！我们的土地被占了！我们的人民被杀了！国联已公然袒日了！英法已与日本秘密谅解了！我们的政府为什么不战？为什么不决心战？为什么不准备战？

依我们局外人的观察，政府当局的想法，大概认为"攘外必先安内"。如果不先把共产党剿灭，军权统一，政权集中，全国听命于南京，而贸然对日作战，恐怕不但不能得到最后的胜利，并且一切的"反动"势力，要乘机起来夺取政权。

政府根据这个政策，所以不派大军北上去收复失地，而调动三十多万军队去围剿共党。上海之战，政府宁愿坐视十九路军的孤军苦战，而不愿移在江西的军队来增援淞沪。

政府更根据这个政策，所以对于日本得步进尺的侵略，不惜忍辱负重。日本占南满，不反攻；占北满，不反攻；占锦州，不反攻；占闸北，不反攻；占山海关、九门口，也不反攻；就是将来占热河，也不会反攻。地方军队的稍事抵抗，乃完全出于地方军事长官的良心，并不是出于政府有计划的抵抗。

政府又根据这个政策，所以对于国联，明知其不可倚赖而倚赖。因为政府的力量完全用在对内，为转移国人的眼光起见，对外不能不推给国联。国联一次决议，无效，政府不失望；二次决议，无效，不失望；三次决议，无效，也不失望。调查团建议不公道，仍然不失望；最近英法公然袒日，国联调解完全失败，还不失望。

政府再根据这个政策，对于国内不满意，或反政府的个人、团体，监视及压制

---

[*] 本文原载《自由言论》第1卷第1期，1933年2月1日。

得非常利害,诚恐他们乘机阴谋颠覆政府。于是检查新闻,查禁刊物,禁止集会结社,任意拘捕杀戮。

这些这些,都是政府"攘外必先安内"政策的当然结果。政府当局,其实何尝不痛恨日本,何尝不想抵抗日本,不过因为认定了"先安内后攘外"的宗旨,所以这一年多,只好放松了日本,加紧了对内的工作。

这种政策,自政府方面看来,当然有它的理由:对日作战,非全国一致不可;全国一致,非内部无问题不可;内部无问题,非攘除一切危险分子不可。这是一贯的逻辑。何况现在人心,你诈我虞,旧恨新仇,无不思逞。政府哪里能够放心?既不放心,哪里肯去抗日?

二

我们虽然承认"攘外必先安内"的政策,有它一方面的理由;我们虽然原谅政府采用这种政策,也有它一方面的苦衷,但是这种政策实行一年有余,到底有没有成效,是不是会得到刚好相反的结果,时局到了这样危急地步,大可以使我们回头想想了。

试看国内的纠纷,对外空气最紧张的时候,也就是纠纷最少的时候;对外空气最软弱的时候,也就是纠纷最多的时候。十九路军与日本在上海拼命,全国莫不同仇敌忾,万众一心,愿为政府后盾,没有哪个军阀敢掀起内战。等到上海战事一停,大家的目光,由向外而转向内,于是山东韩刘之战发生了,四川二刘之战发生了,贵州王毛之争也发生了。现在山海关稍为抵抗,全国一震动,四川军阀刘文辉、田颂尧们不但愿意息争,并且通电请缨,这可见人心之所向了。

过去一年多,围剿共党也未见得有什么成功。政府的军队在江西进剿了几次,丝毫没有成绩,近来共党且有反攻的趋势。在湖北虽然有相当的胜利,但共党势力已窜入陕西、四川,就全体看来,问题依然没有解决。可见这并不是靠单纯的武力所能成功的。

至于普通一般人民,因为看见政府丧权辱国,素来怀疑政府的渐变为不满意;素来不满意的渐走到反对的地位,甚至有许多人直奔向革命。党外如此,党内也有这个现象。

这个"攘外必先安内"政策试验的结果,只看见人心愈怀不满,内部愈加不安,军阀愈无忌惮,一切"反动"派愈有口实可以号召。政府到了这个时候,若还不重新考虑这个政策的厉害,而固执成见,蛮干到底,那么对内愈硬,对外愈软,一切"反动"派愈要"反动"起来,其势非逼成大革命不可。

因此我现在要主张一个相反的政策,就是"安内必先攘外"。

三

我们先要认识几点事实。

第一,我们要认识现在政府的实力,决没有扫除异系的可能。共产党的红军,搁在一边不必说。西南各省及北方的各派,与中央也是貌合神离。若是完全靠威力去统一他们,恐怕只有增加内部的不安,或引起继续不断的内战。

第二,我们要认识现在没有哪一种势力的做法,能够使全国人民满意。根据过去的成绩,与现在的情形,不但一般国民不知所从,就是各实力派也是看穿了西洋镜,谁也不佩服谁,服从谁。

第三,我们要认识在现在思想极端复杂的时候,只有一点,是全国各党、各派、各个人、各阶级都赞成拥护的,这就是对日作战,实行抵抗。哪个人能挺身而起,领导民众,抵抗日本,便受全国的拥戴。哪个党派,能挺身而起,领导民众,抵抗日本,便受全国的拥戴。若政府能挺身而起,领导民众,抵抗日本,那么更容易得到全国的拥戴。我们看十九路军在上海之抗日战争,义勇军在东北之抗日战争,人民是如何热烈的爱护!各方面是如何热烈的援助!

第四,我们要认识,在现在各方面应该一致抗日的时候,一切对内的压迫或相争的行动,无论动机如何正大,决不能得到全国国民的赞成与拥护。韩复榘为统一山东政权,而打刘珍年,一般人民固然不同情刘珍年,但也不赞成韩复榘。至于四川、贵州军阀的内讧,更不消说了。

根据上面四点不可否认的事实,我们可以知道,政府"攘外必先安内"的政策,无论如何是走不通的,只有对日作战,实行抵抗,才能真正统一全国。

历史上有许多民族、国家或政治单位,内部无法统一,往往借对外战争促成统一。意大利是如此,德意志是如此,瑞士及美国也是如此。从来没有"宁与外人,不给家奴"的办法,可以安定内部的。

"缘木求鱼,虽不得鱼,无后灾",若是政府不改变政策,长此不抵抗下去,我敢断言且有后灾。

一般人民,一面看见政府对外长此不抵抗,必然日趋愤怒;一面看见政府对内要继续压迫,必然日趋"反动"。民众一天一天离开政府,由不满到反对,由反对到潜谋革命。政府看见人心已去,愈觉内部不安,愈要对内施行钳制,对外自然更不得不表示退让。于是政府与人民恶感愈深,相激相荡,不至发生革命不止。

共产党必利用这个时机,一方面攻击政府的软弱外交政策,以促进人民对于政府的反感;一方面必以打倒日帝国主义者号召。一部分民众,因为不满意政府,必相率趋于共产党旗帜之下,以谋出路。这样,共产党的势力,只有迅速的增加,绝对不会减少。

素来不满意中央政府的实力派系,也必乘机起来,半出于公愤,半出于私仇,督促政府抗日;督促没有效力,必另外组织新政权,来号召全国。西南七省大同盟,即是这个趋向的先兆。请看西南政务会议一月十七日给国府的电报,便可明白:

"自沦陷后,日侵略益加急进,各省抗日救国之呼吁,遍于遐迩,而颜顾等亦电请钧府彻底抗日,可知国内外人心,实具一致抗日精神。证以国际形势,尤以非抗日不足以图存。目前热河垂亡,平津危急,应请钧府迅速表示抗日之确切态度,对前方御侮军队尽先筹拨军实饷糈,以解国人之忧疑,正国际之视听,庶全国振奋,共挽危亡。若犹执迷不悟,误国殃民,则西南惟有联合各省同志及全国民众,共负此责,以期策全国抗日之艰难事业。一息尚存,断不忍见国家领土丧失分寸也。"

这个电报多么激烈,多么露骨,等于说:如果中央政府不抗日,西南要另组抗日政权。假使闹到这一个地步,恐怕日倒没有抗到,而自己要互相先抗起来了!

不但共产党及不满中央政府的实力派系要乘机与政府为难,其他党派,也必竞起活动。这是显而易见的事实,我们毋庸讳言。

一般人民在这种紧张的空气里面,恐怕只有跟着真正抗日的势力走。谁能抗日,就拥护谁;谁不抗日,就反对谁。这样一来,中央政府岂不是成了一九二〇年以后土耳其的君士坦丁政府吗?其运命也就可知了!

所以为政府打算,只有决心抗日,只有积极抗日,才是唯一出路,才是唯一安内的办法。

否则,外固没有"攘",内更不能"安"。

或者有人说,若是政府在前面与日作战,而其他党派不但不一致拥护,并且在后面牵制,甚至于阴谋革命,又怎么办呢?

我们要知道,现在举国一致要求抗日,如果政府真正抗日,当然可以得到全国人民的拥护,谁敢出来冒天下之大不韪反叛抗日的政府?反叛抗日的政府,便是汉奸,便是卖国贼,便是日本的工具,便是熙洽、郑孝胥之流,与全国人民为敌。稍为明白大势的人,谁肯如此做法;就是如此做法,结果也是自取灭亡。所谓"得道者多助,失道者寡助"。

退一步说,就是反叛的势力成功,抗日的政府失败,那么当局诸公也不失为民族的英雄,可告无罪于我国民。千秋万世所唾骂者,不是现在的当局,而是捣扰抗日战线的国贼。

何去何从,望政府其速自择。

一九三三年一月廿日

自由之战争*
——民权保障运动

一

"中国民众以革命的大牺牲所要求之民权,至今尚未实现,实为最可痛心之事。抑制舆论与非法逮捕杀戮之记载,几为报章所习见。甚至青年男女有时加入政治集会之嫌疑,遂不免秘密军法审判之处分。虽……最低限度之人权,亦被剥夺。"

这是孙夫人与党国元老蔡元培先生等发起民权保障同盟的宣言。

以党国最重要的人物,而明白承认在党国之下,"中国民众至今仍无最低限度民权之痕迹,反之杂志与报纸,时被封禁;集会与结社,动遭当止。……禁令之严,文纲之密,至使被封禁杂志报章之编辑人,即幸免入狱,亦不敢出而抗议"。可见"最低限度之人权,亦被剥夺"了。

以党国最重要的人物,不但明白承认,并且毅然"愿唤起中国人民起而努力实现出版自由、言论自由、集会结社自由一切真正民权之利益,反对一切检查与禁止"。决然"愿唤起民众,要求最低限度民权之普遍享受,与停止对努力中国进步与解放之著作家、美术家与杂志报章编辑人之压迫"。这又可见民权在今日之中国是如何迫切需要了。

但是我们所谓民权,并不像十七八世纪的学者,如洛克们所说是天赋的、与生俱来的,人民最初缔结契约成立政治社会时所保留下来的。这是不切事实的玄想、没有证据的论断。我们不相信国家的起源是起于契约,也不相信人类在历史上某个时代有过绝对完美的自然社会,因为我们在历史上找不出这种证据,在现代各种原始社会里面找不出这种事实。人权天赋是十七八世纪时代的反响,不能做二十世纪要求的根据。

---

* 本文原载《自由言论》第 1 卷第 2 期,1933 年 2 月 15 日出版。

我们所要求的民权,乃是过去历史所教训,现代文明所昭示,人民为发展个人优性,保障自己利益,促进社会幸福所不能不有的基本权利。我们人类之于民权,犹鱼之于水。鱼没有水,不能生活;我们没有民权,人格便要埋没,无论在物质上或精神上的生活,都失却稳固的保障与高尚的意义。结果智识、道德及身体都不能发展,而社会生活也必然没有进步,日趋于停滞、干枯、卑鄙!因此,现代文明国家没有不承认这些基本权利。只有在野蛮老不长进的中国,还要我们来争。

二

民权可分两类:一是积极的民权,如参政的权利、作工的权利、受教育的权利等等;一是消极的民权,如人身自由、言论自由、出版自由、集会自由、结社自由等等。如今宋、蔡等所发起的民权运动,目的不在争积极的民权,而在争消极的民权:乃是退一步的要求,基本的要求,最低限度的要求。故民权保障同盟的目的,限于下列三种:

"(一)为国内政治犯之释放与非法的拘禁酷刑及杀戮之废除而奋斗,本同盟愿首先致力于大多数无名与不为社会注意之狱囚;

(二)予国内政治犯与法律及其他之援助,并调查监狱状况,刊布关于国内压迫民权之事实,以唤起社会之公意;

(三)协助为结社集会自由、出版自由,诸民权努力之一切奋斗。"

因为这种运动没有要求参政的权利、作工的权利、受教育的权利,所以我们对于积极的民权,在此姑存而不论。因为这种运动特别要求的是人身自由、言论自由、出版自由、集会自由、结社自由,所以我们不能不加以申说。

人身自由,可以说是基本民权中的基本,若是连这种自由都没有保障,那么其他各种自由当然无法行使。随意先把你拘捕、监察、枪毙,请问你怎样去自由言论、出版、集会、结社?所以一般国家的宪法,莫不有保障人身自由的条款。就是我国《临时约法》也有"人民的身体,非依法律不得逮捕、拘禁、审问、处罚"(第六条)的规定。就是现在的《训政时期约法》,也不能不有"人民非依法律,不得逮捕、审问、处罚;人民因犯罪嫌疑被逮捕拘禁者,其执行逮捕或拘禁之机关,至迟应于二十四小时内移送审判机关审问,本人或他人并得依法请求于二十四小时内提审"的明文(第八条)。

这种人身自由权,分析起来,实在包含有三个条件:

（一）任何人民，如果没有犯法的行为，便不受任何刑罚。换一句话说，任何行为，在发生以前，如果未经法律明白认为犯罪行为，就不受国家机关的处分。这就是法国革命一七八九年《人权宣言》第八款所宣示"无律文无刑罚"的原则。这就是"法律不溯既往"的根据。

（二）任何人民，如果有犯法的行为，必须由享有逮捕、拘禁权的机关，依法定的手续，去逮捕拘禁，不是随便什么个人或机关可以逮捕拘禁。在现代各国的法律，除现行犯外，大概只有法院能够下令逮捕拘禁。

（三）任何人民，如果有犯法的行为，必须由享有审问处罚的机关，依法定的手续去审问处罚，不是随便什么个人或机关，可以审问处罚。在现代各国的法律，大概只有法院能够审问处罚。

在今日之中国，当局往往挟其暴力，任意逮捕、拘禁、审问、处罚，完全没有法律根据，不但被捕被杀的人不知犯了什么罪，就是捕人、拘人、杀人的当局，也不知被捕、被拘、被杀者犯了什么罪。捕了以后再说，这是中国当局者的习惯。拘了以后再说，这是中国当局者的手段。杀了以后再说，这是中国当局者的威风。若是"干"了以后，再宣布"莫须有"的罪状，还是对生者敷衍、毙死者客气的办法。譬如刘煜生就是有犯罪的行为，顾祝同也不是逮捕拘禁的机关，当然更没有枪毙的权利。然而顾竟非法逮捕了，非法拘禁了，非法枪毙了。在离首都不远的地方，在文化比较最高的地方，而竟发生这种专制野蛮残忍的现象，内地的黑暗更可想而知了，他省的黑暗也可想而知了。生命不安全，人身不自由，还谈什么言论、出版、集会、结社自由？因此，我们认为民权保障运动第一要争的是人身自由。

三

我们人类不但有生命，并且有思想，有意见。"人为万物之灵者"以此，"人之所异于禽兽者"也以此。如果我们没有言论自由的机会，那么我们的思想或意见，便没有表示出来的机会，更谈不到彼此互相交换，互相切磋。并且言论不自由，就要影响到思想不自由，甚至于完全不思想。不思想、无思想的动物，可配做人吗？能配做一国的公民吗？能配做中华"民国"的公民吗？

文明是思想的产物。言论不自由，就会影响到学术不进步，社会不发展。新奇的学说，认为邪说异端，没有自由发表传播的机会。个人的权利，可以任意剥夺，没有自由申诉的余地。一切不合理妨害多数人民幸福的思想、制度及势力，没有人敢自由揭露其罪恶,使其改革,可以继续存在,一直到革命流血为止。因此,在言论不自由之下,除了用暴力打破现状外,只有被黑暗势力所笼罩。这是中外历史所告诉我们的事实。

至于德谟克拉西的政治,更非言论自由不能运用。人民不能自由发表意见,请问如何构成民意?如何组成政党?如何办理选举?如何决定政策?不给人民言论自由,而说给人民民主政治,这是骗人,这是没有道德,这是无耻。

统治阶级或者要说,若言论过于自由,必至引起社会不安,扰乱现有秩序。殊不知人类的根性是好逸恶劳,畏难苟安,非到万不得已,不愿破坏现状。如果对于现状的批评是无的放矢,那么这种批评不但不能得到一般人民的同情,反要遭遇绝大的反感。现状只有更加巩固,不会因之动摇。如果对现状的批评是切中时弊,那么只有尽量容纳,急谋改革。若徒知一味压迫,倒行逆施,那么无论你如何用万钧雷霆之力,革命终有爆发之时。即使我们记不起一七八九年法国的革命,一九一七年俄国的革命总可给我们一个警告罢。

当代第一流政治学家拉斯基说得好:

"国家之准人民批评,即可以验人民对于国家服从之程度,故批评者,人心向背之索引也。依往事观之,政府兴文字之狱,而能阻遏人民之指摘者,盖无几焉。其准人民之自由言论也,弊政既除,自少可以攻击之机会;反是而加以禁阻也,愈令人民迫而为秘密行动。不观伏尔丹(Voltaire)乎,彼居法之日,被选为学士会会员,绝不能为害于法,及遁而至英,见闻大异,于是其讥评法国之语,尤加深切矣。以云列宁,亦复如是,使彼长居俄国,为国会议员,何能为革命领袖,乃既被逐而居瑞士,而谋覆俄皇政之心,乃刻不去怀矣。可知言论自由也,与因言论而生之集会自由也,正所以消弭人心之反抗于无形,亦即所以刷新庶政之要件。政府为周咨博访计,得力于反对者之批评,必较赞助者之颂扬为多。阻塞人民之批评,即自种灭亡之根而已。"①

但所谓言论自由,乃个人发表对于公共问题的意见,不受当局检查。若是攻击个人,骂人家男盗女娼,当然要受法律的制裁。这是毁坏他人名誉,这是妨害他人自由,不在言论自由意义之内。在今日之中国,事实刚刚相反。你可以造谣骂人家祖宗三代,你可以散布荒谬绝伦的迷信,你可以刊行极亵渎的淫书及春宫画,但是你若一谈到政治问题,对现状表示不满,那么"反动"的罪名,马上就要来

---

① H. J. Laski, *Grammar of Politics*, p. 121.(用张士林译文)。

到;逮捕、拘禁,甚至于枪毙,随时随刻都有可能。这种情形,如不改变,只有逼上梁山,产生马拉(Marat)、谭唐(Danton)、罗伯士比尔(Robespierre)、列宁(Lenin)、杜洛斯基(Trotsky),统治阶级或许要预备做一七八九年后的法国贵族,或一九一七年后流落上海讨饭的白俄。这又是何等惨痛的结局!

言论自由,广义说来,可包括著作自由、出版自由,狭义说来,只指以口语表示的自由。若我们只有狭义的言论自由,而不能用文字图画表示,或利用机器印刷出来,那么言论便失去了最重要的工具,不能普遍的长久的交换与传布。因此,我们争言论自由,不能不争著作自由,更不能不争出版自由。

争言论出版自由的方法,我们第一应该要求取消检查制度,一方面反对对于出版业的干涉,一方面反对对于出版物的干涉。

我们第二应该要求取消特许制度,反对一般报纸刊物,须得政府机关的特许,才能开办。

我们第三应该要求取消押金制度,如广东现行的办法,反对开办报纸刊物,要缴什么押金。

我们第四应该要求言论著作及出版自由,只受刑事法典所设的限制,反对于普通民刑法而外,设立其他的出版法。

我们第五应该要求处分违法的出版物,无论是查禁,是封闭,是逮捕编辑人,是拘禁发行者,是罚款,是枪毙,须有司法机关的命令,才能实行;须经法庭的审判,才能处罚。其他个人或机关,无论是哪部、哪会、哪个主席、哪个委员,都不能干涉。

四

如果我们真有人身自由,那么我们就可以自由行动、自由集合。如果我们真有言论自由,那么我们就可以自由向多人用演讲或辩论的形式,为智识与思想的表示。换句话说,集会自由乃包括在人身自由与言论自由里面。因此英国的法律,对于集会自由,没有特别承认的明文,同时也没有设立什么特别的限制。欧洲大陆各国,为保障民权起见,却把集会自由看做一种特殊自由。

为什么我们要求集会自由?理由与要求言论自由没有什么分别。只有集会,才易交换意见;只有集会,才易讨论学术;只有集会,才易组织团体。否则,就是我们有什么要求,有什么贡献,也难发生影响。

我们不但应该要求集会自由,并且应该要求结社自由。"会"只是暂时的集合,"社"便为永久的团体。散漫孤立的个人没有力量,只有大家组织起来才有力量。

非政治的集会结社,在现在的中国,是自由的。但是政治的集会结社,在现在的中国,是不自由的。因为前者对于当局是没有妨害;后者对于当局是要监督批评,甚至于希望将来夺取政权。所以现在一切的政治集会结社,都要党部派人指导监督,就是抗日的集会团体,也不能例外。

如果集会结社,真是可以禁止,未始不是"子孙帝王万世之业"的办法。无奈人是好群的动物,政治的动物,你不准他们公开活动,他们必然暗中进行,此所以"党外无党"之下,有许多党的存在;"党内无派"之下,有许多派的存在。公开集会的结社容易对付,危险性小;秘密的集会结社难于预防,危险性大。古今中外的革命、流血、暴动,都是秘密的集会结社干的。你压迫他愈凶,他反抗你愈力,此所以中国的共产党比欧美闹得利害,俄国的革命比德国革得利害。

况且今日我们要求集会结社自由,除普通理由外,还有特别严重的意义。政府不是在那里筹备立宪吗?若是人民到现在还不能得到集会结社的自由,请问所谓宪政如何实行,是不是完全由国民党制定宪法,别人不能参加意见?是不是完全由国民党包办选举,别党不能竞争?果如是,则是自选、自举、自包、自办,与袁项城的洪宪运动有何分别?所谓国民参政会、国民大会也者,又有什么意义?所谓由训政到宪政者,又是如何到法?这就对内而言,我们不能不要求解放。

至于对外,日帝国主义者的白刃,方悬于我们的颈上,推其野心,势非蚕食我国全部不止。如果我们想救危亡,抵抗这种致命的打击,我们认为单靠我们的政府是没有办法的。我们深信今日中国不绝如缕的运命,完全在我全国民众的掌内,只有我们大家起来,才有希望。但是如果我们不能自由联合,不能自由发表意见,甚至于不能为抗日而集会,我们怎样能够为国家存亡而奋斗,为民族生死而努力?结果,中国只有沦为非洲,供人宰割;我们只有时日曷丧,同归于尽。

五

自由之战争,因为时势的迫切,由民权保障同盟揭开序幕了!我们为个人的权利,社会的进步,国家的存亡起见,对于该同盟,对于我当局,不能不进最后之忠告:

我们要忠告同盟诸君:你们的目的是高尚的,你们的运动是正大的。全国民众,有如倒悬,莫不在那里希望替他们解放。你们应当抱无畏的精神,坚持的毅力，迈步前进，不屈不挠。你们的运动，须有广大的民众做基础，分子应该加多，组织应该推广，不应该限于党派的关系，更不应该限于名流的集团。须知民权是大众的要求，民权运动须与大众发生关系，否则，废除内战运动的失败，也就是你们的殷鉴。尼文孙说："自由如情爱，非时刻注意克服，则不能为我有。若一度胜利，即以为可安享其成，则自由常在丧失中，犹情爱然。——自由之战争，永无终止，自由之战场，永不安宁。"① 如果你们是自由的战士，你们的运动应该永无终止，永不安息。

其次我们要忠告当局：你们过去曾有一种错误观念，以为剥夺人民各种自由，可以安定社会；放任各种自由，可以引起各种煽动与暴举。殊不知结果往往与此相反。

"白克(Burko)有言，民众之暴举，不能尽归咎于煽动与密谋，诚以人民痛苦，不予解除，往责人之煽惑，有何用乎。人民至弱也，政府至强也，非人民惨遭蹂躏，求生不得，虽旁人巧言吹簧，使之密谋不轨，而彼之不乐奋起自若也。鼓动家告人曰，某某权利，为人民可应要求，使人民心中初无此感触，初不以丧失此权为大苦，则诲者谆谆，而听者藐藐焉耳。惟其所要求者，本于人民真正之冲动，则始之创议者，虽一时挫折，或竟以寡助之故而失败，其终焉必有翕然景从之一日。麦可兰氏(Macaulay)亦有言曰，国家大变之起也，若隐约之声中语吾侪曰，不改革将无以自存，正谓是也。"②

一九三三年二月十日

---

① H. W. Nevinson, *Essays on Freedom*, p. 15.
② H. J. Laski, *Grammar of Politics*, p. 101.

战的政策*

战,是我们素来所主张的。战,是不可避免的了!今日之事,实逼处此,只有战!

日本已于二月二十一日开始总攻热河,华北及沿海一带局势日趋紧张。战是不可避免的了,今日之事,实逼处此,只有战!

国联调解已经失败,日本决不顾忌国联,我们再没有什么倚赖,再没有什么脸面倚赖,只有直接冲突。战是不可避免的了!今日之事,实逼处此,只有战!

政府过去和战不决。近来代理行政院长宋子文居然亲往北平、热河,筹画军饷,慰劳将士,并公开宣言"强盗临门,惟一生路是武力自卫,置之死地而后生。我们拼死,才是唯一的生路"。准此,政府已下决心拼命。战是不可避免的了!今日之事,实逼处此,只有战!

华北军事领袖张学良自九一八事变以后,弃沈阳,弃锦州,弃了全个东三省。现在也到了忍无可忍,毅然与二十七将领通电:"舍奋斗无以求生,舍牺牲无以救死,但有一兵一卒,亦必再接再厉。"准此,张学良及华北将士也下了决心拼命。战是不可避免了!今日之事,实逼处此,只有战!

热河主席汤玉麟通电:"现在大战既已开始,玉麟谬膺疆寄,守土有责,誓与国土共存亡。"准此,汤氏也下了决心拼死。战是不可避免的了!今日之事,实逼处此,只有战!

日本进攻已逼我们不能不战,国际形势已逼我们不能不战,国内局面更不容许我们不能不战。战是已经开始了!战是不可避免的了!今日之事,实逼处此,只有战!

战便要有战的政策,战而无政策,无准备,必失败,必误国,必无意义,必无结果。

---

* 本文原载《自由言论》第1卷第3期,1933年3月1日出版。

我们主张第一个战的政策是与日本断绝国交,撤回公使,公然的战。日本强盗不顾信义,不顾公理,抢我土地,杀我同胞,一切和平方法都已绝望,我们与日本有何国交可言。廿万军队已经在热河肉搏,难道我们还要与强盗觥筹交欢?外交界如伍朝枢,如陈友仁,都主张撤回公使,就是我驻日内瓦代表颜、顾、郭等也有电报作同样的请求。可见这不但对内有利无害,并且对外也非这样做去不可。我们现在应请马上把日本驻华的公使送出去,把我们驻日的公使召回来。如是才可表示我们的决心,鼓励我们的民气,统一我们的意见。我们与日本战,所恃者,不是新式的武器,不是新式的技术,不是新式的训练,不是充分的军饷,不是充分的接济,乃是我们全个民族的肉、的血、的气。我们与日本战,所恃者,不是组织完备的政府,而是前仆后起的民众。只有断绝国交,公然的战,才能激发人民的情绪,统一全国的力量,使大家有必死之心,背水借一,与敌周旋。否则,一面言战,一面想和,首鼠两端,举棋不定,外不能得友邦的同情,内不能得人民的信仰,结果必失败,必误国。

我们主张第二个战的政策是扩大战的范围,由局部的战,成为全部的战。日本利在缩小范围,免启国际干涉;我们利在扩大范围,引起国际干涉。日本利在步步侵略,以便巩固他既得的势力;我们利在全局混战,闹得大家鸡犬不宁,同归于尽。我们是被轻视者、被压迫者、被蹂躏者,一无所有的无产国家,破烂不堪的文物制度,我们有何顾虑?我们有何可惜?我们应该举国与他战,随时随地与他战,不应该让一隅与他战。即使日本打南京、打武汉、打上海、打海州、打青岛、打福州、打广州,把我们沿海沿江口岸打得粉碎,亦所不惜。只有这种大战,才可以拖日本下水,拖列强下水,揭起世界大战的序幕,团结全国的精神,死中逃生,打开血路。否则,让敌人随便摆布,今天割一城,明天占一地,以汉奸为先锋,以蚕食为手段,远交近攻,挑拨离间,使我一隅抵抗,他处旁观,结果,必失败,必误国。

我们主张第三个战的政策是不但要抵抗的战,并且要反攻的战。只有抵抗,没有反攻,那么只有失败,没有胜利;只有被动,没有自动;只有失,没有得;只有退,没有进。这是束手待毙的战法!长此下去,军心要涣散,民气要萎靡。上海之战,我们失败在此。我们现在既然决定要战,我们便应该居于主动的地位,当攻的要攻,当守的要守,不能随便让日本摆布。否则,日本可以集中兵力,今取热河,明攻平津,有如探囊取物,丝毫不受牵制。结果,我们必失败,必误国。

我们主张第四个战的政策是与共产党妥协,移江西的政府军队与红军往前线去打日本帝国主义。前者朱毛宣言,只要政府实行民主政治,不派军队进剿,共党可以一致抗日。军事委员长蒋介石,也有劝朱毛归顺的文告。不过我们以为如果要与共党妥协,政府不应该把他们当做土匪看待,也不应该把他们当做被征服者看待。共党在过去的举动,虽有种种错误,但他们究竟是自家人,究竟可以代表一部分的政治势力,究竟是政治黑暗的一种反应。政府应该网开一面,让他们有一条路可走。在共党方面,也应该彻底觉悟:陷于殖民地的中国,只有整个的民族斗争,才有打倒帝国主义的可能。如果长此用阶级斗争的手段,破坏对外的战线,抵消对外的力量,结果只有大家死于日帝国主义蹂躏之下,共产主义更无实现的机会。事到于今,我们深信非举国一致不能抵日。我们认为国共两党鹬蚌相争,无论谁胜谁败都是渔人(日本)得利。因此我们主张政府与共党妥协。妥协的条件是:共党(一)须交出红军,让政府收编,调往前线;(二)须放弃阶级斗争政策,以期全国内部一致。政府(一)须相当容纳共产主义的政策,如平均财富,生产公有等;(二)须实行民主政治,使共党及其他党派有和平公开参政的机会。否则,共未剿清,热河已失,外寇深入,豆萁相煎,结果必失败,必误国。

我们主张第五个战的政策是取消一党专政,实行民主政治。积极方面,召集国民大会,给人民以参政的权利。消极方面,给人民以言论自由、出版自由、集会自由、结社自由。使人民与政府打成一片,使各党各派和衷共济,消灭一切的仇视、隔膜、误会,共肩起抗日救国的责任。我们深信只有民主政治,能使政府与人民一致;也只有政府与人民一致,才能同仇抵日。我们更深信只有保障民权,能使人民组织起来;也只有人民组织起来,才能长期抵抗。否则,政府没有人民的拥护,社会有如一盘散沙,结果必失败,必误国。

我们主张第六个战的政策,是改良现行政府组织,树立强有力的中央政府。我们不但要求民主的政府,并且要求有效率、有能力、行动敏捷的政府。现在政府组织,重床叠架,不能运用。如五院中操实权的行政院,须向中政常会负责;中政常会须向中政会负责;中政会须向中执常会负责;中执常会须向中执会负责;中执会须向全国代表大会负责。这种组织,在平时已经运用不灵,在战时当然更不适合。何况这些会、这些院、这些部的要人太多,又多避居处,不负责任。结果是互相推诿,茫无头绪。英国在欧战的时候,因为原来的内阁有二十三人(一九一六年十二月以前),人数太多,不能当机立断,行动敏捷,起初只有五人,后来增至七人。如果我们要树立强有力的政府,来应付这空前的国难,便应该将决定政策的权,集中在少数人的手里,并使这少数人向代表人民的机关负责。一面顾到民意，一面顾到效率，才能与日本作殊死战争。否则，中央行政机关，发言盈庭，会而不议，议而不决，决而不行，行而不快，结果必失败，必误国。

我们主张第七个战的政策是全国总动员，把全国工业、商业、交通及其他生产机关，都集中于战时政府底下，并使全国男、女、老、幼，都担任直接间接与战争有关系的工作。全个国家，变成一个战斗的集团，每个人都有他或她的任务：打仗的打仗，制械的制械，看护的看护，生产的生产，没有一个人空闲，没有一点浪费，须这样组织起来，才能与敌人作有力的周旋，致敌人的死命。若像现在一样，热河大战，其余各地人民还是歌舞升平，泰然无事；其余各地军队，还是袖手旁观，甚至相互操戈。这是无组织的现象，灭亡的先兆，结果必失败，必误国。

我们主张最后一个战的政策是屡败屡战，坚持到底的战。以日本的军力、的准备、的国势，无论如何，我们起初是必败的。知己知彼，我们毋庸讳言。如果我们一战而败，再战而萎，三战而乞和，那是没有意义，牺牲没有代价，日本不会吃亏，列强不会牵入。与其这样不彻底的战，不如马上痛痛快快的和。我们如果要战，便要有破釜沉舟的决心，虽屡战屡败，但屡败屡战。日本虽强，没有方法可以镇压我全个国家。长久抗战的结果，日本必民穷财尽，发生社会革命；列强必牵入漩涡，激起世界大战。到那时，必到那时，我们才可在血光中，找到我们民族的新生命。

战是不可避免的了！今日之事，实逼处此，只有战！战而无政策，无准备，必失败，必误国，必无意义，必无结果。战必须有政策，有准备，才有意义，才有结果，才能得到最后的胜利。

一九三三年二月二十五日

领袖的条件[*]

一

现在政治界上活动的人,差不多个个都想做领袖,而又没有做领袖的资格,谁也不服从谁,谁也不佩服谁,结果大家都不能做伟大的领袖,分成无数无数的党派。我们把"真命天子"打倒,但是草头英雄太多,所以闹到现在,还没有出路。社会上于是发生一种心理,对于各种运动的领袖,不问好坏,一概不信任,甚至于加以冷笑讥讽。

我们能可以不要领袖吗?如果可以不要,我们何必要惟他人之马首是瞻。但是马群有马群的领袖,鸡群有鸡群的领袖,一切好群的动物都有领袖。人是动物,好群的动物,当然也免不了要领袖。我们服从领袖,一半出于人类的本性,一半出于合群生活的必要。

在君主政体之下,最高的政治领袖,没有问题,因为世袭的制度,给了我们一个不费事的解决——当然同时是一个不合理的解决。在民主政体之下,不能用世袭的制度去解决政治领袖问题,所以领袖问题更加重要。好的领袖,可以领我们到乐园;坏的领袖,也可以领我们到地狱。我们把满清的"真命天子"推倒,中间经过廿二年的时间,到现在还在迷途之中,找不到出路,缺乏伟大的领袖,未始不是其中一个重要原因。

二

专门研究领袖问题的书还是很少。领袖个人的条件是些什么?他们如何能做到领袖?现在的心理学、社会心理学或社会学还不能作切实的解答。

柯莱(Charlos H. Cooley)说:领袖必须有显著的个性及广大的同情,做起事来,必须有决断,有自信力,能够把握得住他所处的局面;并且对于前途,有信

---

[*] 本文原载《自由言论》第1卷第4期,1933年3月15日出版。

仰,有希望,勇敢的、热心的向前进。①

还有一个社会学家罗时(E. A. Ross)说:坚强的意志、自信力、想象力、勇气,及坚持到底的精神,是做领袖不可少的元素。②

至于由政治学家出身而来研究领袖问题的,首推密却尔(Robert Michels)。他举出六个领袖的要素:第一,坚强的意志;第二,超常的智识;第三,不拔的信念;第四,纯洁的动机(使人家相信);第五,自给的能力;第六,相当的名望。在民主国家里面,领袖多靠一支笔一张口出身。所谓一支笔,就是办报、写文章;所谓一张口,就是演说。因为这些是代表民众的意见及利益的工具。③

在他的《近代民主政体》里面,蒲徕士(Bryce)认为创造力及确切了解影响人民心理的势力与人民的需要,是两种做领袖不可少的条件。以外,笔能写得出,口能说得出,也是很重要。政治领袖不一定要提出什么新奇的理想,但是要能择取适合环境需要的好主张,领导人民向前走去。④

最后我还要再举一个人的研究,来作参考。麦利恩(C. E. Merriam)是芝加哥大学的政治系主任,曾经做过芝加哥市长的候选人,并且几乎当选。他近年来在芝大创造了一个新学派(名科学派),研究政治学,专从研究政治领袖着手,虽然还没有很大的成功,但为一般人所重视。据他的意见,领袖第一大概要有结实的体格,如美国的华盛顿、甲喀逊、林肯、罗斯福都是体力强健,能够吃苦的人;第二大概要有丰富的智识及中等以上的才能;第三大概要人家可以相信得过,他是诚实的、诚恳的、纯洁的;第四大概他要有精力、判断力、坚持力,勇敢的精神、灵敏的脑筋、创造的能力;第五,大概他须代表民众的利益(不管哪一部分)。他对于社会经济的势力及其趋向,要感觉异常的灵敏;对于民众共同行为的可能路线,要见得快,做得快。要有组织及联合的能力,要有表示民众的感情与利益的能力(多是用笔及口),要有勇气,能做人不敢做的事,说人不敢说的话,要有使人钦佩的人格。⑤

若是我们归纳几个学者的意见,领袖的要素,大概如下:

(一) 体质方面——强健。

---

① C. H. Cooley, *Human Nature and the Social Order*, ch. 9.
② E. A. Ross, *Social Control*, chs. 17,18,21.
③ R. Michels, *Political Paties*.
④ J. Bryce, *Modern Democracies*, ch. 76.
⑤ C. E. Merriam, *American Party System*, pp. 38 - 39.

（二）意志方面——坚强。

（三）精神方面——勇敢、坚持。

（四）动机方面——忠诚、纯洁、同情心。

（五）智识方面——中等以上。

（六）能力方面——决断力、创造力、组织力、精力灵敏、脑力及表示能力（笔与口）。

（七）宗旨方面——(1) 须代表民众的利益；(2) 须了解社会经济的势力；(3) 须感觉民众的痛苦与需要。

三

上面所说，乃是偏于政治领袖一方面，其实其他各界领袖的条件，大概相差也不很多。在今日中国社会生活转变之中，无论哪方面都需要良好的领袖出来领导，打开一条生路。我们的教育方针，理应该在量的方面，采取普及教育的方法；在质的方面，养成良好的领袖人才，使他们能够担当重任，不致贻误国家社会大事。后者的职务是大学的职务。但是今日中国的大学，只能造成奴才，不能造成人才；只能为有钱的哥儿姐儿们造成做装饰品的资格，不能造成建设新中国的工程师。

新中国的工程师（领袖），须附带说一句；除了须具领袖普通的元素外，还须特别有为公牺牲的精神。在这个自私自利到了万分的社会，非有极端为公的精神，不能感动人心，改变风气；非有绝大牺牲的精神，不能排除困难，达到目的。

一九三三年三月十日

对内的平等[*]

一

"先从求自己的平等做起,而后可以打破对外的不平等",这是李烈钧先生三月二十七日在中央纪念周演讲提出的警语。

为什么要"先从求自己的平等做起",当然因为现在中国有不平等的事实。

最少一部分人可以拿全国人民的血汗来办党;最大多数的人民却没有自由结社的机会。

最少一部分人包办了全国的政权;最大多数的人民却没有过问国事的权利。

最少一部分人占据了国家公共的机关和位置;最大多数的人民连监督的机会也没有。

最少一部分人操纵了全国的报纸、杂志、邮电及其他传达意见的工具;最大多数的人民,如有对现状表示不满意,便是反动。

最少一部分人可以党化教育,强迫最大多数的人民信仰自己所不一定信仰的主义;最大多数的人民没有思想自由,当然不能自由思想。

最少一部分人的意志是法律,是令命;最多数的人民的意见是邪说,是异端。

最少一部分人造成的法令,自己可以违反破坏;最大多数的人民,对于自己所没有直接或间接同意的法令,便非服从不可。

最少一部分人大权在手,可以不抵抗断送四省领土;最大多数的人民连抗日救国的机会也剥除殆尽。

最少一部分人只有权利,没有义务;最大多数的人民只有义务,没有权利。

最少一部分人行动绝对自由,最大多数的人民行动绝对不自由。

这是中国政治上不平等的事实,李先生所谓"先从求自己的平等做起",其意大概就是在此罢。

---

[*] 本文原载《自由言论》第1卷第5期,1933年4月6日出版。

但是还有一方面不平等的事实，我们不应放过。

最大多数的人民，生活没有一点保障；最少数的人却有整千整万的现款存在外国及中国银行里面。

最大多数穷苦的人民，担负全国的赋税；最少数有钱的人，倒可以不纳税，或纳得很少，或纳了又把税的负担推到穷苦的大众肩上去。

有许多人吃树皮、草根、观音粉；同时有一部分人吃六十元一碗的鱼翅，抽十五元一枝的雪茄烟。

有许多人衣不能够蔽体，就是没有冻死，也要比野兽还可怜；同时有一部分人衣必锦绣绮罗，一套时装要值千金万金。

有许多人穷得穴居野处，或是住的地方拥挤得无立足之地；同时有一部分人，到处空着许多美丽的花园，及三宫六院的别墅。

有许多人像牛马一般的拉黄包车；同时一部分人坐汽车兜风。

有许多人一天做十二小时以上的工作，没有休息；同时有一部分人成天成夜的去嫖、赌、逍遥、抽大烟。

有许多人终身没有一个太太；同时一部分人的太太不计其数。

作工的人没有饭吃；有好饭吃的不作工。

有钱的不作工；作工的没有钱。

统治阶级有报酬，没有贡献；被压迫的人们有贡献，没有报酬。

军阀官僚及其附庸吸吮平民的血汗，而大肆挥霍。劳苦同胞的血被吸殆尽，面色已经惨白，四肢已经枯槁，不但是没有账看，而所得到的是手梏与足链。

这又是中国经济不平等的事实，说起来大家大概不会否认罢。

政治上不平等促成经济上不平等，经济上不平等又促成政治上不平等。政治的特权阶级，可以利用其权威与地位以榨取人民，变成腰缠万贯的富翁，又可利用其经济的势力，去巩固维持统治阶级的特权。于是我辈小民，只有向压死、气死、冻死、饿死的坟里走！荒野里的白骨、沟壑中的遗骸，及监狱内的囚犯、刑场上的冤鬼，这都是不平等状况下的被牺牲者！

二

请问在这种不平等的状况底下，我们真能全国一致吗？真能精神团结吗？我不能昧着良心，良心告诉我，只有虚伪的宣言、欺人的谈话，可以这样嚷着。不但听者不能相信，就是说的人心里又何尝相信？人民只有怨恨、愤怒、切齿，甚至反对当局,比反对日本人还利害。热河的失守,不是我们很好的教训吗?汤玉麟压迫榨取的结果,一般民众早有"时日曷丧,予及汝偕亡"的心理,所以日本一进攻,热河的民众不但不为汤氏的后盾,并且乘机要与汤氏为难。汤氏之所以弃甲曳兵而逃,这是最大的原因。这虽然是家丑不应外扬,但是外扬已成为公开的秘密。你难道可以说热河的民众都是汉奸吗?除非丧心病狂的人可以这样相信。请问设心处地,热河的民众有拥护汤氏鸦片政府的义务吗?有援助万恶当局,使他继续压迫自己的道理吗?日本人统治的罪恶,还没有尝到;汤氏统治的罪恶,已经尝够了。热河人民为什么要与汤氏一致抗日?与汤氏又有什么精神可以团结?这点难道还不能使我全国的当局觉悟吗?

如果我们国民无条件的一致抗日,再假定政府有诚意抗日,长此下去,即使我们能收复东三省及热河,于我们小百姓又有什么好处?东三省还不是跳舞将军张学良第二的天下吗?东三省的政治,老百姓还不是一样的不能过问吗?老百姓出血汗所生产的大豆等物,还不是一样的被榨取吗?热河还不是鸦片将军汤玉麟第二的天下吗?热河的政治,老百姓还不是一样的不能过问吗?老百姓还不是一样的被强迫种鸦片,以供独夫的剥削吗?中央政府还不是仍原归一党包办吗?全国的财富,还不是一样被贪官污吏、土豪劣绅所占取吗?与我们小民何干?与我们小民何涉?并且恐怕统治阶级稳定之后,对于我等小民,更要贱视,更要压迫,更要榨取。我们这样一致抗日,岂不是"自作孽不可活"吗?

我们并不是反对一致抗日,其实我们无时无刻不是主张全国精神团结,一致抗日。不过我们不像黑心瞎眼的人,口里嚷出一致抗日的口号,而心里明知这种局面不改变,没有方法一致,而偏要维持拥护这种不平等的关系。我们真正要一致抗日的人,不能不努力打破一致抗日的障碍。障碍一日不除,那么所谓全国一致,精神团结,是虚伪的、骗人的。不但不能一致,并且要引起内部的革命。日俄战争正酣的时候,俄国人民长久被压迫的结果,不是不管三七廿一发动一九〇五年的革命吗?欧战正酣的时候,俄国人民长久被压迫的结果,不是不管三七廿一发动一九一七年的革命吗?政府一天到晚压迫人民之不暇,人民力谋暴动之不暇,怎样去精神团结?怎样去一致抗日?

我们很明白:今日之中国,并不是全国人民的中国,乃是最少数一部分人的中国。我们受日本人的统治,固然是奴隶;我们受国内一部分人的宰割,又何尝不是奴隶?除了一个国界以外,同是做奴隶,有什么分别?在这种情形之下,不说政府是不抗日,就是政府抗日,老实说,全国人民也不会怎样热烈的拥护,始终不变的拥护。

我不是说瞎话,我所说的是中外古今历史所昭示的真理。我不是攻击任何方面,的确我看见了这种局面的危险不能不老实指出。

因此,如果我们要举国一致、精神团结,对付我们的敌人,须"打破对外的不平等",必须"先从求自己的平等做起"。怎样做法?有诚意,很简单。

政治上,我坚决的相信,须立即实行民主政治:

(一) 释放一切政治犯;

(二) 恢复言论、出版、集会、结社各种自由;

(三) 立即用普遍的、公平的选举方法,召集国民大会,接受政权,制定宪法。

经济上,我又坚决的相信须立即实行社会主义:

(一) 贪官污吏(包括军阀)所得冤枉的财产充公;

(二) 从此以后,发现贪官污吏,处以极刑;

(三) 平分土地,使耕者有其田;

(四) 用极重的累进法,征收遗产税、土地税、所得税;

(五) 国营大规模事业,保障失业者的生活。

让作工的人吃饭,吃饭的作工,不作工的饿死,或滚出国外去!

一九三三年三月二十七日

近东病夫给远东病夫的教训[*]

一

土耳其是近东的老大病夫。中国是远东的老大病夫。

在十五六世纪的时候，土耳其是一个强大帝国，领土跨欧、亚、非三洲的地方，当时欧洲各国哪个不怕他。在鸦片战争以前，中国也是一个强大帝国，土地之大，人口之多，声威之远，比土耳其有过无不及。

土耳其自十八世纪以后，渐受俄、奥、英、法、普（后为德）各个帝国主义国家的侵略与压迫。中国自十九世纪以后，也渐受英、俄、法、德、日、美各个帝国主义国家的侵略与压迫。

在从前，土耳其与中国都是东方式的帝国，君主专制，朝臣弄权，政治腐败，人民被治好像奴才，没有参政的权利，当然更不会发生爱国的观念，全国一盘散沙，只有待帝国主义的蚕食与瓜分。

帝国主义国家如何处分此近东告朔之饩羊？蚕食乎？又如何蚕食乎？瓜分乎？又如何瓜分乎？利害纵横错杂，彼此钩心斗角，于是构成国际政治中所谓近东问题。帝国主义国家又如何处分此远东告朔之饩羊？蚕食乎？又如何蚕食乎？瓜分乎？又如何瓜分乎？利害纵横错杂，彼此钩心斗角，于是构成国际政治中所谓远东问题。

列强挟其政治、军事与经济的优越势力，以侵略土耳其与中国，结果订了许多不平等条约，以剥削此近东的病夫与远东的病夫。如协定关税，如治外法权，如其他种种在政治经济上的特权，莫不应有尽有。

土耳其自十六世纪中叶以后，领土日蹙，尤以十九世纪中所丧失的为最多，总计有希腊、罗马利亚、塞尔维亚；与门地内阁罗的独立，布加利亚与东罗美尼亚的自治；高加索一带与黑海北岸之见并于俄，阿基尔与突尼斯之见夺于法，埃及

---

[*] 本文原载《自由言论》第1卷第7期，1933年5月1日出版。收入本书时文字略有删改。

与地中海大小各岛之见攘于英。在同一个世纪中,我们中国所失的领土,举其大者,有香港、黑龙江以北、乌苏里江以东、伊犁以西、琉球、安南、缅甸、高丽、台湾,以及胶州、旅顺、大连、九龙、广州湾、威海卫等地的租借。

土耳其因外患日深,内政腐败,人民不能不起而挽救,于是发生一九〇八年的革命。中国也因为外患日深,内政腐败,人民不能不起而挽救,于是发生一八九八年的戊戌政变、一九一一年的辛亥革命,及一九二六年的国民党革命。

一九〇八年少年土耳其党的革命失败了。中国的戊戌政变、辛亥革命,以及最近的国民党革命也都失败了。

土耳其因为自一九一四年至一九一八年参加欧战失败的结果,割地、赔款、丧权、辱国,不可胜计,并且希腊还要乘火打劫,进兵攻取土耳其所剩下来的腹地。中国自九一八以后,所受日本的宰割,如东三省,如热河,都已一一夺去,日本现在还在进兵攻取我们的腹地——华北。

土耳其的君士坦丁堡政府为帝国主义所挟持,采取不抵抗主义。现在我们中国的南京政府也为帝国主义所挟持,采取不抵抗主义。

比较至此,近东的老大病夫与远东的老大病夫,简直是维妙维肖,难兄难弟,但是往后的情形便不同了。

二

土耳其在一九一九年危急存亡的时候,出了基马尔将军及其所领导的爱国志士。在今日中国危急存亡的时候,我们的基马尔将军及其所领导的爱国志士在哪里?

基马尔将军所领导的革命运动居然成功,那么我们如果要抗日救国,有许多根本原则,可以作我们的参考。因为今日中国所处的情形,与昔日土耳其所处的情形,有许多地方是完全相同的。

(一)基马尔将军及其所领导的爱国志士们,认定君士坦丁堡政府为卖国政府,不足与图存,非另外树立革命救国的新政权不可。

君士坦丁堡政府老朽昏庸,懦弱无能,甘心为帝国主义的傀儡,对于希腊的进攻司密拉及小亚细亚腹地,采取一贯不抵抗政策,步步退让;对于列强的予取予求,则奉命惟谨,不敢有丝毫异议;独对于人民,发挥其威力,多方压迫。基马尔将军看透这是彻上彻下的卖国政府,与之图抵抗希腊的侵略及列强的野心,无异与虎谋皮。所以不等君士坦丁堡政府正式签押卖国的《塞佛尔条约》,早就打定了主意，要树立革命救国的新政权。

（二）基马尔将军及其所领导的爱国志士们，认定君士坦丁堡在帝国主义势力监视之下，无活动的余地，要树立革命政权，非到内地去不可。

自一九一八年十月三十日土耳其签了《玛德洛停战协定》以后，鞑靼列尔与博斯佛拉海峡完全开放，协约各国军舰可以自由出入，炮台战舰须一齐交出，交通机关都被占据，英法军队且直接开进君士坦丁堡。在这种情形之下，如果要举兵反抗，非到内地去活动不可。因此，君士坦丁堡政府把基马尔贬为小亚细亚东部尔查伦州的一个小镇守使，在已有决心的基马尔看来，正是求之不得，欣然东去，不愿再与卖国政府鬼混，更不愿受帝国主义者的监视。

（三）基马尔将军及其所领导的爱国志士们，认定革命救国运动不是乌合之众及一盘散沙的国民所能做到，非有政党的组织不可。

土耳其已成的政党，原有少年土耳其党，但自参加欧战以来，该党已成强弩之末，没有坚固的组织、伟大的领袖、鲜明的主张、积极的行动，不足以担负此革命救国的重大使命。因此，基马尔到埃尔查伦之后，即着手组织土耳其国家党，于一九一九年七月二十三日召集第一次大会，正式成立，并议决："我们的根本原则，在奥托曼帝国的保全，如帝国其他各地不能共同行动时，则我小亚细亚东部诸州，当担任捍卫之责。"至九月十三日举行国家党第二次大会，基马尔便正式当选为领袖，并坚决的议决："不论何种情形，我土耳其的独立自由，决不能听受他人的限制，所以凡我土耳其人民所居各省，不论何地，我们都不承认其离帝国而分立。"有了这样坚决的政党，才能发动革命的运动。

（四）基马尔将军及其所领导的爱国志士们，认定革命救国运动不是空言所能做到，非有民众的武力不可。

因此，基马尔到了小亚细亚，除组织政党外，即进行组织军队。除利用当地没有解除武装的一部分军队外，他招集了旧卒散兵，重新编制，勤加训练，以成为革命武力的土耳其国民军。

（五）基马尔将军及其所领导的爱国志士们，认定革命救国运动须有极简单明了的目标，然后能集中全国的力量达到最后的目的。

一九二〇年君士坦丁堡政府召集新议会，土耳其国家党也参加选举运动，并由当选的议员提出了一种《国民公约》，经全场一致的通过，作为全国民意的总表现，及革命运动的大方针。

（六）基马尔将军及其所领导的爱国志士们，认定革命的新政权非实行民主政治、建立在民意之上，不能全国一致，精神团结，以与帝国主义对抗。

《国民公约》一致通过之后，各帝国主义国家极为震惊，尤以英国为最甚，竟派兵入君士坦丁堡横行干涉。君士坦丁堡政府不但不严重抗议，并且奉命逮捕国家党议员。基马尔等实逼处此，惟有正式否认君士坦丁堡卖国政府，在安哥拉召集国民大会，集合全国人民的代表，废止传统的君主政体，组织民主政府。土耳其全国人民自经此番解放之后，莫不欢欣鼓舞，如醉如狂，为祖国效死。前此一盘散沙、漠不相关的态度，一扫干净。

（七）基马尔将军及其所领导的爱国志士们，认定要保全土耳其的独立自由，恢复已失的领土，制止帝国主义的进攻，非摇尾乞怜的外交政策所能做到，必须对外作战，以铁与血去与敌人周旋。

一九一九年五月，希腊占据司密拉，复以英、法、意三国为后盾，进犯恩纳托立亚。基马尔于土耳其战败之后，收集残兵散卒，有衣履不全者，有械弹已失者，憔悴疲敝的情形，不可言状。但人心愤激，民气可用，振臂一呼，四方响应，于是土耳其与希腊的殊死战争便告开始了。第一年（一九一九年）希军大胜，势如破竹，但土军毫不消极、悲观、失望。第二年（一九二一年），希军便没有开头那样得手。到了第三年（一九二二年），土军极力反攻，希军卒至不支，全师溃败，弃甲曳兵而逃。于是基马尔及其所领导的爱国志士的革命运动，便告成功。

从此之后，各帝国主义国家，再不敢小视起死回生的土耳其，除老实承认安哥拉政府外，复召集洛桑会议以解决土耳其与协约国间的问题。近东病夫一旦忽然与世界强国并驾齐驱，折冲议席，不但是土耳其本身的光荣，并且是我东方国家的光荣。

土耳其代表乘战胜的余威，根据全国民意结晶的《国民公约》，坚持不让，终把《塞佛尔条约》宣告死刑，另订《洛桑条约》，将已失的领土恢复，将不平等条约取消，而成为一现代强国。

照土耳其复兴的历史看来，谁说中国没有救药？

一九三三年四月廿三日

附本文译名中英对照表：

希腊　　　　　　　　　　Greece

罗马利亚	Roumania
塞尔维亚	Servia
门地内阁罗	Montenegro
布加利亚	Bulgaria
阿基尔	Algiers
突尼斯	Tunis
埃及	Egypt

怎样复兴农村？*

农村破产已成为全国普遍的现象，复兴农村当然是人民一个最迫切的要求。以会议为能事的政府，于是又有复兴农村委员会的召集。

这个会议最使我们莫明其妙的，便是所聘请的委员，如果加以分析，大体不外是上海的资本家与北平一部分智识阶级的代表人。你说它是一个专家会议吗？可是，我们没有看见一个真正的农村经济专家。你说它是代表农民意见的机关吗？可是，这些委员大体都是大都市的绅士——四体不勤、五谷不分的朋友。为什么政府不找些真正农村出来的代表或专家？天知道、地知道以外，只有当局知道。

其实，农村决不是开两天会所能复兴的，犹之日本决不是叫两声"长期抵抗"所能抵抗的。农村破产的根本原因，稍为明了社会情形的人，谁不知道是由于帝国主义的经济侵略与政治的腐败？就是汪精卫院长自己，在他的开会辞中，也不能不勉强承认说：

"自通商以来，生货出口，熟货进口，诚为一大漏卮，然至今日，则生货也要从外国输入。中国向来的主要产物，如米、麦、棉花等，到现在每年大量的由外国运来。有了这种竞争和压迫，中国的农村，便更日趋衰落。在政治方面，又有许多破坏农村的原因，共产党的扰乱和日本侵略不消说，而各地方也不免有不肖的官吏在那里剥削，有不良的军队在那里骚扰，试问农民如何支持得住。于是农村崩溃，乃愈不可收拾。"

既然农村崩溃的根本原因，在帝国主义的侵略与政治的黑暗，那么请问根本原因不除，复兴究竟从何说起？

譬如稍为详细一点说罢。

贪官污吏不肃清，农民仍然受他们的剥削，农村有复兴的希望吗？

---

* 本文原载《自由言论》第1卷第8期，1933年5月15日出版。

苛捐杂税不废除，农民血汗之所得仍然要被军阀官僚及其工具榨取殆尽，农村有复兴的希望吗？

预征钱粮不禁止，像四川已预征至民国六十年，农民往往一年要纳两次钱粮。这样，农村有复兴的希望吗？

勒种鸦片，要人民不种五谷种毒物。公卖鸦片，使人民没有饭吃，只抽大烟。这样，农村有复兴的希望吗？

军阀争权夺利的混战不停止，战区以内的农民，田园被践踏，屋宇被烧毁，食物牲畜被掠夺，父母不相见，兄弟妻子离散。战区以外的农民，要直接间接担负无量的内战经费。这样，农村有复兴的希望吗？

中央当局滥发公债，地方当局滥发军用票或省库券或银行券，吸收人民的现金，不但不用之于有益社会的生产事业，反而用之于残民以逞的内战，或充少数民贼的私囊，存入外国银行，做帝国主义侵略同胞的材料。这样，农村有复兴的希望吗？

土豪劣绅勾结官吏，横行乡曲，重利盘剥，吞并农田，农民辛苦一年，到了秋获，除了清偿积欠没有存粮，到了后来，有田的自耕农或半自耕农不得不把田卖掉，自己没有田的佃户，只有卖子鬻女或流为游民乞丐。这种压迫不除去，农村有复兴的希望吗？

农民被压迫而流为土匪、共党，政府不想方法澄清政治，使人民有安居乐业的机会，而专事剿杀，以致愈杀愈多，愈闹愈凶。请问，这样，农村有复兴的希望吗？

军阀官僚土豪劣绅利用其权势与刮来的民膏民脂，去收买地皮，自为田主，以至有田的不种田，种田的无田种。这样，农村有复兴的希望吗？

既不能取消不平等条约，解除帝国主义的压迫，又不能抵抗外来的进攻，保障领土的安全。连保护关税也不能实行，抑制日货也要取缔，以至外国商品，由沿海侵入内地，由都市侵入农村，如狂风暴雨，沛然莫之能御。农民以低价的原料去换高贵的洋货，一出一进，两重剥削。手工副业如养蚕、采茶、纺纱、织布等项，更被破坏无余。生活日益昂，生计日益穷。请问，这样，农村有复兴的希望吗？

奇怪，这次复兴农村委员会开了两天会，委员中没有一个提到这些根本原因（至少我们在报上没有看见），并且所通过的各条纲要，也没有一条保障这些根本原因的铲除。请问在现在的政治情形底下，通过什么技术的供给，农民银行的设立,农村自治的实行种种纲领,有何用处？是不是等于"画饼充饥",向国民做一个"手势"(gesture)？结果,恐怕徒添设了许多新的机关,增加了农民的负担。农民倒没有救济,而救济了少数无事可做的同志。

老实说,农民所希望的很小很小。他们在目下并不希望政府给他们技术的供给、资本的接济,以及什么卫生教育等等。他们只希望,军阀官僚不要剥削、榨取、内乱,给他们一个安居乐业的机会,如是而已。如果这点能够做到,农民"仰沾雨露之恩",将"衔环结草以报"。就是政府不去复兴,农村自会复兴;政府不去救济,农民自会救济。到那时,政府如果要再进一步为农民积极谋幸福,农民才会相信政府不是在那里玩骗人的把戏。

本来政府有两种职能:最基本、最原始、最初步的职能,是对内维持秩序,保障安宁;对外抵抗侵略,保卫国土。必须这种职能履行以后,才能谈到积极为人民经营各种公共事业。若是全国纷乱,没有宁日,外国进攻,不能抵抗,生命财产以及一切的一切,都没有丝毫保障,还有什么能力去做旁的工作？

事有先后,物有本末,今政府不治其本而齐其末,不是出于无识,便是有意敷衍。老实说,我们根据过去政府召集许多会议的经验,对于这次复兴农村委员会并不存什么希望。我们知道的,只是在一九三三年五月五日至六日,在南京铁道部,根据各报记载,有过这么一回事而已。

但是,汪院长好像很郑重其事。他说,"希望我们所提议的和我们所决定的办法,能一件一件的实行。从前为许多事情,常常开会议,结果是往往只有许多议案不能见诸实行,本会必须要免掉那些毛病"。

"要免掉那些毛病",其责任倒不在国民,而在政府。如果政府不是完全做"手势"的话,请从统治阶级本身做起:

"即日肃清贪官污吏,废除苛捐杂税,及禁止预征钱粮、勒种鸦片、公卖鸦片,以及其他各种形式的剥削榨取。不要再从事内乱,使农民有安居乐业的机会。"

行有余力,再说其他。

一九三三年五月九日

五月十日的主张*

这是五月十日在青年会的国耻纪念演讲，经徐雉君笔记，《申报》只发表了一部分，事后有人来信要求将该稿在本刊（《自由言论》）完全登出，故发表于此。但现在大势所趋，已非文中所提办法所能挽救。

我想现在人人心里有一个急迫的问题，需要解答；就是：到底日本将来是否要继续进攻？还是得了东三省及热河就算完事？你们记得，在"九一八"沈阳失陷的时候，有一班苟且偷安眼光近视的人，以为问题不至于扩大。后来北满及锦州失了，这班苟且偷安眼光近视的人，又以为日本得了东三省就算完事，不至于再扩大。后来山海关又失了，这班苟且偷安眼光近视的人，又以为日本得了山海关，可以保障"满洲伪国"的安全，就算完事，决不至于再扩大。但是后来热河又失了，这班苟且偷安眼光近视的人，又以为日本得了热河，完成"满洲伪国"的自然地势之后，断不至于再扩大，更不至于扩大到长城以内。但是后来察哈尔大半已经失了，滦东也已经失了，这班苟且偷安眼光近视的人，又在那里作梦，以为日本万不至于渡过滦河，进攻平津。看罢，看你们这班利令智昏的人们，误尽天下苍生，将来如何了事！

我自"九一八"事变发生以来，就不敢做梦，更不愿把头埋在沙里，当作没有看见危险，如鸵鸟一样。我认定日本必继续不断的进攻，理由有三：（一）地势的连接。日本得了东三省及热河，必向西南进展，如美国以前向西发展的运动一样，非横贯全洲至太平洋岸不止，日本将来也非席卷我全国不可。这是田中的政策，也是自然的趋势，在日本人看来，迟早总要实行的。（二）保障已得土地的安全，日本必以攻为守。得了东北必侵略华北，以华北为缓冲地带；得了华北，又必侵略长江流域，以长江流域为缓冲地带；得了长江流域，又必侵略华南。等到亡

---

* 本文原载《自由言论》第1卷第9期，1933年6月1日出版。

了我全国以后,日本才会心满意足,高枕无忧。(三)世界大战虽不会马上发生,但将来总难幸免。日本知道他自己是远东的罪魁,更不能不积极准备。本国既然是地小物贫,便不能不把中国来做他穷兵黩武的根据地。

日本这种继续不断的侵略政策,会不会成功呢?须看三方面的情形:(一)要看国际方面会不会积极干涉日本的行动。大家都知道现在是世界经济恐慌的时期,英美各国忙于整理内部。自德国希特勒上台以后,欧洲空气异常紧张,并且各国人民离欧战不久,大家不愿再马上有第二次世界大战发生。至于苏俄,一来因为国基未固,二来因为五年计划没有完成,不但不能"扶助弱小民族",近来反而与我们的仇人妥协,蔑视我国主权,出卖中东铁路。故在目前这样的国际形势看来,国际方面是不会积极干涉日本的行动的,日本大可以继续进攻,可以继续进攻而无恐。(二)要看日本内部会不会发生内讧或革命。如果发生内讧或革命,便可牵制日本的侵略行为,在苟且偷安奴隶成性的中国人看来,未尝不是一件日夜所祈祷的事情。但是在日本对华政策一帆风顺、势如破竹之下,日本一般国民欢欣鼓舞庆祝之不暇,哪里会有什么革命发生。只有遇到中国有力的抵抗,军事上不得手,战事范围日益扩大,人民负担日益加重,人民才会由不满与失望转向到革命之一途,如欧战中的德国一样。假使当日的法国是现在的中国,一味不抵抗,那么德帝国不但不会发生革命,并且基础会更加巩固。(三)要看中国抵抗不抵抗。我们大家知道,政府不抵抗是一个公开的秘密。就是有抵抗,也是局部抵抗,出于地方军事长官的爱国热诚,并不是中央预定的政策。但是,中国愈不抵抗,日本愈要进攻;日本愈是进攻,中国愈不抵抗。于是一年半载,马马虎虎便断送了半边天下。反之,如果自始拼命抵抗,日本的侵略政策是不会这样顺利的,也不至于如此急进的。日本继续急进的侵略政策,正是因为我们中国继续急退的不抵抗政策所促成的。

但是政府到现在还不承认不抵抗是它的政策。譬如前不多久,行政院长汪精卫先生为着和战问题,特别发了一个很长的电报加以解释,并且做了三股文章的注脚,说"因为不能战所以抵抗(一股),因为不能和所以交涉(二股),是以抵抗与交涉并行(三股)"。但是我们要问,所谓战是不是军力的冲突?如果用军力去抵抗,是不是战?难道上海十九路军的抵抗,不是战吗?宋哲元军在喜峰口的抵抗,不是战吗?徐庭瑶军在古北口的抵抗,不是战吗?如果汪先生所谓抵抗,不是武力的抵抗,乃是不敢应战的抵抗,那么这与张学良先生的不抵抗主义有何分别?至于"因为不能和所以交涉",我们更不懂为什么明知不能和,而要与日本交涉？交涉是不是希望和？政府这种"两面政策"（一面抵抗，一面交涉）的结果，不但政府三心两意，拿不住方针，没有计划；就是我们小百姓，也不知所从。汪先生是很会做八股文章的，可惜这次只做了三股，现在我替他再加上三股，"因为不愿战所以不抵抗（一股），因为要和所以交涉（二股），是以不抵抗与交涉并行（三股）"。这后三股或者比前三股近于事实，我想大家都承认罢。

说到此地，或有人要问我的办法又是怎样。"九一八"事变一经发生，我即做了一本小册子，名为《救亡两大政策》，（一）主张对日作自卫的战争，也就是真正的抵抗；（二）主张取消一党专政，实行民主政治，组织国防政府。经过二十个月的功夫，到现在我的思想一点也没有改变，并且经事实的证明，我对于这两个主张更深信不疑。

为什么我主张战，主张作自卫的战？理由大概诸位都听见或看见过了，用不着再去详细解说。我今天只能提纲挈领的列举出来。（一）惟有作自卫的战争，才能促成内部的统一，全国一致。（二）惟有作自卫的战争，才能扩大局面，引起国际的干涉，制止日本的暴行。（三）惟有作自卫的战争，才能给敌人以重创，促成日本内部的革命。（四）惟有作自卫的战争，才能保存民族与国家的人格，免豆剖瓜分的大祸，为将来复兴的基础。（五）除了作自卫的战争以外，没有别的方法，只有卖国。请问主和的人怎样和法？是不是愿意签字断送东三省、热河、察哈尔？如不愿意断送，日本会不会与我们和？如愿意断送，是不是卖国？再请问主张交涉的人，事到如今，除了承认断送东三省、热河、察哈尔等地以外，有没有交涉的余地？如果承认断送，是不是卖国？卖国是不是要给他方以口实，引起内乱？请问主张十年生聚十年教训的人，能否担保断送国土之后，不发生内战？内战是否能够生聚教训？不能生聚教训，只知内战，是否比对日作自卫的战争要坏到无数倍？最后请问主张拖的人，日本不让我们拖，我们如何拖得过去？我们因为拖而不抗，以至二十个月中失了东三省、热河、察哈尔，及长城以内各地。我们是不是还要这样拖下去？拖到平津？拖到山东、河南？拖到长江？拖到华南？拖完了全个中国完事？如果主张和，主张交涉，主张拖而不抵抗的人，不能答复这些问题，那么显然我们的出路只有战，只有作自卫的战——也就是真正的抵抗。

如果真要抵抗，真要作自卫的战争，那么当然第一要全国一致，精神团结。请问在一党专政之下，可以做得到吗？国既党的国家，而非全国人民的国家，人民对于国事既无权过问，甚至于还要受压迫，请问如何团结？如何一致？又如果真要抵抗,真要作自卫的战争,第二当然要人民起来,养成深厚的民众力量。请问在一党专政之下,民权没有保障,言论、出版、集会、结社都不自由,人民如何可以起来?如何可以表现民气?如何可以把已死的人心鼓动?把一盘散沙的人民组织?再如果真要抵抗,真要作自卫的战争,第三当然要集中全国人才,同心协力,共赴国难。请问在一党专政之下,政权由一党包办,党外的人不但不能参加,并且不愿意参加,全国人才又如何能够集中?不但不能集中,并且因为压迫与反压迫的关系,彼此钩心斗角,所有心血都用在对内,结果只有大家同归于尽。最后,如果真要抵抗,真要作自卫的战争,现在这种散漫不负责任的政府制度,也非改变不可。换句话说,非组织抗日的国防政府不可。这种抗日政权的组织,第一须建筑在全民的基础上面,应该急速根据普遍的、直接的、公平的选举制度,召集国民大会,接受政权,产生政府,制定宪法;第二这种抗日政府的组织,应该放弃五院制度,而采取简单、明了、集中、有力、负责的原则,如英国欧战时的战时内阁一样。

上面这些主张,我从"九一八"以来不断的向政府及全国国民大声疾呼,但是到现在一点也没有实现。近来我看见政府与共产党在江西相持不下,同时看见军事委员长蒋介石劝共党一致来归的文章,及共党首领毛泽东、朱德愿意一致抗日的宣言,使我觉得有提出一个新的主张的必要。

这个新的主张,就是国共须为有条件的妥协。为什么要妥协?(一)我认为如果真正抗日,非得停止内乱不可。现在我们的大炮飞机,不用去打日本,而用去打共产党;我们卅多万的好军队,不在前线抗日,而在江西剿共。长此下去,鹬蚌相争,渔人得利,只有让日本来一块一块割去。这样,三民主义可以实现吗?共产主义可以实现吗?还是日本的帝国主义可以实现?(二)我认为共党不是普通的土匪,乃是有组织、有主张的政党,并且是政治腐败与专制的反应,不是剿杀所能了事。"九一八"以前剿了许久,没有剿灭;"九一八"以后,也围剿了几次,也没有成功。大炮飞机及三十多万军队,不但不能消灭共党的势力,并且共党的势力日益在那里蔓延。这种事实,就是没有抗日的前提,也应该可以使我们觉悟,改变策略。何况有抗日的前提摆在我们的目前呢!

若是妥协,请问又有什么条件?我认为在共产党方面:(一)应该停止阶级斗争、阶级革命的政策。须知现在中国的问题,是打倒帝国主义(尤其是日本)及其工具的问题,全国民众,无论哪个阶级,都是同受压迫榨取,应该联合战线,不应该分裂革命的势力。(二)应该交出红军,改成为国家的军队,民众的武力。

在国民政府方面,也应履行下列两个条件:(一)实行民主政治,让共产党及其他各党派公开的、和平的作参政活动,大家捐弃过去一切仇恨,共赴国难,抵抗日本帝国主义。(二)令全国各军人交出据为私有的军队,与红军一律改为国军,开赴前方抗日。

总而言之,我的主张是:(一)对日真正抵抗,真正作自卫的战争。(二)取消一党专政,实行民主政治:消极方面保障人民各种基本权利,积极方面根据普遍的、直接的、公平的选举制度,召集国民大会,接收政权,制定宪法。(三)组织抗日的国防政府,停止党争,一致全体总动员。(四)与共产党有条件的妥协,共党方面,放弃阶级斗争政策,交出红军;国党方面,应该公开政权于全国人民,并令各军人交出军权,一律改成国军抗日。

如果政府还不觉悟,人民还不醒,长此糊涂下去,我敢预言:日本必继续进攻,全国必继续瓦解,内部必发生极大纷乱,帝国主义必乘机瓜分宰割,我们四万万同胞大家快预备做奴才。

一九三三年五月二十一日

学生的出路*

一

虽然教育制度，受了西方文化的影响早就改变了——由私塾变成学校，由"四书""五经"变成社会科学与自然科学——但是旧教育制度的遗毒，还没有根本消灭。我们从前的教育，目的完全为做官：子弟读书的志愿在此，父兄乡长的希望在此，政府科举取士的办法也在此。凡是读书的都是预备做官的，做不了官，才去教书。所以从前读书人的出路只有两条：第一是考中科举之后做官；第二是考不中，或考中了而没有官做，便去教书。没有第三条路可走。若要读书人去种田、经商或做工，他认为这是下贱的事业，等于女人失节，宁愿饿死不愿干。

现在学校出来的学生，对于这种读书为做官的心理，还没有打破，尤以在内地为甚。由小学以至于大学，都是如此。他们以为小学毕业班，便是以前的秀才；中学毕业，便是以前的举人；大学毕业，便是以前的进士；若是到外国留过学，便是以前的进士翰林之类；得了博士，便自以为是洋状元了。社会之所公认，乡长之所期望，父兄之所指靠，自己之所志愿，都是做官。所以许多留学生回国，好像华侨在美国一样，只有两条出路，不是洗衣，便是开饭店；留学生回来，不是做官，便是当教员。做官是本来的目的，若是因为没有亲戚朋友的援引，而做官不成，那么只有像以前的读书人去教私塾一样，去大学教书。当教员是不得已的退步办法，犹之以前的读书人当私塾老师一样的退步办法。若是官运亨通，于是马上脱离教书生活，去做官发财，以实现原来的志愿。学校不过是一个旅馆，官场才是归宿之处！

但是留学生回来的数目，一天一天加多，做官的机会究竟有限，僧多米少，供多于求，于是不得不明争暗夺，奔走于权势之门，劳苦于风尘之路，老死而不知休止。一班军阀为布植自己的势力起见，运筹帷帐者不能不有人，办理外交者不能

---

* 本文原载《自由言论》第1卷第10期，1933年6月15日出版。

不有人,起草电文者不能不有人,借款买械者不能不有人,中外宣传者不能不有人,摇旗呐喊者不能不有人,敷衍门面者不能不有人。现在看见留学生乐为工具,自然高兴收纳,予以做官的名义,给以发财的机会,如养犬马一般,以供驱策。所以现在每个军阀之下,都有大批的智识阶级分子。民国初年的时候是留日学生行时,现在是留欧美学生行时。

其次,国内大学毕业的,因为没有出洋镀金,资格抵不过留学生,但是做官的志愿是一样的迫切。有些因为背景雄厚,可以做大官、发大财;如果做不到大官,退而做小政客、小官僚,也是心甘情愿。若是做官不到,他们的退步,也是教书,纵不能当大学教授,也应当中学教员。并且因为每年大学毕业人数很多的关系,在中央政府或关系全国政治的军阀底下,不能找到位置,于是退而到内地各省去运动做官。其在本省内的地位,犹之留学生在全国的地位一样。留学生留过欧美、日本,大学生留过上海、南京、北平。

又其次便是中学毕业生,若不能升学预备做大官,那么只好去做本省的小官,或本县的大官;再不然,退而当小学教员。其所以在省政府内不能当大官,乃因资格不如大学毕业生;其所以可以横行本县,乃是因为本县的留学生或大学毕业生都不愿在县里做事。若是在县里做官不到,又找不到教书位置,那么唯一办法,就是做一个烂绅士,穿着长衫,奔走衙门,榨取平民。

在读书阶级的最底层,当然是小学毕业生,若不能升学预备做高官,便在本县各乡村做绅士,或当国民学校教员。

由上看来,我们现在的教育制度,在表面上虽然与以前的教育制度完全不同,但是在精神上还没有完全改变。读书的目的是为做官,做官不到便去教书。归纳起来,我们可以得到下列一个系统:

(一)留学生做官活动的主要范围在全国,做官不到,便去大学教书。

(二)大学毕业生做官活动的主要范围在本省,做官不到,便去中学教书。

(三)中学毕业生做官活动的主要范围在本县,做官不到,便去小学教书。

(四)小学毕业生做官活动的主要范围在本乡村,做官不到,便去国民学校教书。

但是学校一天一天加多,学生的人数也一天一天加多,由小学以至于留学生,每年出来在社会上找事的不知多少,大家都想做官发财,而官位又没有那么许多,于是大家不能不去钻营奔走,倾轧阴谋,干许多寡廉鲜耻的事情出来。在现在军阀政治之下,一切官吏都要从军阀手中出来,自然不能不去奉承军阀的鼻息,做他们的走狗。其己身的利益,于是与军阀的利益,不可分离。自己所捧的军阀一旦得势,则弹冠相庆,升官发财。自己所捧的军阀一旦失势,则亡命逃走,或卖身他人。其行为与娼妓无异,只要有谁给他官做,他便捧谁。以前做官,进退之间,还有旧伦理为之范围,讲究气节;现在一切道德观念都打破了,于是翻云覆雨,暮四朝三,无所不为。

二

我并不是说所有的学生都有这种读书做官的心理,但是据我观察,全国学生出来多数有这种心理。

我并不是绝对反对学生做官。其实为国家服务去做官,为做事去做官,为实现主张去做官,我不但不反对,而且绝对赞成。我所反对的,乃是普通一般为做官而做官的心理。

我并不是看轻教书事业。其实教书在目前还是比较清高的事业、神圣的责任。我所反对的,乃是把教书当做求官不到的退步办法。(现在也有一部分人,宁愿教书,不愿做官,这是要声明的。)

我并不是把这种做官心理,完全归罪于学生身上,其实青年总是心地最纯洁的。这是一方面由于过去社会的遗传,一方面由于现在社会的无出路。

但是我不能不希望毕业的学生打破这种心理,因为惟有打破这种心理,才能保持自己纯洁的人格,为自己所抱的理想奋斗,不至于做军阀官僚的爪牙,去压迫民众。

至于学生真正的出路,在今日帝国主义与军阀、官僚、政客互相勾结以压迫我全个民族的时候,当然非常困难。现在全个民族都弄到没有出路,个人既不能离开群体生活,又哪能独自有正大的出路?这就大处而言,我们应该认识清楚,并且共同努力奋斗去求解决的。

怎样去求全个民族的出路,问题很大,姑置不论。我们就小处而言,零零碎碎的方法,对于个人或者不是完全没有帮助。

在学生方面,应该抱定下列几种方针:

(一)须用其所学。学实科的,应该跑到工业界去;学商业的,应该跑到商店、公司、银行里去。不要像苍蝇一般,飞集在一块臭肉上,争尝"官"味。

(二)须不计较位置与薪资。凡属有益于国家社会的事业,不论大小,都应该努力去做。现在有些大学毕业生,宁愿不做事,不愿做小事;以为做了小事,有丧体面,这是不合理的虚荣心,应该除去的。

（三）须散布到乡间去。城市生活繁华,物质享受,比较优美,一般智识阶级都愿挤在一处抢饭吃,以致城中人浮于事,找事困难,文化亦是畸形发展。乡村缺乏人才,各种事业办不起来,文化也自然落后。

（四）须继续研究学问。学问原无止境,毕业不过告一段落,须继续研究,才能增长智识,应付环境。现在有许多学生,得了一张毕业文凭,便认为志得意满,只知奔竞应酬,不去再事研究,渐受社会淘汰,变为一无所能的废物。

在学校方面,对于毕业学生应该继续指导,不应把他们送出校门就算完事。好不容易造就一个人才,若不设法使各得其用,那么教育对于国家社会又有什么用处？我认为各校应有职业指导与介绍机关的设立,对于未毕业学生选择职业,应该加以指导。对于毕业生的职业,应该调查全国各方面情形,联络各种公私立机关,与在社会上服务的校友合作,尽力为学生谋相当的机会,使人尽其才,才尽其用。有时候人要找相当的事固然很困难,但是有时候事要找相当的人,也不容易。如果各学校有这种机关的设立,我相信对于学生个人及全个社会都有贡献。

本来介绍职业,保障人民生活,是近代国家一种重要的职务,但是这不足以语今日腐败的中国。现在政府认为人才过剩,教育部于是来限制文法科学生的数目。其实以中国之大,学生人数之少,如政治上轨道,人才只有不够,哪里会有过剩？若政府照这样的情形做下去,只知包办政权,贪污榨取,植党营私,不但文法科学生没有出路,实科、商科学生也无出路,全个民族又何尝有出路。所以在我们人民方面,为国家为个人应该努力解决整个的政治问题；在政府方面,目前最低限度应该马上实行文官制度,以公开公平的考试方法,去录用毕业学生。

一九三三年六月十日

泛论爱国的功罪

一

现代国家生活里面，有一极显著的情绪，深入人们的心坎，有绝大的魔力。按其表现，有时如风雨骤至，万马奔腾；有时如衔枚疾走，寂然无声；有时如草木争荣，春风满面；有时如秋气萧瑟，愁云不展。它可以使人们慷慨激昂，它可以使人们欢欣鼓舞，它可以使人们忧戚悲伤，它可以使人们痛哭流泪。它究竟是什么？它就是我们这里所要讨论的爱国心。

爱国心的意思，说起来很简单，就是忠爱国家，虽有牺牲，在所不惜。人们为什么要爱国？其动机实在是复杂万状，随人不同，甚至于不可分析。好比爱女人，有人为的是秋波如电，有人为的是口如樱桃，有人为着面庞，有人为着腰身，有人为着言语，有人为着姿势，各爱其所爱。其发生爱情的原因虽然不同，而其成为爱情则一。人们的爱国，也是一样复杂：有时因为祖国的青山绿水，有时因为祖国的家乡情侣，有时因为祖国的过去光荣，有时因为祖国的无限将来。爱国的原因，虽然千变万殊，而结果成为爱国心则无二致。

"父母爱子，无所不至。"儿女的冻饿，有如自己的冻饿。儿女的荣辱，有如自己的荣辱。人民的爱国心，若是发达以后，也是如此一往情深。国家的事情，有如自己的事情；国家的成败，有如自己的成败。若是本国受了侮辱，则气愤填胸；若是本国占了优胜，则趾高气扬；若是本国四分五裂，弱小无能，则忧虑悲伤，不能自禁；若是本国富强伟大，太平无事，则欢欣鼓舞，情不能已。

现在美国不是世界最富强的国家吗？你看美国人们是多么扬眉吐气啊！挺着胸，直着腰，昂首阔步，谈笑自若，好像心目中只有美国是最值得可爱的东西。你若遇见美国人，问他是什么国籍，他一定显出骄傲快乐的样子，高声回答说："我是美国人。"

---

* 本文原载《自由言论》第 1 卷第 13 期，1933 年 8 月 1 日出版。

你若看见中国、印度、高丽在外国的留学生，情形便是两样了。有一次一个美国朋友问我："你们中国学生为什么一天到晚，态度这样严重，很少说话，并且脸上时带愁容？高丽印度的学生也大都如此。这莫不是东方民族的特性？"我听见了这话，心中只是一阵一阵的痛楚，我沉重的回答说："我们并不是不会快乐，但是消息一阵一阵传来，总不外是祖国的破碎，同胞的痛苦，叫我们从何快乐起来。"

这种爱国心是人所共感的。在国家危急的时候，它的色彩更加浓厚。一班人民被它鼓动起来之后，什么都可牺牲，并且出于心甘情愿。汉京斯教授(Hankins)说得好：

"爱国心与民族观念一样，是不容易解释的。它是表示对本国的忠诚，包括服务国家，捍卫国家的义务。它是普通一般人都能感到的一种感情，在国家危急的时候，它马上可以叫我牺牲。其动人之深，没有别种情绪可以与它比拟。它若鼓动起来以后，其支配人的行为，较其他任何社会力量更为完备。它可以把普通一班人们从日常工作里面提高起来，使他们发生最高尚的牺牲精神；它可以使懒惰的人，紧张起来；使刚愎的人，服从命令；使吝啬的人，慷慨解囊；使胆怯的人，有勇气；使卑贱的人，有气慨；使狡黠的人，也不能不爱国。遇到了这种爱国热诚，各种宿仇积怨都忘记了；各种政党及阶级的争斗都淹没了；各种信仰、地位及种族的界限都消灭了。在这种情势之下，只有领袖们可以说话，当局的人，要我们如何牺牲，我们只有心甘情愿的献身在国家的祭坛上面。"①

二

的确，爱国心是一种感情，并且是出乎人类本性的一种感情。但是这种感情，比较其他情绪高尚一等，因为它根本上是为他利他的，不是自私自利的。一个人爱国并没有想到于自己有什么好处，若因为自己有好处而爱国，便不是真爱国了。你去问马志尼、加里波的、加富尔为什么要历尽危险困苦去爱意大利？你去问蒋亚克为什么以一个农家少女，要起来驱逐英军，为法国葬身火焰之中？你去问葛苏士为什么要颠沛流离去运动匈牙利独立？你去问纳尔逊为什么要奋不顾身，为英国死于杜拉花加之战(Battle of Trafagar)？你去问林肯为什么要任劳

---

① H. E., *History and Social Intelligence*, p. 186.（转引）

任怨去维持美国统一?你去问甘地为什么要投身图圄,去反抗英国统治,以求印度独立?我想这些古今男女志士,必定同声回答你说:"我因为我爱我的祖国故,不得不如此。"

所以爱国心是一种真情的流露,比你爱你的情人还更是无条件的。你爱你的情人,有时还因为她长得好看。你爱国便不管本国是强、是弱、是富、是贫、是大、是小、是新、是旧;也不管本国的制度、思想、文学、艺术、科学、风俗是什么样子;更不管本国在过去有否光荣的历史,在将来有否伟大的前途。富强如现在的美国,固有人爱;亡国如现在的高丽、印度也有人爱,恐怕爱得更利害!

我们可以大胆的说,爱国心实在有它不可磨灭的价值。它可以团结全国人民的意志,抵抗外国的侵略,保持自己的统一。它尤其是被压迫国家求解放的利器,被压迫民族求独立的工具。弱小的国家由它而强大,分裂的国家由它而统一。亡了的国家,由它而复兴,无组织的民族,由它而建国。我们可以怀疑它别的地方,但不能怀疑它在这方面的功绩。我们看历史,意大利、德意志之所以统一,法国之所以屡次危而复安,波兰之所以复国,日本之所以强大,土耳其之所以崛起,与爱国心实在有分不开的关系。就是现在中国之所以有觉醒的趋势,也未始不是这点热心在里面鼓动。

若是爱国心的价值,只在保存国家,一致对外上面,那么还不够我们一般人所给它那样的伟大价值。它的伟大性,实在还是在无形中滤清及增进我们的公共生活。公共事业,有它在里面推动,可以积极的发展。政府机关,有它在上面监督,可以养成廉洁的政治。反而言之,一个国家若无爱国心为之基础,则精神必至涣散:道路坏了没人埋,古迹倒了没人修。伟大的城市,让它毁灭,长久的历史,让它忘去。做官吏的只知搜括地皮,做人民的只知自私自利。总而言之,国家的群体生活必日趋于腐败堕落而不自知!你不见希腊时的雅典及司巴达吗?他们的公共生活极高尚极兴盛的时候,也就是他们的爱国心最发达的时候。他们的社会最腐败的时候,也就是他们的爱国心最消沉的时候。

不但国家的公共生活有赖爱国心为之洗除污秽,引向奋发有为的高尚领域,就是个人生活有它以后,也可得到无穷的"烟士披里薰"(inspiration)。人生本来是无目的、无意义的。若是不假定一个高尚的目的做目的,那么生活只觉得没有意义,结果只有消极、颓唐、萎靡而不能自振。换过来说,若是一个人以爱国为努力的方向,那么他走向生命长途的时候,处处都觉得有趣味,步步都觉得有影响。

爱国无穷尽,努力的前途也无穷尽。它好比是山间的泉水,山间的泉水可以继续不断的流成一条小河,小河可以不舍昼夜的奔向广阔的原野,灌溉无数的田畴。爱国心也可以继续不断充实人生的意义,使一班人民永远努力去发扬光大群体的生活。

三

无论什么思想,无论何种感情,都是有流弊的。爱国心当然不能例外。有时候一班人们因为爱自己的国家,而恨别人的国家;争本国的利益,而牺牲别国的利益。正如墨子所谓:"诸侯各爱其国不爱异国,故攻异国以利其国。"这当然是不合理的。我们可以引墨子一段极妙的议论为证:

"今有一人,入人园圃,窃其桃李,众闻则非之,上为政者,得则罚之。此何也?以亏人自利也。至攘人犬豕鸡豚,其不义又甚入人园圃窃桃李。是何故也?以亏人愈多,其不义滋甚,罪益厚。至入人阑厩,取人马牛者,其不仁义又甚攘人犬豕鸡豚。此何故也?以其亏人愈多。苟亏人愈多,其不仁兹甚,罪益厚。至杀不辜人也,拖其衣裘,取戈剑者,其不义又甚入阑厩取人马牛。此何故也?以其亏人愈多。苟亏人愈多,其不仁兹甚矣,罪益厚。当此天下之君子,皆知而非之,谓之不义。今至大为攻国则弗知非,从而誉之,谓之义。此可谓知义与不义之别乎?杀一人者谓之不义,必有一死罪矣。若以此说往,杀十人,十重不义,必有十死罪矣;杀百人,百重不义,必有百死罪矣。……今有人于此,少见黑曰黑,多见黑曰白,则以此人不知白黑之辩矣。……今小为非则知而非之,大为非攻国,则不知非,从而誉之,谓之义,此可谓知义与不义之辩乎?"(《墨子·非攻上》)

不过墨子上面那种"攻异国以利其国"的批评,乃是爱国心的畸形发展的毛病,不是爱国心的本身。爱国的人,不一定要恨别国;拥护本国的利益,不一定要损害别国的利益。根本说来,爱国心不应含有仇恨人家的意思。所以拉马庭(Lamartine)说得好:"假爱国心包含民族相对间所有的仇恨,所有的偏见,所有的厌恶。真爱国心包含一切的真理,一切的德性,一切人民所共有的权利。我们固然可以爱自己的国高于一切,但同时我们的同情心,不应限于种族、语言或国界。"[①]

固然有许多人时常利用爱国心去做坏事,好比专制魔王要钳制言论出版,禁

---

① F. J. Scott, *The Menace of Nationalism in Education*, p. 79. (转引)

止集会结社,没有别的理由,只有用爱国的名义,去麻醉人心,要人民牺牲这些自由。又好比野心家要利用国际战争,去巩固政权或夺取地盘,没有别的东西可以号召,只有激起国民的爱国热情,去为他们驰骋疆场。又好比资本家要掠取国外市场,保护个人利益,没有别的方法可以得到本国人民及政府的援助,只有鼓动本国人民的爱国观念。政客利用它去竞争选举,军阀利用它去扩张军备,奸商利用它去贪图私利。罗兰夫人临上断头台的时候说:"自由!自由!天下不知有多少罪恶假汝名以行!"我们在这里也可以大声疾呼曰:"爱国心!爱国心!天下不知有多少罪恶假汝名以行!"此又何独自由与爱国心为然,其他各种高尚理想、制度及情感,也莫不如是。

四

大概一个国家愈是民主,爱国心愈是发达。原因是在民主国家里面,主权是在人民全体。所谓国家乃是全国人民的国家,你有份,我也有份。既然大家有份,那么国家的休戚荣辱,便是我们大家的休戚荣辱。我们对于国家,又哪能不爱护?好比一座花园,若是我们所共有,我们对于它的一草一木,总不胜其爱惜,不忍加以摧残。若是非我们所有,花园门口悬了一块牌子,禁止我们入内游玩,而仅为一人或少数人所霸占,那么我们对于那个花园的盛衰存亡,当然是不关心的。这是人类本性,这是人类合理的本性。

所以在君主专制或独裁政体之下,爱国心比较不能发达。在君主的国家,主权操在一人之手,人民不得干预。所谓国家不过是皇帝的家产,所谓政府不过是皇帝的私具,真是"普天之下,莫非王土,率土之滨,莫非王臣"。人民既然没有参加国事的机会,那么对于国家的事情,当然以为是皇帝老子家里面的事情,与我们一班小民无干。外国侵略也好,内政腐败也好,文化堕落也好,我们总不关心。中国人的爱国心所以不发达,也是吃了数千年君主专制的大亏!

君主专制如此,其他独裁政体也是一样。君主专制把国事统归一人包办,与人民无干。独裁政体把国事统归一人或少数人把持,与一般人民又有何干?国事既然与人民毫不相干,哪里能生出爱情?

爱国心不但与政治有密切的关系,并且与教育的发达也成正比例。教育愈是普遍,爱国心愈是发达。一个人的爱国心不是生下来就有的。虽然爱国心是根据于人类的天性,如好群等等,但是其所以采取此种爱国的特别方式,还是后天所启发的。教育就是启发爱国心最利害的一种工具。学校里面所授的国文、历史、地理、政治、经济等等,不是使学生明了本国过去的光荣历史,就是指示学生本国将来的无限希望;不是说明国家与个人关系的密切,就是解释本国在世界上所处的地位。如是一班儿童与青年,由认识国家的面目,进而发生爱国的观念。此所以近代的国家把教育事业收归国有,也就是有见于教育的重要。

有些人说,战争可以激发人民的爱国心,没有战争的刺激,爱国心便会消沉。这话实在知其一而不知其二。我们固然可以承认,战争发生的时候,也就是空气紧张到极度的时候,人民的爱国热潮,可以飞腾至于沸点,使人民牺牲一切。但是战争延长之后,这种热度便要逐渐减退。及到战争结束之后,尤其是在战败的国家,爱国心必一蹶不振。战争好比鸦片烟,抽鸦片烟固然可以暂时提起精神,但是不能持久,而且对于身体的健康很有妨碍。德国不是时常以战争的心理去激发德国人的爱国心吗?结果,穷兵黩武,欧战一败,至今国事还不能十分安定。美国不是比较和平的国家吗?但是美国人的爱国,不减于德国人。一九一七年,美国一加入欧战,其人民为国牺牲的精神,较之欧洲各国并不见得有丝毫逊色。

所以爱国心的养成,并不需要战争的刺激方法。其实真正持久的爱国心,要在和平时候表现出来。表现于艺术,表现于文学,表现于科学,表现于卫生,表现于工商业,表现于农事生活,表现于为公服务的精神,表现于公共事业的改进,表现于社会道德的提高,表现于国家政治的热诚参加,表现于平等博爱的共存共荣,这才是真爱国心,这才是真爱国心的表现!

五

爱国心与别的东西一样,有它的价值,也有它的流弊。但是无论你欢喜不欢喜,它是永久继续存在的。它的方式可以改变,它的精神不会消灭。海士教授(Professor T. H. Hayes)说得好:

"从人类有历史以来,爱国心的方式虽不尽同,但是人类之富有此种情绪,则为彰明显著的事实。它是极有力的一种感情。老实说,它实在是一种忠诚,是人类好群好社会生活的一种特性。一般的人,无论在过去及将来,免不了要将忠诚寄托于身外的事物或个人。爱国心,如两性间的爱一样,固然可发生流弊,但是它是种族生活所必需的东西。它可以启发最纯洁的感情,它可以启发最高尚的行为。"[①]

---

① C. T. Hayes, *Essays on Nationalism*, p. 254.

既然爱国心是一种不可磨灭的感情,那么与其为无益的阻止,不如去提倡真正的爱国心。真正的爱国心不是偏见,不是疯癫,不是横蛮无理,更不是夜郎自大。真正的爱国心,必须谦虚。真正爱国的人必须虚心下气,辛辛苦苦,献身于国家之前。或尽力于本国物质生活的建设,或尽力于本国精神生活的提高,务使本国成为同胞共同生活的乐土。这种真正的爱国者,一天到晚,忙个不了,哪里有闲功夫去仇恨别人,侮辱别人,或攻击别人?打主意去侵略别国的人,不是真的爱国者。犹之真正爱校的学生,不愿在赛球的时候,和别个学校打架一样。

但是我们怎样能够洗净附在爱国心身上的污秽东西,我们怎样能够提倡真正的爱国心,我们最后不能不说教育是一个极重要的工具了。我们要知道,国家上面还有人类,现在学校里面所教的社会科学,便是拿全体人类做材料。历史告诉我们人类过去的思想行为,经济研究人类谋生的方法,政治探讨管理公事的原理,心理解释人类的动作与思想。其他如宗教、美术、科学都不限于国界。教员们不但应该启发学生爱本国的思想,并且应该使学生对于全体人类,有普遍的同情。学校教育如此,社会教育如报纸、杂志、书籍、电影也应如此。这些爱国心不但毫无害处,而且实在是我们的福音。

瓦笛牛教授(Preffessor John Watson)有一段话说得好,可以引来做一个结论。他说:

"我们的忠诚应该趋于高尚,使其应一面热烈的爱本国,一面要以公道对待别国。我们所要做的事业太多,也用不着耗费我们的情感来仇视外国的国民。同时那班专爱人类,而漠视本国目前问题的人,我们也不能希望他们的生活,有什么生气。爱国与爱人类相提并行,才是真正的理想。自私自利的爱国心,固然不对,空空洞洞的人道主义,忽略了本身最切近的责任,也是不对的。"[①]

真正的道德是:我爱国,我也爱人类。

一九三三年六月二十四日改作

---

① John Watson, *The State in Peace and War*, p. 261.

异哉所谓外交之转变[*]

近来,罗文幹出巡新疆,汪精卫自兼外长,刘崇杰去职,唐有壬继任,蒋作宾返日的谣传,黄郛行踪的神秘,以至于中国银行总理张公权之游日,外次唐有壬对日使有吉之访问,财长宋子文过日之十分重视,及日本报纸对南京忽然表示"善意",蛛丝马迹,隐然可寻。

于是一般国民惴惴然以为外交政策将大变,唐有壬鉴于此也,且郑重加以否认。

其实,所谓外交政策将大变云者,乃反映我们以前有固定的外交政策也,不过到现在要大变而已。我们以前果真有固定的外交政策耶?联美乎?联英美乎?联俄乎?联美俄乎?事实上我们看不见,成绩上我们找不出。然则,我们以前固定的外交政策,其唯有倚赖国联乎?以"倚赖"为政策,这是什么政策?

且即此"倚赖"政策,我们也不能"倚赖"到底。过去事实所昭示,只要日本一硬,我们便磕头不已。《上海停战协定》在前,《塘沽停战协定》在后,都是我们无法倚赖国联,直接向日本磕头求饶的铁证。

说者谓宋子文氏之游欧美,乃联欧美政策的实现,五千万美金棉麦借款,与国联技术合作,乃此种政策所付的定价。果有其事乎?抑无其事乎?如有其事,是亦不失为政府一方针,坚持之,以睹后效可耳。

但即此所谓联欧美政策,不追宋氏之回国,经日本一反对,已破坏得扫地无余。最近外交人员的变更与行动,隐隐然欲与我们不共戴天之仇谋亲善。其转变之利害得失且缓论,而忽彼忽此,摇摆不定,果可谓有外交政策耶?抑无外交政策耶?如此朝三,如此暮四,事秦亦可,事楚亦可,谓之外交,谓之政策,其亦不可以已乎?

故吾谓现政府从无外交方针,有之只有朝三暮四、事秦事楚、无可无不可的

---

[*] 本文原载《自由言论》第1卷第15期,1933年9月1日出版。

外交"的政策。

何以故？现政府意志之不统一，内部之矛盾，不容许有一贯政策的运用。过去如此，将来大概也不外如此。

二

姑让我们假定当局决定亲日，日其可亲乎？解答此问题，只有求之于中日两国间的利害关系，加上历史上事实的证明。日本地势上接近中国，必须向大陆发展，其对中国，不但有经济的野心，并且有土地的野心。日本帝国主义与美帝国主义不同在此，即英帝国主义也没有他如是之猛烈。日本与中国之关系，犹狼之与羊耳。羊其可与狼亲善乎？如其有亲善，是亦逃不出羊被狼吃的故事而已矣。岂有他哉！岂有他哉！

羊被狼吃的故事，时代稍远的有琉球、台湾、高丽；近的有一九一五年的《二十一条》；最近有"九一八"后东四省的被占。这些羊们难道便忘记了吗？日本每实行一次侵略，必口讲一次"亲善"，一九一五年如此，一九三三还是如此。侵略愈甚，"亲善"愈密，吞噬愈急。然则，狼之与羊，所谓亲善，如此如此，这般这般，羊岂不该死也乎？

且日本现在所谓"亲善"云者，不外左手持契，右手持枪，逼我在出卖东四省契约上画押而已。当局诸公，如果欣然接受这种"亲善"，则诸公有何面目见我国民？有何面目向国际说话？请问诸公曾否哭诉国联及美国？请问诸公曾否赌咒发誓，对日本武力所造成之新事实不承认到底？今国联所决议不承认者，而诸公承认之；美国所宣言不承认者，而诸公承认之；诸公自己以前起誓不承认者，而诸公现在承认之。失信弃义，出尔反尔，诸公纵不为我国民子子孙孙计，岂不为自己的人格计？即不为自己的人格计，国联、美国及全世界又将谓我何？

或谓画押表示"亲善"之后，日本不致侵略。则《上海停战协定》以后，有向华北之进攻；《塘沽停战协定》以后，至今日兵尚未撤尽。狼子野心，得陇望蜀，日本把既得土地消化之后，又必鲸吞蚕食矣！回想当时东三省之不抵抗，何尝非"亲善"之表示？《上海协定》与《塘沽协定》，香槟交欢，握手成礼，更何尝不是"亲善"？然而结果如是，尚不觉悟，天下可痛哭之事，孰有甚于此者？

夫一国之外交政策，根据其本身之利益，必有一定之对象；犹之国防政策，必有假定之敌人。现在政府如果向不共戴天之仇人三跪九叩，以求亲善，则普天之下,有何敌人？如果"认贼作父"而为外交,"作揖磕头"而为政策,此不但中外见所未见,抑古今闻所未闻也。

三

即欲"作揖磕头","认贼作父",犹不可得,并且后必有灾。羊虽愿意送给狼吃,但除狼之外,欧美尚有其他野兽如虎豹之类在。彼等岂愿羊给狼完全吃光,而不为自己留余地乎？彼等虽为"白人",但非"白痴",决不坐视。势必起而干涉,或瓜分,或共管,或扶植另一势力相对待。结果国际的矛盾冲突,必更趋剧烈,而国内政局的变化,也愈趋不可究测。羊之为羊,诚"注定了的苦命"矣！

"亲日政策",并非"我未之行",也非"先君未之行也",特"我"行之未有效耳。济南事件,其明证也。至于先君子行之者,有段公祺瑞在。在民八九之交,参战借款之时,段的想法,何异于今日的当局,但曾几何时,"安福鱼"之名,人皆掩鼻而过。南北由是而分裂,吴佩孚由是而起家,最后"马厂起义,再造共和"之段公,亦不得不倒矣。诚以中日世仇,无亲善余地。抗日者为民友,不抗日及降日者为民敌,人同此心,心同此理,顺之者存,逆之者亡。今日当局,如果与日亲善,其自视与安福系为何如乎？占领东三省,威制华北,较之《二十一条》以后的情形,利害不知若干万分,民众反日之情绪,亦不知利害若干万分。今欲一手掩尽天下人之耳目,请问办得到乎？办不到乎？后之视今,亦犹今之视昔。当局诸公若一失足,则政治生命有若朝露,其勿以为人民终是阿斗也可。诸葛亮聪明人也,诸公自命为诸葛亮者,当不作此图。

四

吾书至是,犹有不胜其感慨者。

今年,一九三三年,二十世纪第三十三年,中华民国之第二十二年也。但今日中国之外交,与欧洲中古世纪无异。土地的割壤、人民的断送、财源的牺牲,有如私人间私相授受,贩卖猪羊,不但不须一般国民的允许,且被卖之国民也不能闻问也。我们所见者,只有贩子之来来往往,纭纭扰扰耳。开价若干,还价若干,定价若干,回扣若干,何时签字,何日交货,都问不能问,闻不能闻者。呜呼,二十世纪文明之外交,应如是乎？不应如是乎？

吾闻之,欧战当中,美总统威尔逊提倡公开外交、国民外交,反对秘密外交、买卖外交,欧战以后,各国外交,似乎向此方面进一步矣。我国自一九一九年反对签字《凡尔赛和约》之后,民间也有这种热烈的要求,北洋军阀因此竟不敢再有胆大卖国的行为。今在此危急存亡之秋,一错全错,在政府自应审慎周详,在我们人民,更应起而要求外交公开,民意外交。

强国抢人土地、人民、财源,有如做贼,有时非保守秘密不可。至于被抢之国,是弱者,是苦主,应该将事实伸诉于本国人民及他国之前。即有交涉,也须国内的民气、国外的舆论做后盾。除非卖国,有何秘密之可言。譬如《二十一条》,在日本自然要求我们坚守秘密,在我们若不甘心签字,出卖主权,岂有不公开之理?故我国民,如果不愿被卖,非要求外交公开不可。我当局,如果不愿出卖,也非公开外交不可。

所谓外交公开者,无他,即将政府主要的外交宗旨,及交涉进行程度,及其结果,随时相机使国民了解耳。在民主国家,有人民代表所组织之议会,政府与人民彼此间传达较易、了解较切,而人民监督也愈密。但今日之中国,不足以语此。

今日之中国虽不足以语此,但今日中国的外交,如果不以民意为后盾,以民气为武器,吾将徒见主权的出卖,而不见主权的收进也。我们今日与日本讲外交,或角力,靠军队之力量,请问可乎不可?试回顾五四时代的外交与五卅时代的外交,其所以能稍争到一点面子者,不凭民众运动凭什么?即是上海十九路军之抗日,与喜峰口宋哲元等之抗日,若没有民众做后盾,安得有这样成绩?故国民外交与公开外交,乃弱小国家的工具,今日我政府与人民不可忽视者也。

一九三三年八月二十四日

实行统制经济的先决问题

一

统制经济的潮流，充满了全世界，原因有二：

第一是苏俄社会主义经济的影响。根据社会主义或共产主义的理论，决不容许资本主义的存在。换言之，决不让生产、分配及消费完全操在私人手里，漫无计划与组织，陷于经济的无政府主义。苏俄第一个五年计划、第二个五年计划等等，乃是苏俄实行社会主义经济题中应有之义，丝毫不足为怪。却是因为苏俄计划经济近年来有相当的成功，于是引起了全世界的重视。

第二是资本主义经济劣点的暴露。根据资本主义经济的组织，私有财产神圣不可侵犯，生产工具据为私有，各人根据自己的利益而活动，政府不应横加干涉，自由竞争，适者生存。但是这种制度，因为受了欧战的创痛，及一九二九年以来经济恐慌的袭击，渐呈崩溃的现象，于是不能不施行统制，以资救济。

在这种情形之下，反对资本主义、主张社会主义的人，固然赞成统制经济；就是反对社会主义、拥护现在社会经济组织的人们，也不能不实行统制经济，以延长资本家的运命，防止社会主义或共产主义的乘虚而入。

因此，统制经济不但苏俄在那里雷厉风行，其他资本主义国家也起而效尤。意大利法西斯主义的运动，英国国家内阁的经济政策，德国国家社会党的主张，日本政府对经济事业的统制计划，以至美国罗斯福总统上台以后的所谓新政运动，都足以证明放任政策的时期已经过去，二十世纪的经济势力再不能受十九世纪的个人主义支配了。于是大家嚷着统制经济：红的嚷着，白的也嚷着，于是统制经济之声满天下。

红白不分明的中国，感受这两方面来的刺激，也跟着叫起来了，从行政院长

---

* 本文原载《自由言论》第1卷第16期，1933年9月15日出版。

汪精卫氏、财政部长宋子文氏,直到一般社会,只看见赞成,不看见反对。不才的我,对于这种原则,当然是拥护。所不同的,是对于实行,我没有当局这么乐观,认为必须把先决问题解决。

二

实行统制经济的第一个先决条件是廉洁的政治。政权是最危险的,可以做好事,也可以做坏事。廉洁的政府,权力愈大,愈可替人民谋幸福。贪污的政府,权力愈大,愈有搜括人民的机会。在一个不实行统制经济的国家,政府的范围有限,统治阶级大权在握,如果要榨取剥削,已经可以使人民不能安生。若是又从而增加它的权力,扩大它的范围,岂不是为虎添翼,将民膏民脂整个奉送于它的口中?

现在中国政治的贪污,已经打破古今中外一切的纪录。在制度上,没有文官制度;在道德上,简直寡廉鲜耻。官家所担任的公共事业,无一不腐败、退化,徒为贪官污吏造发财的机会。铁路如此,水利如此,其他也莫不如此。在这样以分赃榨取为能事的政治里面,若还要它来干涉,管理全国的经济事业,人民的血汗岂不是更要被吸吮得干干净净,点滴不留,成为骷髅吗?苏俄所以能行社会主义的统制经济,因为统治阶级廉洁,不廉洁须处极刑。其他国家所以能行资本主义的统制经济,因为统治阶级也比较廉洁,不廉洁也须处重刑。中国现在自己照照镜子,有这样的干净面目吗?这是我顾虑的一点。

实行统制经济的第二个先决条件是统一的国家。所谓统制经济者,乃是政府将全国经济事业全盘计划;全盘计划之后,根据其巨大的权威,逐步施行是也。请问今日之中国,是否统一?如果事实上没有统一,请问中央政府能否全盘计划?即使能在纸上全盘计划,又请问中央政府能否逐步施行?以军阀盘踞分裂的国家,以号令不出都门的政府,来实行统制经济,请问从何着手?今日广东有广东的经济计划,山西有山西的经济计划,环顾全国,很像十九世纪前半期的德意志,现在马上要把全国经济打成一片,岂非画饼充饥?这又是我们顾虑的一点。

要实行统制经济还有一个条件,就是要有完善的政府组织。以国家的力量,来计划,来开发,来管理全国的经济事业,这事谈何容易。一个私人组织的公司,来经营极小范围的工商业,如果组织不周密,还要闹得乱七八糟、不堪收拾。何况以一国土地这么大,人口这么多,事业这么复杂,利害这么参错。若是要一个没有系统、不负责任、重床叠架的政府担任这种绝大的职务,结果恐怕只有为善不足,为恶有余。

三

并且在实行统制经济以前,还有一个根本问题要解决,就是所谓"统制"是谁来"统制"? 所谓"经济"是为谁的"经济"?

上面我们已经说过,社会主义的国家固然要实行统制经济,资本主义的国家也在采用统制经济。然则,今日的当局所谓统制经济,是走向社会主义? 抑是走向资本主义? 如果是资本主义的统制经济,那么是资本家的统制、资本家的经济,其立场是从资本家的利益出发,与最大多数的最大幸福无涉。若是中国的民族资本主义很发达,资本家很有势力,能够担当这个统制的责任,虽在道德上与理想上非我们所能赞成,但仍不失为一条可通的道路。可惨的是中国民族资本,因为受了国际帝国主义的压迫蹂躏,简直不成东西,抬不了头,只能在外人鼻息之下,得点唾余。若是要拿他们做背景,来统制全国的经济,结果只有变成为国际资本主义的统制的经济。所谓国际技术合作者,或许就是这个意思。

因此,如果要为大多数民众谋幸福,必须实行社会主义的统制经济。换言之,生产工具,不但须由国家计划,并且须由公共所有;不是从少数的利益着想,乃是从大众的利益出发;不是消极的避免资本主义的崩溃,乃是积极的建立社会主义的经济组织。

并且,在中国主张实行社会主义的统制经济,还有一个颠扑不破的理由:就是如果我们想要抵抗国际资本主义的侵略,及解除它所加给我们的压迫,决不是幼稚孱弱的民族资本主义的统制经济所能办到,必须建筑在大众利益的基础上面,取得大众的拥护,才能发生力量。这是事实的问题,铁一般的事实问题。现在我们的民族资本,大体上不出于买办,便出于军阀官僚,两者都是帝国主义的附庸、的玩具。以之维持国内秩序还不够资格,哪里有力量去打倒他们的主人,宣告独立。所以中国经济的出路,固然非实行统制经济不可,但是不以大众的利益为前提,走向社会主义之路也不能成功。

不过实行社会主义,政治的组织,还是个人独裁呢? 一党独裁呢? 抑是民主政治? 这就是谁来"统制"的问题。在苏俄,大体可以说,经济是为大多数民众的经济,但是"统制"是由少数共产党来"统制"。换言之,民有民享做到了,民治是没有做到的。老百姓有饭吃,有衣穿,有屋住,在苏俄比较在别的国家,是有相当保证。不过主人不是他们自己，而是共产党。当然，这比资本主义的社会合理得多，却是在理想上我们还不能举手赞成。我们固然要社会主义的经济，我们还要民主的社会主义经济；我们固然要根据大众利益来施行的统制经济，我们还要我们人民自己来参加施行的统制经济。总而言之，我们不但要求民有民享，我们还要求民治。

并且在今日之中国，外有帝国主义的压迫，内有封建军阀的盘踞，中国革命决不是一个单纯的阶级问题。想要根据一个单纯的阶级，来担负这么一个极艰难的革命使命，结果恐怕失掉其他被压迫阶级的援助，失败的机会多，成功的机会少。我们认为，中国革命主要的对象，还是帝国主义与军阀，那么要推翻他们的统治，非根据民主的方式，联合国内一切被压迫阶级，来集成一个伟大革命的力量不可。革命之后，也非根据民主的方式，集中全国人民的力量，施行社会主义的统制经济，来抵抗国际资本主义的侵略不可。中国个人独裁固然不会成功，一党独裁或一阶级独裁也不免于失败。

一九三三年九月九日

恢复民族的自信力[*]

一

一个个人，如果倒了志，失掉自信力，自己看不起自己，觉得前途绝对没有希望，必定自暴自弃，萎靡不振。结果不是倾家荡产，自杀了事；便是消极忧伤，糊涂偷生。反之立志向上，自尊自重，认为前途不可限量的人，他的人生观必定是积极的，他的精神必定是奋发的，他的目的必定是高尚的，他的计划必定是远大的，他的行为必定是有意义的。遇到困难，他可以打开；遇到挫折，他可以忍受；遇到了失败，他可以再起。结果最后他大概是一个成功的人。

一个民族也复如此。请看长久的人类历史，哪个国家不经过强弱？哪个民族没有过盛衰？但是有些国家可以转弱为强，有些民族可以转衰为盛，当然也有些国家或民族终至于受淘汰。这其中，人家"虽曰天命"，我说"岂非人事哉"！所谓人事，即是要看该民族是否奋发有为、百折不挠的力求上进。换言之，也就是要看该民族有否自信力。有了自信力，亡可以复兴，弱可以转强，衰可以转盛，否则，只有开始于萎靡，沦落于奴隶，终至于消灭。

举近的事实来说，欧战后的德国与土耳其，割地赔款，受尽协约各国的虐待，但德土两国人民，并不以此自沮，反而力图自救。果然，德国不出十年，恢复了在欧洲政治的地位（一九二六年加入国联为常任理事，即为例证）。土耳其不久发生了革命，推翻了君士坦丁政府，赶走了希腊军队，吓住了英法两国，撕碎了《塞佛尔条约》，逼成了一九二三年洛桑会议所议定的《洛桑条约》。苏俄呢，以新兴奇特的政权，受协约各国数年的围攻，终至立于稳固的地位，实行了伟大的经济计划。凡此种种，没有自信力，哪里能够做到？若要举稍远的例，则十九世纪里面，在西方有德意志与意大利的统一，在东方则有日本的维新自强。

---

[*] 本文原载《自由言论》第 1 卷第 17 期，1933 年 10 月 1 日出版。

反之，现在沦于危亡的惨境，都是自信力薄弱或消灭的种族或民族。非洲的黑人，美洲的红人，东方的缅甸人、高丽人，及今日的中国人，摆在眼前。

二

哪些地方，可以证明我们失掉了自信力？

有自信力的国族，不至于被日本左打一个耳光，右打一个耳光，两年之中丧失了四省又半的土地(辽、吉、黑、热及冀之半)而长期的不抵抗。

有自信力的民族，不至于被最少数人随便压迫、宰割、当卖，而不起来反抗，打碎手上的铐与足上的镣，以图自救。

有自信力的民族，不至于遇见洋人，诚惶诚恐，若祖、若父、若阎王、若神仙，而甘心胁肩谄笑，做子、做孙、做奴才、做婢妾。

有自信力的民族，不至于在这严重的局面底下，产生下列各色人等：

卖国求荣的军阀、官僚、政客；

贩卖日货、只知取利的奸商、买办及资本家；

三缄其口、饭碗是图的大学教授；

歌功颂德或专谈风月的文人学士；

跳舞娴熟、电影成迷、不思不动的青年学生；

昏昏沉沉、糊糊涂涂、随随便便、马马虎虎的大多数民众。

在这生死关头，我们看不见前清末年杀身成仁的烈士，我们也看不见五四、五卅的伟大群众运动。我们见只见鼠窃狗偷的行为，尽情享乐的风气，对国事最多不过是叹一口气表示灰心的"正人君子"。

这样，于是全个民族像败家子弟，自暴自弃，把列祖列宗所遗下的产业，或当、或押、或送、或卖，而惟嫖、赌、逍遥、抽大烟之是务，丝毫不知世间有羞耻事，结果只有落得个家破身亡！

三

我们原来是这样没气骨的民族吗？

不，我们在中西接触以前，我们的民族自信力是最强烈的——强烈到顽固、愚昧、不可理喻的程度。一七九三年乾隆皇帝要马加特尼带与英吉利国王的那两个敕谕，便可代表这种心理。

第一个敕谕，说"咨尔国王，远在重洋，倾心向化，特遣使恭赍表章，航海来庭,叩祝万寿,并备进方物,用将忱悃。朕披阅表文,辞意肫恳,具见国王恭顺之诚,深为嘉许"。这样"嘉许"了英皇"倾心向化"一番之后,对于英王"表内恳请派一尔国人,居住天朝,照管尔国买卖一节,此则与天朝体制不合,断不可行"。因为"天朝德威远被,万国来王,种种贵重之物,梯航毕集,无所不有,尔之正使等所亲见,然从不贵奇巧,更无需尔国制办物件"。"若云仰慕天朝,观习教化,则天朝自有天朝礼法,与尔国各不相同,尔国所留之人,即能学习,尔国自有风俗制度,亦断不能效法中国,即学会亦属无用"。"特此详晰开示,遣令贡使等安程回国,尔国王当善体朕想,益励诚款,永久恭顺,以保乂尔有邦,共享太平之福"。

第二个敕谕,更加好像父亲教儿子一样,一点不客气,对于英国要求"将来或到宁波、舟山,及天津、广东地方驻泊交易",及减税、传教等事,乾隆皇帝逐条"……明白晓谕,尔国王当仰体朕心,永远遵奉,共享太平之福。若经此次详谕后,尔国王或误听臣下之言,任从夷商将货船驶至浙江、天津地方,欲求上岸交易,天朝法制森严,各处守土文武,恪遵功令,尔国船只到彼,未免使尔国夷商往返徒劳,勿谓言之不豫也。其懔遵毋忽,特此再谕。"

这是多么威风的敕谕,这表现了多么自信、自重、自尊,甚至于自大的心理!鸦片战争以前,我国上下都是如此,不独乾隆皇帝为然。那时候,我们要外国人向我们磕头,哪里梦想到今日我们要向外国人磕头。但是后来从鸦片战争起,直到中日战争止,因为屡次对外战争失败的结果,这种民族自信力慢慢的摇动起来。虽有义和团一度的反射作用,然而它的失败更使我们鄙弃自己,怕了洋人。从此以后,中国人对于外国人的心理,刚与乾隆皇帝时代相反。以前是我们看不起人家,现在是人家看不起我们,我们也看不起自己。

辛亥革命推翻满清,建立共和,希图自强,表现了民族自信力的复活,但经过袁世凯的威迫利诱、北洋军阀的摧残蹂躏,又趋于消沉。到了五四运动,受了欧战以后世界潮流的震荡,民族好像有了生机。接着便有五卅运动,及一九二六年的革命运动。打倒帝国主义与军阀的空气,弥漫全国。那时候,民族精神多么活跃、勇敢、乐观!

可惜这个蓬蓬勃勃的现象,因为现政治的压迫,不久便烟消云散了。到如今,整日夜,你只看见下列两种人物(下引梁任公词):

"依然是歌舞太平如昨,到今儿便记不起昨日的雨横风斜。游鱼在釜戏菱花,处堂燕雀安颓厦。黄金慕夜,侯门路赊,青灯帖括,廉船鬓华,望天儿更打几个糊涂卦。"

"更有那婢膝奴颜流亚,趁风潮便找定他的饭碗根牙。官房翻译大名家,洋行通事龙门价,领约卡拉,口衔雪茄,见鬼唱喏,对人魔牙,笑骂来则索性由他骂。"

四

"哀莫大于心死,而身死次之"。这样下去,我们不待人家之亡我,我已自己承认亡了。

因此,我认为今日要打倒帝国主义,抵抗日本侵略,除了物质上的准备以外,须有精神上的振作。换言之,就是要恢复我们的民族自信力。

第一我们须认清自己是人,须有人格,对于一切的横暴,无论是外来的,或是内在的,须起来反抗,猛烈的反抗。

第二,我们须认清自己的力量。现在全个民族受压迫、受榨取,都感到最苦痛的经验,都含着愤恨的情绪,如果大众能够组织起来,前途是乐观的、光明的。

第三,我们须认清,民族的内外敌人的壁垒里面,包含了各种不可解决的矛盾,他们都是纸老虎,一经凿破,不值半文。我们用不着畏缩不前,帝国主义与军阀的推翻是不成问题的。

我们固然不应该顽固的自信,如义和团的轻举妄动,但是我们更不应像现在这样的自暴自弃。我们固然应有物资上的国防,但是我们更应有精神上的国防。

现在摆在我们眼前的路线,只有两条:民族的灭亡,与民族的反抗。惟有全民族的反抗,才能免于全民族的消亡。惟有民族自信力的恢复,才能鼓舞全民族的反抗。

一九三三年九月二十七日

假使远东大战*

据报纸所载日本备战的情形，据留日朋友通信的报告，日本现在剑拔弩张，有作战的决心，是无疑义的了。

向谁作战？俄国吗？美国吗？抑是英国？只有这三国在远东有密切的利害关系。

英日自一九〇二年以来，因为同盟的关系，本来就是好朋友。日本因为有英国的同盟，一九〇四年至一九〇五年打败了俄国。英国因为有日本的同盟，巩固了他在远东的地位。但是到了一九二二年华盛顿会议的结果，《四国协定》代替了《英日同盟》，于是二十年的同盟关系，虽没有义绝，也已恩断。加以欧战以来商务竞争，日本不但在中国有压倒英国之势，就在英国属地也有喧宾夺主之虞。英国为巩固自己的地位，及解决自己的经济恐慌，乃有渥托瓦经济会议以后全个帝国抵制日货的运动。两方感情自然日趋恶劣。到了"九一八"以后日本占领中国东四省的行动，英国政府所操纵的国联，又从旁多少予以非议。因此，英日关系近来极为紧张，日本方面竟有对英作战的言论。

但是英国一来因为本国经济问题没有解决；与美在世界商场的竞争又很剧烈；欧洲局面因希特勒的上台，更趋紧张。种种牵制，英国当然不会与日本作戏。就是日本，也不会因商业上一部分的冲突，而向英国挑衅。故日英之战，可能性比较最少。

其次说到日美。

自一八五四年美国以武力压迫日本通商，一直到一九〇五年日俄之战，日美关系极为友善。因为那时候，破坏中国领土的完整与门户的开放者，乃是俄、法、德三国，而非日本。日本那时候毛羽还未丰满，极愿与英美两国合作，以抵抗俄、法、德三国。所以日美之间没有利害的冲突。自日俄战后，日本接替了俄国在东

---

* 本文原题《假使远东大战——怎么办》，载《自由言论》第1卷第19期，1933年11月1日出版。

三省南部的势力,于是政策为之一变,与美国的门户开放主义背道而驰。同时,美国西部因为日本移民发生排斥日侨运动。两国感情更趋恶化。加以美国商务发达的结果,对于远东政治,关系愈密。美国的门户开放主义,便与日本的亚洲门罗主义作正面的冲突。而太平洋的海军竞争,也随之而起。一九一五年,日本乘欧战的机会,向中国提出《二十一条》,这是亚洲门罗主义战胜门户开放主义的时期;一直到一九二二年华盛顿会议以后,远东的均势才恢复过来。但自"九一八"以来,日本在中国的掠夺,打破了以前一切的纪录,美国当然感觉到空前的威胁。最近罗斯福预备对俄复交,即是谋对付的一个重要步骤。

不过美国虽然与日本冲突得利害,但在目前,决不愿与日本开战。第一因为美国在中国只有经济上与商业上的野心,若是算盘上所受的损失并不很大,美国人决不会为门户开放主义这个空名词,来替中国牺牲。至于正义、人道等等,在国际政治上是骗人的东西,只有白痴才会相信。第二因为美国对日作战,军事上没有把握。自旧金山至马尼拉有四千多英里的路程,自马尼拉至日本有两千多英里的路程,相隔太远,作战不易。而且美国海军计划尚未完成,军士作战又少训练,与英国商务上复多冲突,在这个经济恐慌的时期,美国岂敢轻于一试。

在日本方面,如果美国不积极干涉他的行动,他也无仇视美国的必要。且日本对美作战,以三对五之军力,事实上不能攻到美国本部。若是单为着要抢菲律宾,那么势必引起澳大利亚等地绝大的反感,终至于英国的干涉。因此,日美之战,在目前也很少发生的可能。

至于日俄的关系,则自始至终没有很好的交情。一八九五年中日之战,日本割了我辽东半岛,俄国便约了德法两国出来干涉,逼日本退还,而后来自己却抢了过去。于是而有一九〇四年至一九〇五年日俄之战。日俄战争的结果,不但高丽事实上落在日本手里,就是俄国在满洲的势力范围,也不能不让出南部。此后十余年间,俄国因有事于欧洲,对于远东的侵略比较和缓,故与日本的冲突,也不十分剧烈。但自一九一七年共产革命成功以后,苏俄对远东的赤化政策,不免与日本以莫大的恐吓。一九二六年中国国民党容共联俄的革命运动,及日本本国思想界的左倾趋向,在在都使日本感觉不安。近来日本占领东北,剥夺俄国在北满的势力,以至发生严重的中东铁路问题。因此两国国境毗连,直接接触,冲突当然更加剧烈。如果苏俄第二个五年计划能够成功,在经济上也是日本一个可怕的敌人。

日本为保障自己国基的安全,掩护满韩的领土,伸张势力于蒙古,并且讨好于资本主义的国家,卧榻之旁,或许先从苏俄开刀。

所以在英、美、俄三国之中,就与日本发生冲突的可能性而言,以俄国为最大,美国次之,英国又次之。但苏俄因为基础未固,经济计划未成,在目下也不愿与日本开战。所以对于日本占据东北,不敢反对;甚至愿以中东路出卖,以求免祸。

总而言之,日本是有战的决心,谁阻碍他的计划,就打谁。英、美、俄都没有与日战的决心,大家看见这只疯狗,都希望别人去打,自己袖手旁观,甚至想做渔人,从中得利。英美因为与日本距离很远,不当其冲,所以马上冲突的可能性比较少。至于苏俄,则两国的政治经济组织毫不相同,国土又相毗连,在东北又有具体的利害冲突,因此就目前的情形来说,日本要找一个战争的对象,大概是苏俄无疑。如果苏俄能够忍辱负耻,一让再让,日本自然可以不必用武。如果苏俄要像最近发表菱隆刈抢夺中东路阴谋的文件这样干法,或许日本就要不客气动手。

日本现在像一条好汉,站在那里,头上扎着头巾,手里拿着关刀,两脚摆好了姿势,谁要去惹他,他便要打谁。中国被他踢了一下,倒在他的脚下,用不着说没有作用了。在场的人们,有英大、美二、俄三,俄三最切近,美二站得远点,英大又站得远点。如果俄三对于他的横暴要表示不服,那么他就会轮起关刀,向俄三劈来。于是远东大战的大戏,便开幕了。

二

假使日俄打起来了,美国怎样?英国怎样?中国又应该怎样?

美国大概是帮助苏俄的。所谓帮助,乃是道德上的帮助,外交上的帮助,军械上的帮助,经济上的帮助,至于同盟出兵作战的帮助,则未见其马上愿这样干法。美国对于日本,如上所说,冲突很多,他自己虽然不愿意马上与日本打,但他心里很愿意俄国做他的替死鬼。在美国人看来,俄国虽然是主张共产,但利害上的冲突,没有像与日本那样有切肤之痛。俄国打胜,美国将来还可联合英日对付她。日本打胜,美国在远东将无说话余地。何况接济俄国的军械、粮食及其他用品,可以复兴美国的经济呢。所以这着,美国是会走的。最近美俄复交的进行,除了经济上的作用以外,也有对日的关系。

为什么美国起初不会加入战争呢?因为美国人最讲经济(别国人也不见得不是如此),总是想以最少的牺牲去交换最大的报酬。如果他开头便加入进去,他便要当日本海军之锋,谁胜谁败,不可逆料。他不如让"日本狼"与"俄国熊"先拼个你死我活,等到"日本狼"精疲力尽的时候,他再跑进来,给狼三拳两脚,放它倒地完事。这样又威风,又省事,美国对于欧战便是这么一套戏法。所以我说,他先不会与俄一起向日本动手,要动手总在最后的五分钟。当然他帮助,还是帮助俄国的。

如果美国人不肯开头加入动手,英国人是美国人的祖先,当然更要聪明。大概他是守中立的,他的军用品会卖给双方的,只要可以赚钱,他倒不拘于哪方面。原因是他本来是个商人,在欧洲方面事情也多,忙不过来。并且若是帮苏俄,苏俄是赤佬,面目可怕,在印度、阿富汗等地,也有野心。若是帮日本,日本是疯狗,说不定或许会咬他的印度或澳大利亚。结果他大概两面都不帮,或都一样的帮。到了末了,他还可以出来以调人的资格,召集和会,操纵一切。

最可怜的,算是中国了。日本与人家打架,争的不是别的,乃是我们有四万万同胞的中国。如果日俄作战,东北几省当然是战场了,并且日本必然会把我全国做他的供给地。必要时,他还会占据沿海各要塞,以防备美英的海军。到那时,我们应该怎样办?

不外三种办法:

第一是严守中立;

第二是加入日本方面对俄作战;

第三是加入苏俄方面对日作战。

如果能够严守中立,就是我们不乘机报复日本,未始不是一个办法。但是这在事实上,是绝对不可能的。第一,战场便会在我们的满蒙,我们如何能够中立。第二,日本在军事行动上必定要操纵我们的交通、原料、海防,破坏我们的中立。一九〇四年日俄之战,中国何尝没有宣布中立,结果东北成为战场,中立终遭破坏。一九一四年欧战发生,中国又何尝没有宣布中立,结果日本进攻青岛,中立也遭破坏。何况这次为全个中国问题的大战,更何况中国更非从前的中国。所以第一个办法,无论如何是走不通的。

加入日本方面,对苏俄作战,便要问,日本战胜,我们怎样;日本战败,我们又怎样。日本战胜,难道会把东北给还我们吗?会不再压迫我们吗?反之,我可以断定,日本在东北的地位必更加稳固,中国更无收复大地的希望。今日日本军阀已目空一切不可一世,倘一战胜俄,岂不更要横行霸道,狼吞虎噬,内外蒙古并为一体,黄河长江席卷而下。到那时,更没有人敢起来干涉;到那时,我们将更陷于万劫不复之地位。如果日本战败,我们因为加入的关系,也必同受惩罚,如在欧战里面土耳其之加入德国，结果是割地赔款，丧权辱国。至于认贼作父，自贬人格，在国际上不能抬头，在人类史遗一污点，更不必说。

加入苏俄方面对日作战，论道理，日本是我们最大的敌人，自然应当如此；论利害，我们也合打算。最后如果日本胜利，当然我们要吃大亏。万一如果日本打败，那么我们便可扬眉吐气，不但东四省可以收回，其他一切不平等条约，也可乘机要求取消。

有人或者要说，俄胜日败，共产势力必更增加，中国共产势力必更不堪收拾。但是我们要知道，如果日胜俄败，中国终必被日本所吞并。我们与其亡于日本，永远不得翻身，不如完全同归赤化，还不失为共产国家。何况全国人民，对日怨恨，无以复加，谁敢违反此种国民心理，谁便是自取覆灭。

不过，我认为加入俄国方面，事先须与美国联络，如能取得一致行动，最好。以中俄两国的陆军，及美国的海军，与日本周旋，日本必败无疑。

但是无论加入哪一方面，中国自己必须成为一个国家，才够资格。上面的推论，乃是假定中国有一个能为人民所服从的政府。若是像现在这样四分五裂、地丑德齐的情形，无论如何，都不能一致。结果，只有坐失时机，待人宰割。回忆欧战发生的时候，中国的统一还名符其实，袁世凯的政治还像个样子，而结果犹不免于屈辱误国。现在的情形，比那时危急不知几千万倍，同时政治的腐败黑暗，分崩离析，也不知增加几千万倍。以这样的局面，去应付空前的绝大危机，其无幸也必矣。

因此，我们认为应付远东大战的先决条件，须有一个强有力、为人民爱戴的政府。如现在的政府不够资格，全国人民应该起来积极改造。

有了强有力、为人民爱戴的政府以后，我们要抱定联俄美、抗日本的方针。如果不幸远东大战爆发，我们为正义、为利善，都须毫无顾虑的站在反日的方面。

现在烈火快要烧到眉毛上来了，全国国民什么还不起来自救！？

一九三三年十月二十三日

为闽变忠告当局[*]

当局对于闽变，起初是装做没有这回事；其次是"平时不烧香，临时抱佛脚"；最后，是认定为一二野心家的把戏。好像如果对于这一二野心家有办法，别的都不成问题。历次内乱，当局的态度都是如此，这次岂能例外？

十一月十五日《申报》载："……据某方所传，闽省将发生一种新政变……自经林氏（主席）在闽，奔走斡旋，与陈铭枢、蒋光鼐、蔡廷锴等会晤后，彼此对于所有误会，可望冰释云。"

据此，可知林氏不是回福建去"原籍扫墓"，乃是去"奔走斡旋"。林氏去"奔走斡旋"，当然不是私人的行动，而是代表南京当局。但林氏十六日回京，对新闻记者说，"此次赴闽，全为私事，扫墓访友，蒋光鼐、陈铭枢来晤，亦系随便谈谈，并未涉及政事，报载福建各种消息，在余未离闽时，并未闻及。"这不是明明知道这回事，而装做没有这回事吗？

国民政府林主席如此，其他大员，岂能例外？所以汪精卫、孙科、孔祥熙以至于曾仲鸣、褚民谊诸氏，莫不认为是谣言——"不如外传之甚"的谣言。

到了有这么回事，讳不能讳的时候，于是当局临时大抱佛脚。平时视为政敌，远之惟恐不及的胡汉氏、冯玉祥诸氏，或是邀请入京，或是委以全国水利督办，而汪精卫氏也于此时宣言："中央于国难发生以来，即有精诚团结共赴国难之企望，故对于在野要人均有一致联合的必要。……目前中国，决不能再一盘散沙，凡属同人，均需一致团结，共负国家兴亡，匹夫有责之义。"但是平时并不去联合，也不想出一个精神团结的办法，而对于不忍国家危亡，认为"匹夫有责"的人谈国是，则认为"言论荒谬，行为反动"，非施以各种压迫不可。这样去"一致团结"，这样去临时抱佛脚，安得而不"一盘散沙"？

最后，福建新政权成立了，通电出来了，政纲宣布了，变得不可收拾了，当局

---

[*] 本文原载《自由言论》第1卷第20期，1933年12月1日出版。

不检查自己过去的行为,宣示并实行与民更始的政策,而认为这仅是一二野心家的阴谋,好像只要陈铭枢、李济深伏诛,或就范,天下便可太平了。

这是当局对闽变的态度。要是问题这么简单,未尝不可以额手称庆。但是我们知道,古今中外的变乱,必有根本上的原因,决计不是一二"野心家"可以虚造。如果没有根本原因,就是有一二野心家想盗窃名义,割据称雄,也不能号召起来。反之,其所以时常发生变乱,一二"野心家"可以号召起来者,必有其根本原因。根本原因不去,而仅注意一二个人的行动,这绝对不能解决问题的。胡汉民氏可以请来入中枢,冯玉祥氏可以请来督办水利,陈铭枢、李济深如不就范,可以格杀勿论,但是内乱的根源没有除去,内乱的现象必层出不已。我们可断言的是这一点。我们要请当局反省的,也在这一点。

这次福建事变,我们认为有三点可以注意。

第一,福建事变是一种富有政治意义的运动,与冯玉祥、方振武诸氏在张家口的抗日是不同的。前者是有主张、有组织,并且是对内的,后者比较对外的作用较重。我们看福建事变发生的经过,其政权的组织及其宣布的政纲,便知此事酝酿已久,有几方面的参加,不仅是一二野心家的问题。

第二,福建事变不是国民党内部的问题,而是以武力反对国民党的问题。以前宁桂之争、阎冯之战,以至于冯方二氏之自由行动,都是在国民党招牌、三民主义旗下之内讧。这次却不同了。陈铭枢、李济深、陈友仁、蔡廷锴、蒋光鼐等已宣布脱离国民党了,黄琪翔已宣布脱离第三党了,而另外组成了所谓生产党。他们废弃了青天白日旗,停挂了总理遗像,取消了读遗嘱,总而言之,把国民党一切的仪式都推翻了。这种反国民党的态度是明明白白的,与以前在国民党内闹来闹去,是完全不同的。

第三,福建事变虽与以前各种内乱性质不同,而其为中国现在全个政治病症的反应,则无二致。因为南京政府许多设施不能令人满意,人民不能安生,所以有层出不穷的叛乱。远者如宁桂之争,近者如冯方之变,东北之满州国,内地的苏维埃,无一不是由于全个政治根本发生了毛病。其方法虽不同,其领袖虽有别,其主张虽分歧,然其原因为不满现状,则毫无二致。

因此,如果政府当局不根本消灭内乱的原因,而仅注意一二个人的动机,就是能够将陈铭枢、李济深、朱德、毛泽东授首;将江西苏维埃政府、福建人民政府消灭,而第二第三陈、李、朱、毛必接踵而起。这是我们可断言的。现在的当局,有许多都是革命起家的,当知革命运动的发生,有其根本原因,不是一二"野心家"或一二英雄好汉所得而无风起浪的。前清如何倒塌、北洋军阀如何推翻,殷鉴不远,可资反省。

据我个人的意见,政府当局与其遣兵调将,大张挞伐,不如乘机痛悔,与民更始,使反对党派无所借口,使叛变原因根本消灭。不但当局诸公可以保全名位,就是我们小百姓也可稍沾雨露之恩。

政治上各党派如开店铺,我们小百姓好比顾客,顾客之惠临哪个店铺,就看哪个店铺所卖的货物是否货真价实。我们小百姓不喜欢挂羊头卖狗肉的市侩,也不喜欢垄断市场抬高货价的奸商。我们小百姓可以受骗一次、二次、三次,但是受骗多了以后,我们总要另找店铺。我们虽然是被称为阿斗,没有高的智识,这点切身利害我们迟早总可发现的。

所以政府当局如果要人心归附,如果要根本上消灭叛乱,必须立即根据人民心理,彻底改造政治。换言之,必须除去内乱的根本原因。

根本原因是什么?人民的好恶在什么地方?

第一是抗日问题。自"九一八"国难发生以来,政府当局的态度,始终是不抵抗,那是无可讳言的。我们始终大声疾呼抗日,并屡次指出安内先必攘外。不料言者谆谆,而听者藐藐。当局对日可以妥协,对内不能妥协;对日可以让步,对内不能让步。最近华北交涉,着着进行,通车通邮,行将实现。当局不但不准备收复失地,反有意默认满洲伪国。这是根本违反国民的心理,这是根本断绝自己的政治生命。须知国民对于日本的侵略已忍至不可忍的程度。抗日者,人民莫不拥护;媚日者,人民莫不痛绝。人同此心,心同此理。观夫人民之热烈援助东北义勇军,拥护沪战的十九路军,可见一斑。而叛乱者不管是冯玉祥、方振武、陈铭枢、李济深、朱德、毛泽东,必以抗日为号召者,也在于此。古今中外的政治历史,没有一个政府能媚外可以长存。外国的例,不必说,时代稍远的例也可不论。民国以来,袁世凯政府之签订《二十一条》,与安福派的亲日外交,都是他们自取灭亡的主要原因。若当局对于此点不根本觉悟,则后之视今,亦犹今之视昔,岂不悲夫!

觉悟之道:

(一) 向国民认罪,罢免媚日派;

(二) 中止对日秘密交涉,否认停战协定;

(三) 对日实行准备抵抗。

第二是专政问题。国难这么严重,就是担任统治的国民党内部没有问题,也早应公开政权，与全国国民群策群力，共谋对付。何况国民党内部的分崩离析，不可救药；国民党的能力，已经宣告破产。"九一八"到现在已经两年有余，局面愈闹愈糟。自己干不了，又不让人家帮忙，口里讲精诚团结，实地则压迫异己。党外有政治主张的人固不见容于当局；党内不同派系的人，也是被排于圈外。这样，哪里不逼上梁山，酿成叛乱？当局须知人民的权利已被剥夺殆尽，人民对于当局的厌恶心理与日俱深。当局如果不自绝于人民，有公忠为国的诚心，那么便立即应：

（一）停止一切以武力征服压迫异己之行动；

（二）保障言论、出版及政治结社的各种自由，容许异己政党的存在；

（三）明白宣布取消一党专政，召集人民代表会议，还政国民。

第三，是人民吃饭问题。这问题比前面两个问题更属重要。现在政府当局，只知让一班贪官污吏、封建军阀、买办阶级、少数资本家去剥削人民生计，吸取人民血汗，以致全国之中，有极少数的人可以安富尊荣，骄奢淫佚，而最大多数的人，连粗衣粗食也不可得。一切设施，不但不能提高国民经济能力，并且随处在打破人民的饭碗。人民的饭碗打破之后，没有饭吃，安得而不去作乱？共产党的势力在此，叛乱的根源也在此。为今之计，政府当局应该：

（一）立将贪官污吏榨取所得的巨大私产充公，并处以后犯者以极刑；

（二）废除一切苛捐杂税；

（三）在农村实行耕者有其田的办法，在城市一方面实行保护关税，扶植本国工商业，大事业收归国营，一方面保护劳工利益。

我们在党禁森严之下，非不知监牢的可怕、刀枪的危险。然而，我们所以继续不断，予当局以正直严重的忠告者，乃是看见国内危机四伏、民族前途堪虞，故敢不计个人利害，希望当局觉悟。我们的话虽"苦"，但我们的话，不失为"药"。时至今日，诚如天津《大公报》所说，"再不能鬼混下去"。因此，当局诸公，就是要"鬼混"，也混不下去也。

一九三三年十一月二十日

倒车开到读经

> 本文是最近应《教育杂志》民国二十四年五月《读经问题专号》征文而作的,时间虽然与前面各篇相隔得很远,但是据该杂志主编先生来信说,此文"本已排好……不料被当局抽出",可见也不免有"荒谬"的嫌疑,故列在《荒谬集》的后面。——造时附识

一

近年来,中国社会是在那里开倒车,有事实为证:

反平等自由的独裁思想运动;

恢复"至圣先师神位"的尊孔运动;

时轮金刚法会、祈祷世界和平会,及调剂金融祈祷大会等等的迷信运动;

反对白话的存文运动;

中、日、"满"三方合唱的王道运动;

读经运动;

及其他。

可见读经运动不过是倒车中所载的一种货色罢了。要讨论读经,便须知开倒车的由来。为什么读经,也就是为什么复古,为什么开倒车。

二

要知道为什么开倒车,最好先明白谁在那里开倒车。分析起来,大概有下列各色人等:

（一）治人阶级,中央的与地方的;

（二）墨索里尼与希特勒之徒;

（三）乘机报复的遗老遗少；

（四）无聊的"慈善大家"；

（五）善观风势的文人；

（六）中、日、"满"的"亲善主义者"。

治人阶级为什么要开倒车？答复是：

有的因为看见外患日迫，经济破产，政权不稳，为巩固他们的地位计，所以搬出这些封建思想来，实行愚民政策，使一般人忘记现实，埋头在"诗云"、"子曰"里面，不往前进。

有的因为前进的思想是要改变现状的；改变现状，恐不利于他们，所以要抬出些"古董"来，镇压人心。

有的发现自己现在的行动，与原来所奉行的思想有矛盾，急于想找另外一套思想来为自己辩护。

有的原来就深中了传统思想的毒，虽然在不当局的时候，因为实逼处此，曾站在前进思想的方面，但是现在是当局了，年纪也大了，传统思想由下意识里而又钻了出来作怪。

有的看见国事闹得太没办法，既不敢向前进，只好向后退。

三

何况开倒车，国际上有榜样，有成绩。意大利墨索里尼的法西斯运动，德意志希特勒的国社主义运动，在某方面都是拥护"国粹"的。他们做得是如何的轰轰烈烈，我们安可不学。所可叹者，墨索里尼与希特勒有"国粹"可拥护，我们要拥护，恐怕只有"国糟"。

四

可是在遗老遗少的眼光中看来，自己的"国糟"也就是"国粹"，因为没有看见——并且不愿看见——人家真正的"国粹"。他们的身体虽然生活在廿世纪，但他们的精神尚沉迷于唐、尧、虞、舜之世，这个飞机与无线电的世界是他们所不认为的。自五四新文化运动以来，他们被压在底下已十有余年了，后生小子之忘乎其形，与"引车卖浆"的白话文学，早已气得他们发昏。现在忽然看见权贵有意提倡"圣学"，哪里不眉飞色舞呢？

五

吃饱了饭没有事做,或没有吃饱饭要找事做的"闻人",当此天灾人祸相乘之际,正是做"慈善事业"的机会,或可出名,或可得利,或可名利双收。"慈善事业"在物质方面自然是办赈,在精神方面自然是办时轮金刚法会与祈祷世界和平会等等的工作了。何况党要如院长"阿弥陀佛"于上,"慈善大家"安得而不"念念有辞"于下。

六

也有看风势为转移的文人,风从南来,便向北走;风从西来,便往东跑。譬如近来所谓"存文运动"罢,不出之于国学泰斗如章太炎先生等,而出之于提倡所谓"新社会民主主义"者;并且不在五四前后出来"存文",而偏在现在出来凑热闹,岂不是叫人家齿冷!

七

真是,"怪事年年有,没有近年多"。在拿着机关枪扫杀人家的时候,我们的东洋朋友,还大倡其王道主义。像郑孝胥之流跟着在东洋朋友的机关枪后面,不住的响应王道主义,并且在东北大实行其王道政治。我们这四万万的一群人虽然受尽了东洋挂在机关枪头上的王道主义之赐,说来奇怪,却也有起来附和的。不说别个,我想单提前司法院长在日本的唱和便够了。王道是什么?自然是霸道进一步的道理。以前齐桓公之"一匡天下",只做到霸道,还没有做到王道。现在日本在东亚已实行其霸道,还想进一步实行其王道,使我们"欣然同意"做他们大日本的大臣民。王道原来是东方的传统思想,也是感化被压迫民族或麻醉被压迫人们的好帽子,无怪广田、土肥原之流一唱起来,"支"、"满"的要人们,也乐意附和。同时王道是"亲善"的招牌,在这招牌底下,可以成就空前的买卖。如是王道主义的空气便布满了东亚,复古尊孔的声浪便洋溢乎"支"、"满"了。

八

我这样分析近年来的复古开倒车运动,诚然不免开罪一部分人士,实在抱歉得很,但是一想到四万万这群人的前途,又不能顾这么多了。你难道能否认今年是一千九百三十五年吗?你难道没有看见飞机吗?你又难道没有听见无线电吗？然则，你要把时代之轮转回来，开倒车回去见数千年前的周公，岂不是白费心力，徒然暂时阻碍这群人的迅速前进？

具体一点说读经，你要大学里的青年、中学里的少年、小学里的童年，一律去接受这些"古董"，搁在脑筋里面，而同时要他们去懂什么数学、物理、化学、生物，以及政治学、经济学等等，试问除把这些可怜的孩子闹得莫名其妙以外，有什么结果？

固然，你以雷霆万钧之力，暂时可以桎梏一般青年的脑筋，但是他们不是没有眼睛看不见飞机，没有耳朵听不见无线电，他们怎样能不与现在环境上的事实相接触，而闭着眼，塞着耳，回到数千年前的古代生活去呢？何况你又要教他们这些自然科学与社会科学，并教他们的英文去看外国书。

小心点罢！时代之轮是不留情的，尤其是在这瞬息万变的今日的世界。你若硬要去阻止它，你自己被压死在底下不足惜，全个社会的暂时被阻前进，那才可造孽呢。中国自汉以后有两千多年没有多大进步，就坐在此。为这个缘故，难道还没觉悟吗？

九

最后还得要声明：我并不是要做秦始皇，把"十三经"烧掉，或是当做禁书，不许人家看。其实古董还是不能不有人去研究的，国学家们如果高兴去研究，尽管去研究。我所反对的是强迫一般青年大家去读这些捞什子。主张复古读经的人们听着：你们已经或快要变成古董了，我对你们并没有存什么希望，你们尽可开倒车自己坐。但为民族前途计，请千万留下这些脑筋没有腐化的青年，不要害他们才好。

一九三五年三月三十日

附录——我们的根本主张

> 本文是我们一部分友人所办的《主张与批评》的创刊宣言,是我们共同的产物。因为它比较能代表我的思想的大概,故附录于此,以作全集的参考。——造时附志

一、我们主张实现独立统一的国家

(一)国家的需要　我们深信国家为现代人类生活必需的政治组织,对内能谋国民的福利,对外能抗外来的侵略。我们认为现今中国尚缺乏现代国家的意识与组织,以致沦于殖民地的地位。大多数国民,一面为传统的天下观念所蒙蔽,以致不能团结自卫;一面为宗法的家族主义所盘据,以致有家无国。因此,国家观念难于产生。同时破坏中国的帝国主义不断的进攻,目无国家的封建军阀继续的割据,使真正的国家组织无由实现。在此国家危急、人心摇动的时候,我们深信欲救中国,必先承认国家存在的需要。我们对于国家存在的拥护及国家观念的提倡,不是以国家为信仰的目的,乃是认国家为中国民族目前生存必要的工具;同时也不是反对世界的大同和人类的统一,乃是认定健全的国家组织,不但无碍于世界最后的大同,而且为必经的步骤。

(二)国家的独立　因为我们要拥护中国的生存,所以我们深信中国的独立,为国家生存的必要条件。我们不能容许侵犯中国独立的外国在华统治势力。我们对于各国根据不平等条约或其他手段所取得的各种统治势力,认为必须完全消灭,并禁绝其发生。

(三)国家的统一　我们深信欲求中国的完整,必须将全国人民、领土及主权,置于同一国家组织之下,绝不容许有各种分裂国家的势力或现象。因此,我们对于割据一方,酿成内乱的封建军阀势力,认为必须消灭;对于妨碍国家意识发展的宗法观念及地方思想,认为必须打破;对于根据国内人民种族的分别,足

以分裂中国的政策及企图,认为必须反对。

二、我们主张组织社会主义的生产

(一) 国有产业　我们为谋全体国民的福利,打破贫富悬殊的不平,及避免阶级斗争的惨剧起见,主张在中国建设社会主义的生产制度。我们认为全国土地、富源及生产的工具,乃为全国国民物质的供给所必需,如为一小部分人所占有垄断,则其余大部分人民的生活必致被其断绝或妨害。资本主义在欧美日本已不能防止可怖的经济恐慌,更不能解决大多数人民的生活问题,其弊害已为世人所公认,其崩坏也不过时间的迟早问题。何况中国外有帝国主义的压迫,内有封建军阀的蹂躏,经济落后,民不聊生,资本主义不但无采取的理由,并且无成功的希望。我们深信只有将一切的生产工具、土地、富源,最后归国家所有,由国家全权支配,通盘计划,建设全民共享的社会主义经济制度,才能解决中国的经济问题。

我们主张依照社会的公共利益,及生产的稳固与增加两项原则,依下列分类,去分别处理全国所有一切的生产工具:

(甲) 国家所有,国家经营;

(乙) 国家所有,私人经营,国家监督;

(丙) 私人所有,私人经营,国家监督。

务使全国生产机关,随着国家权力的发展,与政府组织的完善,由私人所有、私人经营,推进至国家所有、国家经营。当然许多含有独占性质,或不适于私人经营的重要企业,立即可以由国家所有,国家经营。

(二) 生存权利与工作义务　我们既认定国家的目的,在为国民谋幸福,则国家于人民的生活,应予以切实的保障。凡婴儿的抚养,儿童的教育,老年的赡养,疾病的调护,失业的保险,灾难的救济,皆应由国家负其责任,使人民皆能得到生活的安定与人生的快乐。同时全国国民在社会主义经济制度之下,皆有劳动的义务,每个国民应依照其智能、体力及国家的需要,担任某种有益的职务,以增进国家的生产。凡不劳动或从事于无益有害的职务者,国家得取消其应得之权利,并与以惩罚。

(三) 以贡献定报酬　我们认定个人对社会有利的贡献,无论其为体力的或智力的劳作,企业责任的担负,或储蓄的借用,皆为社会共同生活及生产增进的重要元素。各个人所能担任的贡献及贡献的种类,既有差异,如果所给与各个人的报酬,不以贡献为标准,则贡献的原动力必被打消或减轻,生产效率必然减少,而社会公共的福利亦必随之而受损害。因此,我们认定在一个公平的社会制度之下,个人所取得的报酬,须以对社会的贡献为标准。

(四)废除遗产制度　我们既认定报酬的取得,应根据于个人对社会的贡献,则对于社会无贡献的个人,即无取得报酬的权利。遗产制度不但违反此项原则,并且足以在社会上养成一种不劳而获的寄生阶级,形成各种机会不平等的关系,妨害社会生产的良好发展。其不合理,有如从前官爵职位的世袭。因此,我们主张废除财产的承继权利。至于遗产者直接亲属合理的需要,根据生存权利,自有国家为之供给。在此种政策尚未实现以前,国家得令遗产承继人保留遗产之一部或全部,至能以教养亲属为止。

三、我们主张建设民主法治的政府

(一)民主政治　我们认定国家乃为全体国民而存在,国家主权应属于全体国民,不应为一个人、一党派或一阶级所垄断。因此,我们反对阶级专政、一党专政及任何形式之个人独裁。同时,我们认为凡是国民,不分性别,皆有参与政治的权利与义务,对于不问政治的消极的与畏缩的心理,认为必须铲除。

(二)以法治国　我们认定所有国家的组织、职能及事业,国家与个人或团体的关系,个人与个人的关系,个人与团体或团体与团体的关系,皆须建筑在法律规定之上。国家必须有宪法及其他法律,而为全国国民及政府人员所共同遵守。人民在法律上,应一律平等,不应有超法律的个人、团体或阶级。凡个人或团体有违背国家法律的行动,不论其居何地位,有何权势,皆应受同等的制裁。我们又认定法律须为国民公共意志的表现,其制定应由国民直接的或间接的参加,否则,便没有统治全民的权威。因此,我们反对个人立法、党派立法、阶级立法,及一切钦定的宪法、约法及法律,更反对数千年来轻视法律的人治主义。

(三)民权保障　我们深信言论、出版、结社、集会及信仰的自由,为发展个人本能、增进社会福利、实现民主政治的必要条件。因此对于以党治或军治的名义,剥夺上列民权的高压手段,我们认为应该反对。我们主张无论何人,不经司法的法定手续,不受逮捕、检查或收押;不经正当的法庭判决,不受任何惩罚。

四、我们主张提倡科学的文化

我们认为中国的传统文化,到现在已不能适应现代的社会生活。同时,我们不赞成盲目的采取西方文化。我们主张根据科学的研究,去检查、去比较中国与西方的各种社会制度、风俗、习惯、道德及思想,重新估定其价值。并根据现代已有的科学智识,跳出成见的范围,提出各种革新的方案,以创立科学文化的基础。

附　　录

中国现代思想史上的王造时

章 清

多年前,受王造时家属之托,笔者即曾邀请一些年青朋友开始了编辑《王造时文集》的工作,期望能够系统整理出版王造时先生的著译文集。照理说,有这样的准备,配合复旦大学"百年经典文库"的出版汇编一部篇幅不过数十万字的文集,不该有什么困难,但实际上仍不免陷入"选择"的困惑中。思量再三,笔者才选取了王造时的《中国问题的分析》和《荒谬集》二书,汇为一册。这并非王先生任职复旦时的著述,也不算学术性很强的著作。略说何以做出这样的选择,或许是必要的。

一

无论从哪方面来说,《中国问题的分析》和《荒谬集》二书,都算得上王造时最具影响力的作品,也较能体现其作为思想者的一生。根据王造时本人填写的各种履历表(详后),这两部书也一向被其列为代表作的前二种。按照今天的说法,上述两书均属专题论集,主要是汇集其发表于《新月》月刊、《主张与批评》、《自由言论》等刊物上的文字而成,分别由商务印书馆、自由言论社于1935年出版。

关于《中国问题的分析》一书,王造时在"序文"中很鲜明地阐述了其看法,"中国之所以成问题,中国之所以有问题,中国问题之所在","根本上是由于中西的接触",而他也是以"中西接触为出发点",去分析中国问题。"我们若是要去解决中国问题,那么非根本捉住这点不可"。为此,"这本书第一章至第四章内把没有与西洋接触以前静的中国社会各方面加以分析。第五章是讲转变的枢纽。第六章至第十章是分析与西洋接触以后的中国社会动的情形"。他还特别强调:"静是原来中国社会的状况,动是中国社会的变化。动出于静,由静而动。我们若不明了前者,便不能明了后者。我们若不明了中国以前的社会,便不能明了中国今日的社会。"短短几句话,清楚交代出其"写这本书的根本观点"(见本书第

5—6页)。而据王造时在给胡适的信中所透露的,他在英国时即开始写《中国问题》一书,《中国问题的分析》只是其中之第一卷,第二卷为《各派思想的批评》,第三卷为《中国问题的解决》①。

具体说来,《中国问题的分析》撰写的背景,与王造时参与《新月》月刊密切相关。1928年发刊的《新月》月刊,代表的是以胡适为中心的一群自由知识分子的言论,是"站立在时代的低洼里的几个不合时宜的书生",所发表的"偶尔想说的'平'话"②。作为该刊核心人物的罗隆基在给胡适的一通信中曾表示,传媒曾称"新月派"与共产派、三民主义派构成中国思想界鼎足而立的三个思想③。这多少有些夸张,不过可以肯定的是,正是在这段时间,各种政治势力将胡适等人命名为"自由派"的代表,中国自由主义思想也逐渐浮出水面。参与《新月》月刊编辑的是以留学欧美的学者为主干,差不多都是光华大学、中国公学、暨南大学、大夏大学等上海各著名大学的教授,笔者也将此视作"胡适派学人群"的聚集④。

值得重视的是,这一群体主要是仿效英国费边社(Fabian Society)的做法,各成员以自己的专业特长,对中国现状进行评析。作为历史最悠久的社会主义团体,费边社自1884年正式成立以来,就着眼于传播社会主义的主张,试图通过广泛传播经济、道德及政治等方面个人与社会间关系的知识,来探索达到这些目标的道路⑤。费边社温和缓进的色彩,无疑是聚集于《新月》月刊的自由知识分子所重视的。为此,该杂志中的一部分成员还组织了一个团体——平社,关切南京国民政府建立后政治的走向。如姜义华师所说的,"对费边社、拉斯基如此浓厚的兴趣,正突出表现了平社自身与此相类似的思想与政治性格"⑥。在1929年5月11日平社的一次聚会上,由罗隆基介绍英国费边社的历史。受此启发,胡

---

① 王造时:《致胡适》(1931年2月24日),《胡适来往书信选》(中),中华书局1979年版,第435—436页。
② 《编辑后话》,《新月》第2卷第1期,1929年3月10日。
③ 罗隆基:《致胡适》(1931年5月5日),《胡适来往书信选》(中),第63—64页。
④ 参见章清:《"胡适派学人群"与现代中国自由主义》,上海古籍出版社2004年版。
⑤ 参见玛格丽特·柯尔:《费边社史》,杜安夏等译,商务印书馆1984年版,第348—353页。《新月》月刊也大量刊发了有关拉斯基的译著,第2卷第2期发表了黄肇年所译《共产主义论》第一章引论,不久该书全译本由新月书店出版。1931年12月新月书店出版了邱辛白所译拉斯基的《政治》。拉氏的名著《国家的理论与实际》写于1935年,次年即由王造时译成中文出版。
⑥ 参见姜义华:《论胡适与人权问题的论战》,收入刘青峰主编:《胡适与现代中国文化转型》,香港中文大学出版社1993年版,第77页。

适提议平社同人也可仿效此,围绕"中国问题"这个大题目,每人担任一个方面的内容,各自准备论文,分期提出讨论,然后合编为一本书①。到1930年4月,胡适又提议在前一年讨论的基础上,由"中国问题"进一步转入"我们怎样解决中国问题?",同样分许多子目,仍由各人分担一部分,先在内部讨论,然后形成文字发表于《新月》②。后来,潘光旦将其中的一些文字编为《中国问题》一书,1932年由新月书店出版③。

王造时是由富于政治热情的罗隆基带入这个群体的,罗、王二人同被列入"安福四才子"(另两人为彭文应、彭文沛),不仅年岁相近,在人生的各重要环节,如考入清华、出国留学,以至于师从拉斯基,都有共同的经历。配合平社所组织的讨论,王造时主要撰写了《中国问题的物质背景》、《中国社会原来如此》等文字。正是在《新月》月刊发表的上述文字,构成了《中国问题的分析》一书的基础。

《荒谬集》一书,则更偏重于政论性质。在"自序"中王造时就明确表示:"九一八是中国历史上空前的一个事变。因为受了这种不可言喻的刺激,我才开始我的政论。"并且强调:"无论如何,自一九三一年九月十八日起至一九三三年十二月三十日止,这期间我所发表的文字可以代表我的思想的一个阶段,所以我要把他们收集起来作为纪念。"何以用《荒谬集》这一书名,"自序"也有所解释:

> 为什么叫做《荒谬集》呢?因为我在言论上所得到的罪名是"言论荒谬"。其实内容是否"荒谬",只有请读者来判决。在我个人看来,则认为这种言论或许是过于"正经",或许太不"荒谬"。不知读者诸君以为如何?(见本书第133页)

---

① 具体分工如下:如潘光旦,从种族上;吴泽霖,从社会上;唐庆增,从经济上;丁西林,从科学上;胡适,从思想上;徐志摩,从文学上;梁实秋,从道德上;叶公超,从教育上;徐新六,从财政上;罗隆基,从政治上;张君劢,从国际上;黄华,从法律上。见《胡适的日记》(手稿本),台北远流出版公司1990年版,第8册,"1929年5月11日"。

② 在胡适提出"我们怎样解决中国问题"的议题,进行具体分工时,即有人提议,"在讨论分题之前,我们应该先想想我们对于这些各个问题有没有一个根本的态度,究竟我们用什么态度来看中国问题?"其他人也赞成应该有这样一篇引论,并一致推选胡适担纲。因此,胡适的《我们走那条路?》实际代表了聚集于《新月》的自由知识分子共同的见解。见胡适《我们走那条路?》,《新月》第2卷第10期,1929年12月10日。

③ 该书目序如下:《序》(潘光旦),《我们走那条路》(胡适),《我们要什么样的政治制度》(罗隆基),《怎样解决中国的财政问题》(青松),《关于中国人口问题的一篇外论》(刘英士译),《中国农民的生活程度与农场》(吴景超),《制度与民性》(郑放翁),《宗教与革命》(全增嘏),《性,婚姻,家庭的存废问题》(潘光旦),《我的教育》(沈有乾),《优生的出路》(潘光旦)。见潘光旦编:《中国问题》,上海新月书店1932年出版。

偏重于政论性质的《荒谬集》,如果说有什么基调的话,那就是对于"宪政"的鼓吹。在《对于训政与宪政的意见》这篇颇有影响的文字中,开宗明义:"我是研究政治并且是主张结束训政实行宪政的人,对于这个重要问题,不能不贡献一点愚见。"(见本书第148页)对于国民党"训政"的主张,王明确阐述了"国民党不能'训',不配'训'的理由",还明确表示,"就是假定国民党能'训',配'训',政治的历史告诉我们,既讲训政,决不能讲民主政治"(见本书第149页)。由于此文侧重在批评训政的理由,没有详细说到为什么要实行宪政,紧接着王造时又发表了《我为什么主张实行宪政》。在他看来,所谓"宪政",简单说来便是"根据宪法而行的政治"。"宪政是法治的根本,法治又是民治的基础。根本大法不立,普通法律无所根据。一切个人与个人的关系,个人与国家的关系,团体与个人的关系,团体与团体的关系,以及团体与国家的关系,都没有法律的根据与保障,任凭有力者的支配。谁有武力,谁就可以作威作福。结果,只有个人政治,军阀政治。此所以辛亥革命以来,虽挂了民国的招牌,到如今,还是黑漆一团的局面。我们今后如果不行民主共和政体则已,否则,只有实行宪政,以法治去代替人治。"(见本书第157页)为此,他阐述了实行"宪政"的理由:

(一)我认为国民党的统治已到了非变不可的局面,而变的路径,只有实行宪政与实行革命。在此国破家亡的时候,我们应该上下一致,共赴国难。因此我主张实行宪政,避免革命,废止内战。(但是和平方法不能成功,我觉得没有理由否认人民革命的权利)

(二)宪政是国家长治久安的大计。

(三)实行宪政,是法治的基础,民治的条件。

(四)为保障人民的基本权利起见,也非实行宪政不可。(见本书第158页)

难能可贵的是,"国难"之际,很多读书人都立足于此调整了一贯的主张,思想界也发生了"民主与独裁"的论辩,而此时的王造时,仍坚持其主张。在《国民党怎么办?》这篇文章中,他就明确表示,面对当前的危机,惟有"结束训政,实行宪政"。原因在于,"结束训政,让国民有言论自由,让国民有出版自由,让国民有政治结社自由。有政治结社自由,国民才能组织起来;有组织,才有力量;有力量,才能制止军阀混战。有言论出版自由,社会才能产生舆论;有舆论,才有是非;有是非,才能监督政客捣乱。老实说,国民党的招牌压不住了,惟有信仰人民的力量,养成人民的力量,发挥人民的力量,才有希望镇压一班好乱成性、狼心狗肺的军阀政客。除此以外,别无生路。"(见本书第162页)他还强调了:

> 实行宪政,各党各派可以公开竞争,以法治代替人治,以选举票代替机关枪,政治势力有地方发泄,有正路可走,党外各派不必去革命,党内各派不必去捣乱。有本事、有主张的,尽管堂堂正正去组织,去号召,不必在党内排斥离间,兴风作浪。一切的一切,最后让我们国民来裁判。(见本书162页)

在作为《主张与批评》创刊宣言的《我们的根本主张》中,王造时又阐述了这样的"主张":第一,我们主张实现独立统一的国家;第二,我们主张组织社会主义的生产;第三,我们主张建设民主法治的政府;第四,我们主张提倡科学的文化(见本书第255—258页)。应该说,这大致能代表王造时对于中国问题的根本主张,而且,这样的主张,王造时没有任何动摇。抗战之际,在接受记者的访问时,他仍坚持这样的看法:

> 宪政是长治久安的大计,也是抗战建国的根本……而对于宪政运动的推行,则有赖于全国各地民众的热烈的讨论,参政会才可能把这真正的民意反映给政府。如果只有参政会讨论,而民众对这不感兴趣,那末,参政会即使远远走在前头也是没有用的。①

二

用不着特别指明,《中国问题的分析》与《荒谬集》成为王造时的代表作,映射出王造时文字生涯的特色,主要是依托其在读书期间获得的政治学训练表达对政治问题的看法。相应的,此二书所汇集的也是王造时作为思想者的思考,不仅构成认识那段历史重要的"思想资源",也展现出其在现代中国思想史上的角色担当。

---

① 《访王造时先生谈宪政问题》,《前方日报》1940年3月28日第4版。据文末的注明,此文最初当刊于《救亡日报》,《前方日报》系转载。

从其生平来看,王造时是典型的五四一代。他20世纪初年出生,在教育环节受到的最为重要的影响自然是科举的废除以及新式教育的开展。进入清华学校,也成为其"一生的关键",由此有机会连续接受现代教育,"这对于我的思想的形成起了主要的作用"。关键在于,在清华读书这八年,还同时参加了新文化运动、五四运动和五卅运动,"对我的思想也发生了极其巨大的影响"①。

1925年8月,完成在清华学校的学业后,王造时转到美国威斯康星大学就读政治学。1929年6月获政治学博士学位后,当年8月又到英国任伦敦经济学院研究员,师从英国费边社会主义代表人物拉斯基研究国际政治。据其回顾,在留学期间,"在资产阶级革命时代的武器库中找来找去,找到一些过了时的东西,而形成了下列一些对于国事的看法"。具体说来,主要包括:(1)中国必须独立和统一。(2)中国必须是一个民主主义共和国。(3)保障人民的各种基本权利。(4)实行法治和司法独立。(5)军队国有。(6)社会主义的经济。(7)科学的文化。② 而对于师从拉斯基这段历史,他也做了这样的说明:

> 拉斯基是当时国际上有名的资产阶级改良主义的政治思想家、费边社的社员、费边社会主义的阐述者,后来担任过英国工党主席。我受他的影响很深。在英国一年中,除跟他研究外,就是埋头在伦敦博物院图书馆,也就是马克思寄居伦敦时所经常去的地方。但是我所钻研的主要对象,不是马克思列宁主义,而是费边社会主义。③

1930年5月,王造时离开伦敦,到欧洲大陆各国游历,访问苏联后取道西伯利亚回国。到北京正是蒋、冯、阎大打内战的时候,在清华、北大教书的朋友劝其留下,但面对动荡的时局,王造时选择取海道南下,于该年秋天到了上海。他先是由潘光旦介绍接受了私立光华大学的聘书,担任政治系主任兼教授;后来潘光旦赴清华大学任教,校长张寿镛又聘王造时继任文学院院长。此外,王造时还在上海的中国公学、大夏大学、暨南大学等校兼课。

如同那个时代归国留学生所普遍遭遇的那样,王造时回国后,教书著述之外,也不可避免地卷入到各种政治活动中。《东方杂志》曾围绕"个人计划"发起

---

① 《王造时自述》,《上海文史资料选辑》第45辑,上海人民出版社1984年版,第99—100页。
② 同上书,第109—112页。
③ 同上书,第112页。

的一则征文,由数十位名人分别写出自己的"个人计划"。而王造时也提供了一篇《个人计划》,内中即述及回国以后的遭遇:

> 三年半前,我回国的时候,本来有一个教书及著述的计划,不料因江西纷乱,全家逃来上海倚我为生,不得不东教西教,做一个教书匠;预定著述的工作,自然不能实现。"九一八"国难发生以后,激于义愤,不能自已,于是以国民一分子的资格,来论国家大事。又不料以此获罪于权贵,连教书的机会也不能保,到今日才来执行律师的职务。①

那个年代读书人对于政治的介入,最普遍的方式是通过创办刊物实现的,归国后的王造时也参与到不少刊物的创办中,其撰写的文字也主要以政论为主。这既带给他种种政治上的压力,也使其成为那个时代"书生论政"的代表。

王造时在《新月》月刊发表的《从真命天子到流氓皇帝》一文,因为影射蒋介石,就"几乎使新月书店被反动当局勒令关门大吉"②。1931 年九一八事变后,王造时创办《主张与批评》半月刊,被查禁后又改名为《自由言论》继续刊行③。未过多久,《自由言论》又遭查封,而他在上海光华大学等大学所担任的教职也陆续被解聘。为解决生活问题,在章士钊帮助下,王造时申请了律师证书,做起了挂牌律师。商务印书馆总经理王云五又约其译书,每月交稿六万字,致送三百元。或因为要从事翻译工作的缘故,更因应于"国难"的现实环境,他广泛接触了有关国际政治方面的文献,并据此撰写了不少涉及巴黎和会、华盛顿会议及国联的文章,还为《东方杂志》"世界各国著名杂志论文摘要"栏目提供了不少稿子。

随着抗日救亡汇为全国的潮流,王造时也积极投身于"救国会"的活动。在 1935 年 11 月组织的上海文化界救国会,以及 1936 年先后成立的上海各界救国联合会和全国各界救国联合会中,他都担任常务理事兼宣传部长,照其自述,"这是我一生政治活动中最有意义的时期"④。1936 年 11 月 23 日,王造时和沈钧儒、章乃器、李公朴、邹韬奋、沙千里、史良同时被捕,以"危害民国罪"关进高等法

---

① 王造时:《个人计划》,《东方杂志》第 31 卷第 1 号,1934 年 1 月 1 日。
② 《王造时自述》,《上海文史资料选辑》第 45 辑,第 116 页。
③ 《主张与批评》创办于 1932 年 11 月。《自由言论》创办于 1933 年 2 月。
④ 在王造时本人所提供的资料中还述及:这一时期,"冯玉祥、李济深、陈铭枢、李宗仁、白崇禧等联系反蒋抗日,协商组织民族革命同盟,秘密到福州,拟参加福建事变未果"。见王造时:《思想改造学习总结登记表》,此据手稿,原件藏复旦大学档案馆。

院监牢。这就是著名的"七君子"事件。不过,正是这样的遭遇,使王造时成为一股社会力量的代表有机会参与现实政治中。抗战开始后,王造时就作为"救国会"的代表被聘为"国民参政会"参政员,有机会就国事阐述自己的主张。

据《王造时自述》,其在参政会中的发言和提案,大致可归纳为两类:"一类是关于反对对日妥协投降,要求抗战到底,争取最后胜利","另一类是关于反对国民党一党专政,要求实行民主宪政和各种民主改革,保障人民的言论、出版、集会、结社等等自由"①。此外,以个人或集体的名义发出了多通公开信。1941年4月下旬,由王造时执笔起草,沈钧儒、章乃器、沙千里、史良、李公朴、张申府、刘清扬、胡子婴等八人参加讨论,就《日苏互不侵犯条约》损害中国主权,发出《致斯大林大元帅的公开信》表示遗憾②。1942年6月,他以"国民参政员"和《前方日报》社长的名义,给美国总统罗斯福写了《一封公开的信》,向罗斯福提出:"贵国须以及时的与充分的援助给予我们,在亚洲战场上立即争取主动地位,努力在海空大事反攻,并号召世界上被压迫民族共同奋斗。我们深信,中美两大国家其间的精神联系,绝非法西斯强盗用恐怖维成的约束所能梦想。我们更深信,爱好和平正义的中日两大民族经过千辛万苦,最后必能合作创造新的世界,使人类可以获得和平、快乐、高尚、幸福的生活。"最后还表示:"此信虽因时间仓促,而又身在前方,只由我一个人签名,但我以国民参政员的地位及《前方日报》负责人的关系,深入民间,确知道这是我全体中国人民所急要一吐为快的意见。"③

1949年10月28日,在北京召开的会议宣布了救国会使命的结束;同日在上海召开的座谈会则由王造时代表救国会宣布"救国会已完成了自己的历史任务而胜利结束"。而王斯时所担当的政治角色,体现在他所扮演的诸多角色上:华东军政委员会文教委员会委员、上海市政协委员(以后又担任市政协常委)、上海

---

① 《王造时自述》,《上海文史资料选辑》第45辑,第123—124页。
② 信中表达了这样的殷切希望:"阁下对于该项协定,能就下列三点,在相当的时机,用相当的方式,作一补充的说明,以祛除我国国民及全世界被压迫民族的疑虑。(一)尊重所谓'满洲国'是否事实上包含承认满洲伪国?(二)所谓'蒙古人民共和国'是否与一九二四年中苏协定内'苏联政府承认外蒙为完全中华民国之一部及尊重在该领土内中国之主权'的规定发生抵触?(三)对于我国反抗日本帝国主义的战争的积极援助是否有所影响?"本文原载《民意》(周刊)第179期,1941年5月。上述九人均在信后签名。又见周天度主编:《七君子传》,中国社会科学出版社1989年版,第658—659页。
③ 本文原载《前方日报》1942年6月7日第2版、第3版。原编者按:此信王先生已于日前用参政员及《前方日报》社社长名义寄发,由国民参政会秘书长王世杰先生转交驻渝美国大使。《前方日报》系1939年5月王造时与孙晓村、王枕心、彭文应、许德瑗、刘九峰等组织前方文化书社所创办,在江西吉安前线利用报纸这一宣传阵地,开展抗日活动。

市各界代表会议特邀代表、上海法学会理事。很显然,这是对王造时 1949 年之前所扮演角色的高度肯定,没有这样的肯定,他也难以获得这样的政治身份。只是,民国时期留下的"遗产"并非皆是光辉的一面,前述《致斯大林大元帅的公开信》就堪称留下了阴影;而曾经过从甚密的许多同道如罗隆基、章伯钧等,也成为其"负担"。

三

未能选择王造时在复旦期间产生的著作,自是令人遗憾的。不过,可以理解的是,王造时进入复旦,时间颇晚,而且,那些年间绝无研究学术的机会。除了翻译的多部著作外,这一时期王造时留下的恐怕最多的是各种检讨的文字。

王造时与复旦结缘,按其所言,是在"把丢开了十八年的教书工作重新拿起来"[①]。1951 年 8 月,复旦大学校长陈望道和法学院院长胡曲园找到他,要他担任政治学系教授。该年 10 月 28 日,王造时填写了《复旦大学拟聘教员履历表》,自此以后,王造时的"个人档案"算是有了积累,其保留在复旦大学的各种履历表,也成为了解其生平事迹的基本资料[②]。在随即开始的思想改造运动中,王造时在 1952 年 7 月留下了所填写的《复旦大学思想改造学习总结登记表》(总计 4 表、5 页),包括"甲表"(主要反映个人及家庭关系)、"乙表"(本人经历)、"丙表"(要求填写"参加过何种反动党派社团道会门",及主要社会关系)、"丁表"(本人优缺点,以及小组意见和学委会意见)。思想改造运动以后,院系调整,复旦的法学院和政治学系归并于华东政法学院,王造时又被调到历史学系,讲授世界近代史。

接下来,王造时的生命旅程不得不说进入了最为曲折的一段。首先是在"反右"过程中受到了冲击。1957 年 2 月,全国政协开会,上海市政协推举市统战部长刘述周和王造时去参加。到了北京,他受到救国会的朋友沈钧儒、史良、沙千里等的热情接待;史良还透露有重要工作在等着他。另外一些人则批评他解放以后太消沉了,今后应该多说话。正是在这种气氛下,王造时在全国政协大会上作了《扩大民主生活》的发言,表示"现在党内各级干部中像唐太宗的可能很多,

---

① 《王造时自述》,《上海文史资料选辑》第 45 辑,第 135 页。
② 这里所提及的《复旦大学拟聘教员履历表》及下面提及的各种履历、登记表,均收藏于复旦大学档案馆。

党外像魏徵的倒还嫌其少"①。稍后，他又发表了《把放鸣的重点放到基层去》的文章，表达了这样的看法：群众鸣得越彻底，党的威信越高涨；应秉持一视同仁的原则，来调整党与知识分子的关系。官僚主义是普遍存在的现象，"哪里没声音哪里官僚主义最专横"②。正是在"鸣放"期间的这些发言和其他几篇文字，成为其遭祸的开始。1957年6月14日，上海市反右派的激烈斗争从王造时开始，仅保留他市政协委员的头衔，而市人民代表、市政协常务委员以及上海法学会理事都被撤销。为此，王造时也写下大量的检讨性文字，经过漫长的学习和改造，直到1960年国庆节前一天，他才摘掉了右派帽子。

之后，王造时重新走上复旦大学的讲台，再次担任世界近代史这门课的讲授任务。为了扩大学生的知识面，历史学系几个老教师共同开了"史学评论"课，介绍西方史学流派，王造时担任其中关于黑格尔历史哲学的一部分。1961年，高教部在上海召开全国各大学世界史教材编译会议，参加的有北大、复旦、武汉、中山、华东师大等重点大学的老教授20余人。除拟定编写世界上古史、世界中古史和世界近代史三部教材外，还计划编译130万字的资产阶级史学流派的资料（后来减为30余万字），其中王造时编译了两篇稿子：一是《历史有意义吗？》，一是《人人都是他自己的历史学家》③。稍后，按照系里的安排，王造时还接受了向研究生讲授欧美社会政治思想史的任务，从英国资产阶级革命讲起，着重讲有关法国资产阶级革命的启蒙学派。而根据中央计划，复旦着重研究西欧北美资本主义国家，因此首先要开设美国史的课程，为此他又担当了讲授美国外交政策史的任务，还准备带三个研究生。

除了校内教学以外，校外的任务也纷至沓来。商务印书馆委托王造时撰写介绍工党右翼理论的书籍，并要其把之前所译拉斯基《民主政治在危机中》和拉丹纳《美国外交政策史》加工和补译，作为内部出版。上海人民出版社则要他参加翻译汤因比的《历史研究》（节本）和《历史研究》第12卷（该书王已译好20余万字，红卫兵造反时毁去大部分）。上海哲学社会科学联合会出版的《文摘》杂

---

① 后题作《我们的民主生活一定日趋丰富美满》，登载于《人民日报》1957年3月21日。
② 本文原载《文汇报》1957年5月21日。在同一天的《解放日报》上，还有题为《王造时对反官僚主义的看法》的文章，与此文相同，只是缺少各段小标题。
③ 前者译自卡尔·波普尔（Karl Popper，王造时译作卡尔·包勃尔）所著 The Open Society and its Enemies（《开放社会及其敌人》，王译作《公开社会及其敌人》），后者译自卡尔·贝克尔的 Everyman His Own Historian（《人人都是他自己的历史学家》）。均收入田汝康、金重远选编：《现代西方史学流派文选》，上海人民出版社1982年版。

志,要他摘译资产阶级法学方面的论文。此外,王造时还参加了《辞海》工作,编写了近代国际关系史部分。大致说来,这几年中他改译和翻译的论著总数约在100万字以上。

1966年"文化大革命"开始后,大专院校首先是用大字报揭露"资产阶级知识分子",特别是"反动学术权威"的言行。揭露王造时的有四张:第一张是揭露其在讲授世界近代史那门课中散布了资产阶级民主自由的毒素;第二张揭露其带研究生讲授欧美社会政治思想中散布关于资产阶级的自由、平等、博爱的毒素;第三张是质问罗隆基来上海和他见面搞了什么阴谋;第四张是揭露其在料理彭文应丧事中为右派分子张目的活动①。由于揭发的大字报较少,王造时认为这次不会挨斗。然而,后来大字报揪出来的"反动学术权威"、"反动学阀"、"反共老手"、"反党反社会主义分子"越来越多,王造时亦被编进了"牛鬼蛇神劳改队",经受批斗,勒令"交代问题"。1966年又以"组织现行反革命政党"的罪名遭逮捕,关押在上海市第一看守所,直至1971年病逝。不仅是其本人招祸,尤其令人叹息的是,"文革"中,王造时的两个儿子和女儿海若均患了精神分裂症,另一女儿海容因为拒绝参加对其父亲的批斗,也被打成"反革命"备受折磨而死。

仅从那些年留下的历史系教职工名册,就不难发现王造时所受到的冲击。1957年之前,王都在教授一列,从1958年开始,一直被列为"教辅"人员;到1962年才改称为"教员"。而到1966年,王造时则从这个名单中消失了②。

多年前开始的《王造时文集》整理工作,尽可能完整地收集了王造时先生已发表的论著、译著,还辑录了其晚年的多篇未刊稿。文集共分6集,其中论著、译著各为3集。各集收文大体按照时间先后编列。其中第1集收录王造时1919年至1935年间发表的文字;第2集收录1936年至1948年间发表的文字;第3集收录1949年至1971年间发表的文字;第4集收录王造时译作两种——《近代欧洲外交史》和《现代欧洲外交史》;第5集收录王造时的译作《美国外交政策史》;第6集包括《社会问题》(改造的分析)、《社会科学史纲·经济学》、《社会科学史纲·政治学》、《社会科学史纲·伦理学》、《日本备战论》、《国家的理论与实际》、

---

① 《王造时自述》,《上海文史资料选辑》第45辑,第138—139页。
② 《复旦大学历史系系志》,1993年油印本,第29—34页。

《民主政治在危机中》等译作①。从中可见,王造时在翻译上倾注了大量的心血。单就篇幅来说,其所翻译的文字,已超过撰写的论著。

此外,必须提及是,王造时晚年还留下大量的手稿。这些手稿,部分与他在复旦大学担当的教学工作有关,包括上课的部分讲稿和翻译的论著,但主要都是其在思想改造运动、反右期间所写的各种检查和学习总结。尽管在数量上这些文字已属惊人,但据家属介绍,这些历经浩劫保留下来的手稿,只占到王先生手稿的一小部分。

到 2007 年,《王造时文集》的编辑工作即已完成,只是由于可以理解的原因,该书的出版一再拖延。此次复旦大学在 110 年校庆之际组织出版"百年经典文库",能够为王造时先生编辑一部文集,也算是对于此项工作的一个交代。

---

① 这还不包括王造时与谢诒征共同翻译的黑格尔所著《历史哲学》,该书 1936 年 11 月由商务印书馆出版,以后还出版了多个本子。之所以未选择此书,是基于版权的考虑。之前家属已将该书的版权授予一家出版社。

王造时小传

王造时(1903—1971),江西省安福县人,原名雄生。

1910年8岁时入本地私塾,1916年就读于江西南昌第一中学(省立),1917年考取清华学校。1925年完成在清华学校的学习,赴美国威斯康星大学攻读政治学,1929年获政治学博士学位。随后赴英国任伦敦经济学院研究员,师从英国费边社会主义代表人物拉斯基(Harold J. Laski)研究国际政治。

1930年回国后,王造时先是担任上海光华大学政治系主任兼教授,后担任文学院院长,还在上海的大夏大学、中国公学等校兼课。教书著述之外,他也卷入到各种政治活动中。九一八事变发生后,王造时参与发起并组织"上海各大学教授抗日救国会"及"上海各界抗日救国团体联合会",还曾参加1932年由宋庆龄、蔡元培、杨杏佛等发起成立的"中国民权保障同盟"。随着抗日救国汇为全国的潮流,在1935年组织的上海文化界救国会,以及1936年先后成立的上海各界救国联合会和全国各界救国联合会中,王造时都担任常务理事兼宣传部长。1936年11月23日,王造时和沈钧儒、章乃器、李公朴、邹韬奋、沙千里、史良同时被捕,以"危害民国罪"关进高等法院监牢,引发著名的"七君子"事件。1938年,王造时作为"救国会"的代表被聘为"国民参政会"参政员。

1949年新中国成立后,王造时担任了华东军政委员会文教委员会委员、上海市政协委员(以后又担任市政协常委)、上海市各界代表会议特邀代表、上海法学会理事等职务。1951年任复旦大学政治学系教授。1952年院系调整,复旦法学院和政治学系并入华东政治学院,王造时被调到历史学系,讲授世界近代史。1956年被评为二级教授。此后,王造时不断受到政治冲击。1957年被划为"右派",1966年王造时以"组织反革命社会民主党"的罪名遭逮捕,关押于上海市第一看守所。1971年8月5日,病逝于广慈医院(现瑞金医院)。

王造时的文字主要发表于各种报刊,包括就读清华学校期间的《清华周刊》,

以及归国后加入的《新月》月刊。他也创办了不少刊物,如 1932 年 11 月创办的《主张与批评》、1933 年 2 月创办的《自由言论》,以及 1939 年 5 月创办的《前方日报》。其代表作《中国问题的分析》(商务印书馆 1935 年出版)、《荒谬集》(自由言论社 1935 年出版)等,即主要汇集于发表于上述刊物的文字。此外,王造时在翻译上也倾注了大量的精力,最具影响力的是其所翻译的黑格尔《历史哲学》。单就篇幅来说,其所翻译的文字,已超过撰写的论著。

王造时学术行年简表*

1903—1913 年

1903 年 8 月 1 日,王造时出生于江西省吉安市安福县城北罗家巷一个经营竹木生意的商贾家庭,原名雄生。

1910 年 8 岁时进安福县城北私塾,读了三年。关于其家世和幼时的经历,王造时后来在《自述》中对此有所描绘,述及其名字的由来及其影响:

> 我到八岁才跟朱廉夫老师发蒙。在发蒙那天,他替我取了"造时"这个富于个人英雄主义色彩的名字。这个名字对于少年时期的我有好的影响,亦有坏的影响。好的影响是鼓舞了我的雄心壮志,力求上进。坏的影响是助长了我的自高自大。读了三年私塾,读的是《三字经》和"四书"、"五经",受的是封建主义教育。但是老师并没有开讲,只管点书,我只管死读书,死背书,所以孔孟之道那一套维护封建统治的东西,对我来说,只有泛泛的印象。①

1913—1916 年

1913 年考上了安福全县唯一的一所高等小学,"学的是国文、历史、地理、格

---

* 这里所编写的王造时学术行年简表,其生平段落的划分主要依据王造时本人填写的《复旦大学拟聘教员履历表》、《复旦大学思想改造学习总结登记表》等资料。同时参考了秦建君编《王造时年谱》,收入《江西文史资料选辑》第 19 辑,"七君子之一王造时",江西人民出版社 1986 年版,第 146—162 页。

① 《王造时自述》,《上海文史资料选辑》第 45 辑,上海人民出版社 1984 年版,第 98—99 页。此系何碧辉、赵寿龙所整理的王造时遗稿。原整理者说明:"王造时先生在一九五七年反右斗争后,曾经设想写《自传》,但只开了一个头。十年动乱中,他遭受迫害,继续写了一些材料,叙述一生经历,并作自我剖析。我们认为这些材料有一定的史料价值,乃整理成文。为了尊重本人身前愿望,仍以《自述》为题。在整理过程中,得到家属和部分生前好友的帮助,在此表示感谢。希望了解先生生平的同志对我们整理的《自述》提出宝贵意见,并提供补充资料,以便在编写先生年谱和传记时参考。"有必要强调的是,产生于特殊时期的"自述",自然烙上那个时代的印痕,往往立足于对过往经历的"自我检讨"。但内中所述及的生平事迹,大致是可靠的,也构成了解王造时生平的重要资料。

致、修身、音乐、图画、手工、体操,最后半年还加上了一门英文"。他还特别提到,在高小三年中,除了接受新式教育外,有三件大事对其思想产生了不小影响:一是1914年爆发的第一次世界大战;二是1915年日本提出的旨在独霸中国的"二十一条";三是袁世凯的"帝制自为"①。

1916—1917 年

1916年夏,离开安福,考入江西南昌第一中学(省立)就读。

高小毕业后,王造时原本要走做生意这条路,但恰好这时父亲受到当地劣绅的欺负,几乎闹到家破人亡的地步,于是,其父才决心设法让其出外读书。听说北京有个清华学校办得很好,基本上是官费,毕业后还可以留学美国,于是,到了暑假,王造时就别离家乡前往南昌报考。作为一所预备留美的学校,清华当年的学制规定中等科4年、高等科4年,然后留美6年,一共13年。每年中等科招生是委托各省办理的,名额按各省当年所担负庚子赔款的数目依照比例而定,江西每年分配名额约五六名。1916年江西省有6个名额,王造时考取了备取第一名。但他没有放弃,随即考取了南昌第一中学,预备下年再考清华。

1917年夏,王造时考取准备官费留学美国的清华学校。清华这次在江西的招考名额只有5名,但又准备了一年的王造时还是顺利考上了。王也承认:这是其"一生的关键",由此有机会连续接受现代教育,"这对于我的思想的形成起了主要的作用"。关键在于,在清华读书这八年,还同时参加了新文化运动、五四运动和五卅运动,"对我的思想也发生了极其巨大的影响"②。

1917—1925 年

就读于清华学校。

言及从1917年开始在清华的学习,王造时在《清华学风和我》这篇文字中略有陈述,尤其述及新文化运动的影响:

> 在新文化运动冲击之下,各种各样的思想都出现了:或对旧的东西重新评价,或对新的东西进一步提倡,真是"百花齐放、百家争鸣",而总的目标是在为中国找出路。在这种时代的大浪头中,清华的师生自然受到震动,清华重洋崇洋风不能不有很大的转变,转变到注意本国的东西和本国的问题。

---

① 《王造时自述》,《上海文史资料选辑》第45辑,第99—100页。
② 同上书,第100—103页。

何况那时候梁启超的《欧游心影录》、胡适的《中国哲学史大纲》和梁漱溟的《东西文化及其哲学》先后问世,大大地引起了研究国学的人的注意,清华再不能像以前那样视国学为无足轻重了。①

1919年5月4日,北京爆发"五四"学生运动。王造时积极投身其中,曾两次被捕。在当时写下的《一次被捕始末记》这篇文字中,详细记录了其参与学生运动的经过及其思考:"一个真正民主国家,何尝不要绝大牺牲去推翻那些军阀官僚、黑暗势力呢。"这或许即是推动其参与其中的动力所在②。

这一时期,王造时开始其文字生涯,主要发表于《清华周刊》。除《一次被捕始末记》之外,还发表了《教授国文的我见》(《清华周刊》第186期,1920年4月30日)、《清华校风的蜕化和批评》(《清华周刊》第209期,1921年1月18日)、《梁任公先生讲学的态度与听讲的态度》(《清华周刊》第292期,1923年11月2日)等文章。自第194期起,他还担任了《清华周刊》的编辑工作,任第五组编辑及集稿员,直到1925年2月13日。

1925年"五卅惨案"发生,王造时参加了"北京各界沪案后援会",并主编《京报》"上海惨剧特刊"。他所撰写的《本刊的缘起及使命》就指出:

> 清华学生会因为上海事件发生,决定发行一种日刊,名"上海惨剧",以"唤醒民众,抵抗英日"为目的,前天已出了第一期。后来蒙《京报副刊》编辑孙伏园先生、总编辑邵飘萍先生的热诚赞助,愿意将《京报副刊》改为《上海惨剧特刊》,仍由清华学生会编辑。这是我们不能不在此表示十二分的谢意。所以"上海惨剧"从本日起改在《京报》发表。不过清华学生会另印有五千份,不取分文,专送与普通一班同胞。③

不过,在政治选择上,此时的王造时还没有明确的方向。这也并不足怪,在

---

① 其中还述及:清华为适应这种新的形势,特邀请了梁启超一类有名人物来开些选修课,如"中国历史研究法"、"中国史鸟瞰"、"先秦政治思想史"等。《清华周刊》还请胡适开了"一个最低限度的国学书目",梁启超开了一张"国学入门要目及其读法"。见王造时:《清华学风和我》,写作日期不详,载全国政协文史资料委员会编:《中华文史资料文库》第17辑,中国文史出版社1996年版,第405—409页。

② 王造时:《一次被捕始末记》,《清华周刊》第175、177、178期,1919年10月26日、11月9日、11月16日。后来在《在五四运动中》这篇文章中,王造时还对这段历史有所追溯。该文由何碧辉、赵寿龙整理,刊《复旦学报》1981年第3期,第107—113页。

③ 王造时:《本刊的缘起及使命》,《京报》"上海惨剧特刊"第1期,1925年6月8日。

五四时期各种主义"你方唱罢我登台"的氛围中,做出明确的选择,倒不那么典型。但其思想倾向确也有所展现,出国前写下的《新国家主义——救国良药》,就显示其经受五四的洗礼,"国家"已成为思考问题的枢机所在。王强调,所谓"新国家主义",就是爱国主义,"这种新国家主义,在消极方面讲来,是与帝国主义、暴力主义、仇恨主义、无抵抗主义、顽固守旧主义及外国化主义相反;在积极方面讲来,是与人道主义、世界主义、和平主义、民主主义、社会主义及个人主义相成"①。

1925年夏,毕业于清华学校。

1925年秋,官费前往美国威斯康星大学,攻读政治学。

1925—1929年

就读于美国威斯康星大学。此外,1926年、1927年、1928年暑假期间,入读芝加哥大学暑期学校。

其间王造时寄回国内的一通信函,显示其那段时间对于政治问题颇为关注,"每日总要看看中外报纸杂志",原因在于,"现在中国各方面(政治、社会、经济)都在剧变,所以不免一番大纷乱,我们应该用理智去找出一条大路来"。只是这一时期他还没有确立所信奉的"主义",信中写道:

> 我现在对于国内各种主义、各种学说及各种党派,我都在研究。无论国家主义也好,三民主义也好,共产主义也好,章士钊氏的农国主义也好,江亢虎氏的新社会民主主义也好,我都愿意请教,不守成见。因为现在求学时代,离实行去做事的时候还远,尽可多加研究,求一个健全的方案。所以我在母校的时候,时常与几位友人相聚讨论,现在遇到机会,总是愿意请教人家。

为此他还向友人提出,来美国的时候,最好多订几分刊物,"如代表国民党的书报(该党的宣言及重要分子的演讲集等);代表国家主义派的《醒狮》、《国魂》;代表共产党的《向导》、《政治生活》;代表守旧派的《甲寅》,以及《现代评论》、《东方杂志》等。至于报纸,《京报》听说关了门,那么单定《晨报》也够了。这些东西都是代表一部分的思想,我们应该知道。研究社会现象,比研究自然现象难。研究中国变态的社会现象,比研究普通常态社会更难。研究中国纷乱的政治的社会现象,比研究普通政治的社会现象更更难"②。

---

① 王造时:《新国家主义——救国良药》,《京报》"上海惨剧特刊"第3—10期,1925年6月。
② 《王造时君自维斯康新来函》,《清华周刊》第383期,1926年6月11日。

1928年秋,在美国与朱透芳结婚。

1929年,完成《1919年以来大国对外政策纲领中的裁军问题》博士论文。

照其在《自述》中的回顾,在留学期间,"在资产阶级革命时代的武器库中找来找去,找到一些过了时的东西,而形成了下列一些对于国事的看法"。具体说来,主要包括:(1)中国必须独立和统一,(2)中国必须是一个民主主义共和国,(3)保障人民的各种基本权利,(4)实行法治和司法独立,(5)军队国有,(6)社会主义的经济,(7)科学的文化①。

1929—1930年

1929年6月,获政治学博士学位,当年8月又到英国任伦敦经济学院研究员,师从英国费边社会主义代表人物拉斯基(Harold J. Laski)研究国际政治。

师从拉斯基这段历史,《王造时自述》也做了这样的说明:"拉斯基是当时国际上有名的资产阶级改良主义的政治思想家、费边社的社员、费边社会主义的阐述者,后来担任过英国工党主席。我受他的影响很深,在英国一年中,除跟他研究外,就是埋头在伦敦博物院图书馆,也就是马克思寄居伦敦时所经常去的地方。但是我所钻研的主要对象,不是马克思列宁主义,而是费边社会主义。"②

1930年5月,王造时离开伦敦,到欧洲大陆各国游历,访问苏联,然后取道西伯利亚回国。到北京正是蒋、冯、阎大打内战的时候,在清华、北大教书的朋友劝其留下,但面对动荡的时局,王造时选择取海道南下,于该年秋天到了上海。

1930—1933年

王造时先是由潘光旦介绍接受了私立光华大学的聘书,担任政治系主任兼教授;后来潘光旦赴清华大学任教,校长张寿镛即聘其继任文学院院长。此外,王造时还在上海的中国公学、大夏大学、暨南大学等校兼课。

如同那个时代归国留学生所普遍遭遇的那样,王造时回到国中,教书著述之外,也不可避免地卷入到各种政治活动中。《东方杂志》曾围绕"个人计划"发起一则征文,由数十位名人分别写出自己的"个人计划"。王造时提供的文字即述及回国以后的种种遭遇,使他难以安心教书及著述:

> 三年半前,我回国的时候,本来有一个教书及著述的计划,不料因江西纷乱,全家逃来上海倚我为生,不得不东教西教,做一个教书匠;预定著述的

---

① 《王造时自述》,《上海文史资料选辑》第45辑,第109—112页。
② 同上书,第112页。

工作,自然不能实现。"九一八"国难发生以后,激于义愤,不能自已,于是以国民一分子的资格,来论国家大事。又不料以此获罪于权贵,连教书的机会也不能保,到今日才来执行律师的职务。

不过,王造时也表达了这样的期许:"国家无论闹得如何天翻地覆,个人无论闹得如何困苦颠连,我有几个宗旨是不变的:第一,不依附外国人,压中国人;第二,不依附有权势的中国人,压无权势的中国人;第三,不做于社会有害无益的事情;第四,继续替孤苦无告的同胞说公道话,打倒不平。第五,除此以外,实在不能做计划;有计划也将等于空中楼阁。"①

那个年代读书人对于政治的介入,最普遍的方式是通过创办刊物来实现,归国后的王造时也参与到不少刊物的活动中。其中,最值得一提的是加入到《新月》月刊中,发表了一系列文章。尤其是其中一篇《从真命天子到流氓皇帝》,影射蒋介石,"几乎使新月书店被反动当局勒令关门大吉"②。

九一八事变发生后,10月中旬新月书店就出版了王造时所写的《救亡两大政策》的小册子,颇为鲜明地阐述了两项根本主张:"对外准备殊死战争,与日拼命到底,促成日本革命";"对内取消一党专政,集中全国人才,组织国防政府"③。紧接着,他又参与发起并组织"上海各大学教授抗日救国会"及"上海各界抗日救国团体联合会",并任常务委员。1932年宋庆龄、蔡元培、杨杏佛等发起成立"中国民权保障同盟",王造时也参与其中,担任上海分会执行委员。

这一时期王造时也创办了不少报章。1931年11月,创办《主张与批评》半月刊,发表《我们的根本主张》、《国民党怎么办?》等重要文章。王造时集中阐述了这样的"主张":第一,我们主张实现独立统一的国家;第二,我们主张组织社会主义的生产;第三,我们主张建设民主法制的政府;第四,我们主张提倡科学的文化④。这大致能代表那段时间王造时对于中国问题的思考,也相当程度上代表了自由知识分子对一些问题的主张。12月,《主张与批评》被查封。

1933年2月,创办《自由言论》,并在第一期发表了《安内必先攘外》一文。但

---

① 王造时:《个人计划》,《东方杂志》第31卷第1号,1934年1月1日。
② 《王造时自述》,《上海文史资料选辑》第45辑,第126页。
③ 王造时:《救亡两大政策》,收入《荒谬集》,自由言论社1935年版,第1—32页。见本书第134—147页。
④ 王造时:《我们的根本主张》,本文未署名,原载《主张与批评》第1期,1932年11月1日。后收入《荒谬集》作为附录,删去了前面几段文字。见本书第255—258页。

未过多久,《自由言论》即遭查封。

1933—1937 年

在上海执行律师职务。

光华大学校长张寿镛受政治的压力,解聘了王造时的教职。为解决生活问题,在章士钊帮助下,王造时申请了律师证书,做起了挂牌律师。商务印书馆总经理王云五又约其译书,每月交稿六万字,致送三百元。或因为要从事翻译工作的缘故,更因应于"国难"的现实环境,他广泛接触了有关国际政治方面的文献,并据此撰写了不少涉及巴黎和会、华盛顿会议及国联的文章,还为《东方杂志》"世界各国著名杂志论文摘要"栏目提供了不少稿子。

随着抗日救国汇为全国的潮流,王造时也积极投身于"救国会"的活动。在 1935 年 11 月组织的上海文化界救国会,以及 1936 年先后成立的上海各界救国联合会和全国各界救国联合会中,他都担任常务理事兼宣传部长,照其自述,"这是我一生政治活动中最有意义的时期"①。1936 年 11 月 23 日,王造时和沈钧儒、章乃器、李公朴、邹韬奋、沙千里、史良同时被捕,以"危害民国罪"关进高等法院监牢达七个多月之久。这就是著名的"七君子"事件。

1935 年 2 月,《中国问题的分析》一书由商务印书馆出版。关于该书,王造时在序中很鲜明地阐述了其看法,"中国之所以成问题,中国之所以有问题,中国问题之所在","根本上是由于中西的接触",他也是由此出发去分析中国问题。"我们若是要去解决中国问题,那么非根本捉住这点不可"。为此,"这本书第一章至第四章内把没有与西洋接触以前静的中国社会各方面加以分析。第五章是讲转变的枢纽。第六章至第十章是分析与西洋接触以后的中国社会动的情形"②。

1935 年 6 月,《荒谬集》一书由自由言论社出版。在"自序"中王造时明确表示:"九一八是中国历史上空前的一个事变。因为受了这种不可言喻的刺激,我才开始我的政论。"并且强调:"无论如何,自一九三一年九月十八日起至一九三三年十二月三十日止,这期间我所发表的文字可以代表我的思想的一个阶段,所以我要把他们收集起来作为纪念。"何以用《荒谬集》这一书名,"自序"也有所

---

① 在王造时本人所提供的资料中还述及:这一时期,"冯玉祥、李济深、陈铭枢、李宗仁、白崇禧等联系反蒋抗日,协商组织民族革命同盟,秘密到福州,拟参加福建事变未果。"见王造时《思想改造学习总结登记表》,原件藏复旦大学档案馆。

② 王造时:《中国问题的分析》,"序文",商务印书馆 1935 年版,第 1—6 页。见本书第 5—6 页。

解释：

> 为什么叫做《荒谬集》呢？因为我在言论上所得到的罪名是"言论荒谬"。其实内容是否"荒谬"，只有请读者来判决。在我个人看来，则认为这种言论或许是过于"正经"，或许太不"荒谬"。不知读者诸君以为如何？①

1936年11月，王造时与谢诒征共同翻译的黑格尔所著《历史哲学》由商务印书馆出版。

1937—1938年

1937年7月31日，王造时等"七君子"同时出狱。在南京任大本营第二部（政治部）及第六部（国民组训部）委员，在南昌担任江西政治讲习院教务主任。

1938年4月，被聘为"国民参政会"参政员。

对于这一时期参加的主要政治、思想活动，王造时本人有这样的说明："支援上海抗战，参加大本营工作，参加江西省总动员，在武汉参加发起救亡总会，主持江西政治讲习院教务。"②

1938—1942年

任国民参政会参政员。

据《王造时自述》，"在参政会中，我的发言和提案，可归纳为两类。一类是关于反对对日妥协投降，要求抗战到底，争取最后胜利"。"另一类是关于反对国民党一党专政，要求实行民主宪政和各种民主改革，保障人民的言论、出版、集会、结社等等自由"。此外，因为参政会的关系，王造时被派参加了第九战区的军风纪巡察团。该团是由军事委员会、国民党中央执行委员会、国民参政会、监察院、军法总监部等机关的代表担任委员，表面上看来权力很大，好像带有"尚方宝剑"，可以就地处理违犯军纪的军人及贪赃枉法的地方官吏，但是实际上和监察院一样，不说不敢打老虎，就连苍蝇、蚊子都不敢拍③。

---

① 王造时：《荒谬集》，"自序"，自由言论社1935年版，第1页。见本书第133页。
② 王造时：《思想改造学习总结登记表》，此据手稿，原件藏复旦大学档案馆。
③ 《王造时自述》，《上海文史资料选辑》第45辑，第125页。此外还述及：在1939年至1940年间，国民党极力拉王造时入党，孙科、陈诚、张群、熊式辉、陈立夫都约其谈过，王以各种不同方式推辞了。1940年周恩来视察东南各地，路过吉安，王曾向周汇报此事。周表示：那么将计就计，参加进去搞个反对派好了。但王表示其一向是公开反对国民党各项政策的，如果进去，就要失掉个人在社会上的影响，而且其是喜欢公开发表议论的，不适宜于做这种工作。

1939年5月，与孙晓村、王枕心、彭文应、许德瑷、刘九峰等组织前方文化书社，创办《前方日报》，在江西吉安前线利用报纸这一阵地开展抗日活动。

1941年4月下旬，在重庆，由他执笔起草，沈钧儒、章乃器、沙千里、史良、李公朴、张申府、刘清扬、胡子婴等八人参加讨论，就《日苏互不侵犯条约》损害中国主权，发出《致斯大林大元帅的公开信》，表示遗憾，并殷切地希望：

> 阁下对于该项协定，能就下列三点，在相当的时机，用相当的方式，作一补充的说明，以祛除我国国民及全世界被压迫民族的疑虑。（一）尊重所谓"满洲国"是否事实上包含承认满洲伪国？（二）所谓"蒙古人民共和国"是否与一九二四年中苏协定内"苏联政府承认外蒙为完全中华民国之一部分及尊重在该领土内中国之主权"的规定发生抵触？（三）对于我国反抗日本帝国主义的战争的积极援助是否有所影响？①

1942年6月，以"国民参政员"和《前方日报》社长的名义，给美国总统罗斯福写了《一封公开的信》，向罗斯福提出："贵国须以及时的与充分的援助给予我们，在亚洲战场上立即争取主动地位，努力在海空大事反攻，并号召世界上被压迫民族共同奋斗。我们深信，中美两大国家其间的精神联系，绝非法西斯强盗用恐怖维成的约束所能梦想。我们更深信，爱好和平正义的中日两大民族经过千辛万苦，最后必能合作创造新的世界，使人类可以获得和平、快乐、高尚、幸福的生活。"最后还表示："此信虽因时间仓促，而又身在前方，只由我一个人签名，但我以国民参政员的地位及《前方日报》负责人的关系，深入民间，确知道这是我全体中国人民所急要一吐为快的意见。"②

1942—1946年

任国防最高委员会宪政实施协进会会员兼湘鄂赣区宪政考察委员。如《王造时自述》中所说的，"所谓考察委员，一无职权，二无办法，三无经费，四无交通工具"，他"只在吉安、泰和附近几个县看了一下，分别邀请一些人举行座谈会，听听大家的意见，然后写了几份报告，说明现存的民意机关并不能反映民意，寄往

---

① 《致斯大林大元帅的公开信》，原载《民意》（周刊）第179期，1941年5月。上述九人均在信后签名。又见周天度主编：《七君子传》，中国社会科学出版社1989年版，第658—659页。

② 本文原载《前方日报》1942年6月7日第2版、第3版。原编者按：此信王先生已于日前用参政员及《前方日报》社社长名义寄发，由国民参政会秘书长王世杰先生转交驻渝美国大使。

重庆销差"①。大致说来,其主要精力都花在《前方日报》上。

1946—1949 年

1946 年 4 月初,王造时离开吉安经南昌赴上海。5 月中旬,在上海筹备"自由出版社"。据王造时后来回忆,该出版社"经售进步书刊,结果也被反动派搜查了两次,劫去了大批的进步刊物,并逮捕了职工三人达十个月之久"②。

7 月 11 日,李公朴在昆明为国民党特务暗杀。他和沈钧儒联名,并亲自执笔,写下《李公朴先生事略》,肯定"公朴先生是为民主而生,也是为民主而死的"③。此外,王造时还与周恩来、郭沫若、黄炎培、李维汉、茅盾等 22 人发起成立李公朴、闻一多两先生的追悼大会筹备委员会。

这段时间,王造时多次参与了各种宣言、意见的发表。如 1947 年 8 月 3 日作为十五人之一在沪、津、渝、港四地的《大公报》发表《我们关于对日问题的意见》,反对美国驻日占领军总司令麦克阿瑟擅自宣布开放日本对外私人贸易④。

1948 年 3 月 30 日,王造时起草了《我们对于大西洋公约的意见》(发表时由孟宪章、张定夫、顾执中、王造时四人签名),揭露该公约的本质乃是"军事政治同盟"。4 月 1 日,《大公报》又发表了由王造时等 137 人签名的《针对美国积极助日,中国应有的对日政策》一文。

1949—1952 年

1949 年 10 月 3 日——新中国成立后的第三天,王造时在沪光大戏院向民众作题为《苏联对中国的传统友好关系》的演讲。

1949 年 12 月 18 日,在北京召开的会议宣布了救国会使命的结束,发表了《中国人民救国会结束宣言》⑤。同日在上海召开的座谈会则由王造时代表救国会宣布"救国会已完成了自己的历史任务而胜利结束"。而王斯时所担当的政治

---

① 《王造时自述》,《上海文史资料选辑》第 45 辑,第 128 页。

② 王造时:《由宪法草案的公布想起过去所受的迫害》,本文作于 1954 年 6 月,此据手稿。又参见《王造时自述》,《上海文史资料选辑》第 45 辑,第 131 页。

③ 本文是沈钧儒与王造时联名发表的,作于 1946 年。原载 1946 年版《人民英烈》,收入《李公朴纪念文集》,云南人民出版社 1983 年版,第 3—7 页。

④ 本文是集体发表的一篇文字,署名者包括:褚辅成、孟宪章、李立侠、王造时、李惟城、李世璋、姜庆湘、臧克家、笪移今、吴藻溪、寿进文、孙系荃、徐逸樵、方秋苇、伍丹戈。原载上海《大公报》1947 年 8 月 3 日第 1 张第 3 版。

⑤ 《中国人民救国会结束宣言》,《人民日报》1949 年 12 月 19 日;又收入周天度、孙彩霞编:《救国会史料集》,中央编译出版社 2006 年版,第 839—844 页。

角色,体现在他所扮演的诸多角色上:华东军政委员会文教委员会委员、上海市政协委员(以后又担任市政协常委)、上海市各界代表会议特邀代表、上海法学会理事。

1951年8月,复旦大学校长陈望道和法学院院长胡曲园找到王造时,要其担任政治学系教授。王造时与复旦结缘,按其所言,是在"把丢开了十八年的教书工作重新拿起来"①。思想改造运动以后,院系调整,复旦的法学院和政治学系并入华东政法学院,王造时被又调到历史学系,讲授世界近代史。

1952—1956年

在知识分子思想改造运动中,王造时也自觉反省自己的"历史"。在约写于1952年的《政治学习心得报告》中,他就表示:

> 我多年没有教书,并且"半途出家"来教世界史课程,在起初的三个星期左右,不够注意到经济基础与上层建筑的关系。后来学习了斯大林著《苏联社会主义经济问题》,又参加了教研小组关于这个问题的讨论,我深深感到解释历史事变,不为现象所迷惑,而应探讨问题的本质。所以自讲授美国革命起稍有改进,但由于我对马列主义的修养不够,虽然在主观上用了力,效果还是很难满意的。②

在1954年撰写的《由宪法草案的公布想起过去所受的迫害》中,他又追述自己过去争取民主宪政的经过及所遭遇的迫害,并且由衷表示:

> 想想这一切,我居然能活到现在,看见革命的成功,祖国的壮大,人民民主的树立,社会主义的建设,及宪法草案的公布和宪政的快将实施,能不特别感到喜悦吗?同时能不感慨万分吗?看见宪法草案关于公民基本权利的保障,能不特别感到兴奋吗?对于中国共产党的领导能不特别表示感谢吗?我没有别的话论,只有努力地工作来拥护宪法的实施。③

---

① 《王造时自述》,《上海文史资料选辑》第45辑,第135页。
② 王造时:《政治学习心得报告》,本文未署时间,约写于1952年,此据手稿。
③ 王造时:《由宪法草案的公布想起过去所受的迫害》,本文作于1954年6月,该年7月7日在华东人民广播电台发表题为《从一二回忆谈到宪法草案的公布》的讲演,内容上与上文有重复之处。此据手稿。

1955年12月9日,在复旦大学纪念"一二·九"运动的会议上,王造时以自己的亲身经历和感受,肯定中国共产党领导救亡运动的历史意义。他还特别述及:复旦学生一贯有革命的传统,因此,"我们一定要保持光荣传统"①。

1956年3月,妻子朱透芳病逝。

1957—1960年

1957年2月,全国政协开会,上海市政协推举市统战部长刘述周和王造时去参加。到了北京,受到救国会的朋友沈钧儒、史良、沙千里等热情接待;史良还透露有重要工作在等着他。另外一些人则批评他,解放以后太消沉了,今后应该多说话。据王造时留下的《恢复救国会问题》的手稿,他在与周恩来谈话时,曾述及恢复救国会之事:

> 三月廿七日的晚上,我在北京蒙周总理召见。在谈话中,周总理曾经问我是否考虑恢复救国会的问题,我答复说要问沈钧儒、史良和其他与救国会有关系的朋友。周总理说,当初解散救国会是一个错误,毛主席看见了民主党派抗美援朝的联合宣言没有救国会的名字,认为是一种损失。周总理说我当初反对解散是对的。我答复说,我当初也不是绝对反对解散,我当初的意见是,如果其他民主党派解散,救国会就应当解散;如果其他民主党派不解散,可见民主党派还有历史任务,救国会也就可以考虑不解散。②

正是在这种气氛下,王在全国政协大会上作了《扩大民主生活》的发言,表示"现在党内各级干部中像唐太宗的可能很多,党外像魏徵的倒还嫌其少"③。稍后,王造时又发表了《把放鸣的重点放到基层去》的文章,表达了这样的看法:群众鸣得越彻底,党的威信越高涨;应秉持一视同仁的原则,来调整党与知识分子的关系。官僚主义是普遍存在的现象,"哪里没声音哪里官僚主义最专横"④。

然而正是在"鸣放"期间的这些发言和其他几篇文字,成为王造时遭祸的开始。1957年6月14日,上海市反右派激烈的斗争从王造时开始,仅保留其市政

---

① 王造时:《一二九运动纪念报告》,此据手稿。
② 王造时:《恢复救国会问题》,本文未署年月,此据手稿。
③ 后题作《我们的民主生活一定日趋丰富美满》,登载于《人民日报》1957年3月21日。
④ 本文原载《文汇报》1957年5月21日。在同一天的《解放日报》上,还有题为《王造时对反官僚主义的看法》的文章,与此文相同,只是缺少各段小标题。

协委员的职务,而市人民代表、市政协常务委员以及上海法学会理事都被撤销。为此,王造时也写了不少检查,为自己的言行"上纲上线",对自己"犯了反党反社会主义的错误"进行检查。其中一则《我的检查》就写道:

> 现在我改变了立场,认识自己的错误更清楚,认识我的错误所造成的危害更严重。我愧对党,愧对人民,也愧对自己的一生。我再度向党、向上海人民和全国人民请罪。我由衷地感激党给我的改造机会,感谢同志们的耐心帮助。今后我一定要加强学习马列主义,提高政治水平,站稳工人阶级立场,彻底肃清资产阶级民主,特别是费边社会主义的反动思想,根绝任何形式的政治野心,以残余的岁月,紧密靠拢党,尽其绵薄力量,全心全意为人民服务,为社会主义建设事业服务,来赎我一生所犯的罪过。①

年底,王造时还写下《我的忏悔》,检讨自己的过去:"我以欢欣鼓舞的心情迎接解放。但是我不认识我在解放前所犯的错误,例如1941年因日苏互不侵犯条约致斯大林大元帅的一封信,及1937年抗战开始时期和1946年下半年和谈时期有第三条路线的企图。解放以后我又不向党积极靠拢,坦白认过,错误地认为自己对于革命事业不无'贡献',在政治上应有相当地位。"②

此外,王造时还写了大量的检查文章,主要就历史问题做交代。其留下的手稿中,就包括《与罗隆基、章伯钧、章乃器等人的关系》、《恢复救国会问题》、《日苏互不侵犯条约(亦称中立条约)的问题的交代》等文字。

经过漫长的学习和改造,到1960年国庆节前一天,才摘掉了右派帽子。

这期间,王造时做了不少翻译工作,不过更多的是将过去所译书稿进行校订。1959年商务印书馆出版的《国家的理论与实际》,1960年出版的《美国外交政策史》,均属这样的性质。

1960—1966 年

1960年摘掉右派帽子以后,王造时重新走上复旦大学讲台,再次担任世界近代史这门重点基础课的讲授任务。为了扩大学生知识面,历史学系中几个老

---

① 王造时:《我的检查》,本文署名"王造时代表",曾发表于上海《文汇报》1957年9月11日,翌日,上海《解放日报》也全文刊载了此文。在王造时所留下的遗稿中,保留了此文的打印稿,并有其本人改动的痕迹。

② 王造时:《我的忏悔》,本文作于1957年12月31日,此据手稿。

教师共同开了"史学评论"课,介绍西方史学流派,王造时负责讲授其中关于黑格尔历史哲学的一部分。1961年高教部在上海召开全国各大学世界史教材编译会议,参加的有北大、复旦、武汉、中山、华东师大等重点大学的老教授20余人。除拟定编写世界上古史、世界中古史和世界近代史三部教材外,还计划编译130万字的资产阶级史学流派的资料(后来减为30余万字),其中王造时编译了两篇稿子:一是《历史有意义吗?》;一是《人人都是他自己的历史学家》。①

此外,按照系里的安排,王造时还领受了向研究生讲授欧美社会政治思想史的任务,从英国资产阶级革命讲起,特别着重讲有关法国资产阶级革命的启蒙学派,一直讲到19世纪末期。而根据中央计划,复旦着重研究西欧北美资本主义国家,因此首先要开设美国史的课程,为此又安排王造时讲授美国外交政策史,还准备带三个研究生。

除了校内教学以外,校外的任务也纷至沓来。商务印书馆委托王造时撰写介绍工党右翼理论的书籍,上海人民出版社则要其参加翻译汤因比的《历史研究》(节本)和《历史研究》第12卷(该书王已译好20余万字,红卫兵造反时毁去大部分)。上海哲学社会科学联合会出版的《文摘》杂志,要其摘译资产阶级法学方面的论文。此外,王还参加了《辞海》工作,编写了近代国际关系史部分。大致说来,这几年中改译和翻译的论著总数约在100万字以上②。

1961年5月,与纺织女工郑毓秀结婚。

1966—1971年

1966年"文化大革命"开始后,大专院校首先是用大字报揭露"资产阶级知识分子",特别是"反动学术权威"的言行。揭露王造时的有四张:第一张是揭露其在讲授世界近代史那门课中散布了资产阶级民主自由的毒素;第二张揭露其带研究生讲授欧美社会政治思想中散布关于资产阶级的自由、平等、博爱的毒素;第三张是质问关于罗隆基来上海和他见面搞了什么阴谋;第四张是揭露其在料理彭文应丧事中为右派分子张目的活动③。由于揭发的大字报较少,王造时认为这次不会挨斗。然而,后来大字报揪出来的"反动学术权威"、"反动学阀"、

---

① 前者译自卡尔·波普尔(Karl Popper,王造时译作卡尔·包勃尔)所著 *The Open Society and its Enemies*(《开放社会及其敌人》,王译作《公开社会及其敌人》),后者译自 *Everyman His Own Historian*(《人人都是他自己的历史学家》)。均收入田汝康、金重远选编《现代西方史学流派文选》,上海人民出版社1982年版。

② 《王造时自述》,《上海文史资料选辑》第45辑,第137—138页。

③ 同上书,第138—139页。

"反共老手"、"反党反社会主义分子"越来越多，王造时亦被编进了"牛鬼蛇神劳改队"，经受批斗，勒令"交代问题"。

1966年11月2日，王造时以"组织反革命社会民主党"的罪名遭逮捕，关押在上海市第一看守所。

1971年8月5日，在关押期间病逝于广慈医院(现瑞金医院)。骨灰盒上不准用王造时名字，后来由其留美同学林同济教授写上"王雄生"之名。尤其令人叹息的是，"文革"中，王造时的两个儿子和女儿海若均患上精神分裂症，女儿海容因拒绝参加复旦大学对其父亲的批斗，也被打成"反革命"备受折磨而死。

1978年12月31日，上海市公安局《关于王造时的平反决定》明确宣布："经查：王造时案是林彪、四人帮反革命修正主义路线干扰下造成的错案，原定王造时组织反革命政党问题，属不实之词，应予否定。"

1978年12月31日，有关部门作出《关于王造时的平反决定》。

1979年3月18日，有关部门作出《关于右派问题的复查改正结论》。

1980年8月20日，在上海龙华革命公墓大厅召开追悼会。会后，骨灰盒安放龙华革命公墓中厅，编号为2054。

复旦百年经典文库书目

第一辑

修辞学发凡　文法简论	陈望道著/宗廷虎、陈光磊编(已出)
宋诗话考	郭绍虞著/蒋　凡编(已出)
中国传叙文学之变迁　八代传叙文学述论	朱东润著/陈尚君编(已出)
诗经直解	陈子展著/徐志啸编(已出)
文献学讲义	王欣夫著/吴　格编(已出)
明清曲谈　戏曲笔谈	赵景深著/江巨荣编(已出)
中国土地关系史稿　中国土地制度史	陈守实著/姜义华编(已出)
中国经学史论著选编	周予同著/邓秉元编(已出)
西方史学史散论	耿淡如著/张广智编(已出)
中外历史论集	周谷城著/姜义华编(已出)
中国问题的分析　荒谬集	王造时著/章　清编(已出)
中国思想研究法　中国礼教思想史	蔡尚思著/吴瑞武、傅德华编(已出)
长水粹编	谭其骧著/葛剑雄编(已出)
古代研究的史料问题　五十年甲骨文发现的总结　五十年甲骨学论著目　殷墟发掘	胡厚宣著/胡振宇编(已出)
古史新探	杨　宽著/高智群编(即出)
《法显传》校注　我国古代的海上交通	章　巽著/芮传明编(已出)
滇缅边地摆夷的宗教仪式　中国帆船贸易与对外关系史论集　男权阴影与贞妇烈女：明清时期伦理观的比较研究	田汝康著/傅德华编(已出)
诸子学派要诠　秦史	王蘧常著/吴晓明编(即出)
西方哲学论译集	全增嘏著/黄颂杰编(即出)
哲学与中国古代社会论集	胡曲园著/孙承叔编(已出)
儒道佛思想散论	严北溟著/王雷泉编(即出)
《浮士德》研究　席勒	董问樵著/魏育青编(已出)

图书在版编目(CIP)数据

中国问题的分析　荒谬集/王造时著;章清编. —上海:复旦大学出版社,2015.8
(复旦百年经典文库)
ISBN 978-7-309-11365-5

Ⅰ.中… Ⅱ.①王…②章… Ⅲ.①社会问题-研究-中国-民国②国民政府-史料-文集
Ⅳ.①D669②K258.06-53

中国版本图书馆 CIP 数据核字(2015)第 069614 号

中国问题的分析　荒谬集
王造时　著　章清　编
责任编辑/史立丽

复旦大学出版社有限公司出版发行
上海市国权路 579 号　邮编:200433
网址:fupnet@fudanpress.com　http://www.fudanpress.com
门市零售:86-21-65642857　团体订购:86-21-65118853
外埠邮购:86-21-65109143
山东鸿君杰文化发展有限公司

开本 787×1092　1/16　印张 18.5　字数 296 千
2015 年 8 月第 1 版第 1 次印刷

ISBN 978-7-309-11365-5/D·736
定价:54.00 元

如有印装质量问题,请向复旦大学出版社有限公司发行部调换。
版权所有　侵权必究

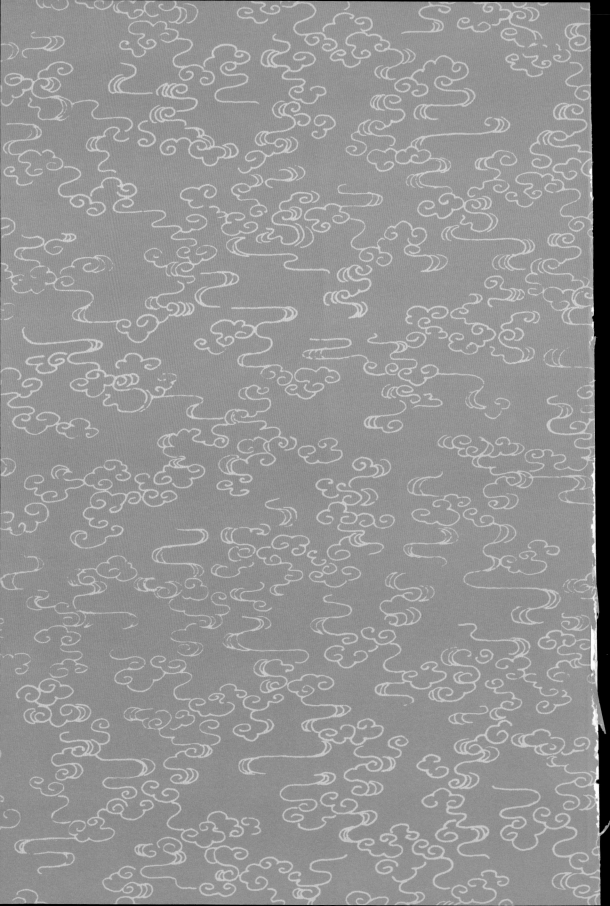